딥 체인지
DEEP CHANGE

늘봄

이 도서의 국립중앙도서관 출판예정도서목록(CIP)은 서지정보유통지원시스템 홈페이지(http://seoji.nl.go.kr)와 국가자료공동목록시스템(http://www.nl.go.kr/kolisnet)에서 이용하실 수 있습니다. (CIP제어번호: CIP2018006766)

딥체인지

지은이 / 로버트 E. 퀸
옮긴이 / 박제영 한주영
펴낸이 / 조유현
편 집 / 이부섭
디자인 / 박민희
펴낸곳 / 늘봄

등록번호 / 제300-1996-106호 1996년 8월 8일
주소 / 서울시 종로구 동숭4길 9 (동숭동 19-2)
전화 / 02)743-7784
팩스 / 02)743-7078

초 판 발행 / 1998년 4월 10일
개정판 발행 / 2018년 3월 20일
개정판 4쇄 / 2021년 12월 20일

ISBN 978-89-6555-069-3 03320

DEEP CHANGE: Discovering the Leader Within by Robert E. Quinn
Copyright ⓒ 1996 by John Wiley & Sons, Inc.
All rights reserved.

This Korean edition was published by Nulbom Publishing in 2018 by arrangement with John Wiley & Sons International Rights, Inc. through KCC(Korea Copyright Center Inc.), Seoul.

이 책은 (주)한국저작권센터(KCC)를 통한 저작권자와의 독점계약으로 늘봄출판사 에서 출간되었습니다. 저작권법에 의해 한국 내에서 보호를 받는 저작물이므로 무단전재 와 복제를 금합니다.

※ 값은 표지에 있습니다.

DEEP CHANGE

로버트 E. 퀸 지음 박제영·한주한 옮김

딥체인지

조직 혁신을 위한 근원적 변화
DEEP CHANGE or SLOW DEATH

늘봄

개정판 발행에 부쳐 /
불확실성이 늘어날수록 근원적 변화가 필요하다

'변화'의 시대다. 인공지능(AI), 로봇, 블록체인, 제4차 산업혁명, 테크놀로지 기반 바이오 헬스케어 서비스…. 기술 발달이 휘몰아 오고 있는 '변화의 시대'를 상징하는 키워드들이다.

써 놓고 보니, 변화라는 표현으로는 부족하다. 지금은 세상이, 비즈니스가, 그리고 나아가 인간의 모습과 본질까지, 어떻게 어디까지 바뀔지 모르는 '근본적인 변화'의 시대가 아닌가. 미래를, 아니 10~20년 후를 생각하면 아찔할 정도다.

그래서인가. 요즘 개인과 기업들은 불안하다. 안개 자욱한 불확실성 속에서 시대 변화에 어떻게 대처해야 할지, 해답을 찾기 힘들어서다. 변화의 시대이자 불안의 시대인 셈이다.

직장인들은 AI가 소멸시킬 것이라는 직업의 명단을 미디어에서 보며 자신의 미래를 걱정하고 있다. 생산직 노동자, 사무직 노동자, 심지어 의사, 회계사, 변호사들마저 AI와 로봇으로 인해 자리가 위태로울 것이라는 경고를 들으며, 그동안 축적해온 지식과 경험이 어느 순간 쓸모없는 것이 될지도 모른다는 불안감에 휩싸여 있다. 커가고 있는 자녀들이 앞으로 어떤 직업을 갖도록 조언해줄지 모르겠다며 무력감을 토로하기도 한다.

기업들도 마찬가지이다. 한 분야에서 일가를 이룬 기업들도 기술 발달이 자신의 비즈니스 영역에 어떤 '파괴적 변화'를 가져올지 전전긍긍하고 있다. 자율주행 자동차의 등장, 계산대 없는 미래형 매장인 '아마존 고'의 개장…. 우리에게 익숙한, 해당 비즈니스의 전통적인 모습을 파괴하면서 보지도 듣지도 못했던 서비스들이 잇따라 출현하고 있다. 위 사례에 해당되는 현대기아자동차나 신세계그룹만 긴장할 일이 아니다. 기술과 아이디어를 매개로 완전히 새로운 콘셉트와 경쟁의 룰을 만들어 기존의 강자들을 위협하고 배제시키려는 시도들은 이제 시작일 뿐이다. 우리는 어떻게 대처해야 하는가.

필자는 2004년 11월 17일 '예병일의 경제노트' 칼럼에서 이 책을 소개한 적이 있다. 경제의 세계화 트렌드에도 개혁을 미루고 안주하다 초유의 IMF 사태를 겪었던 한국 사회에 '딥 체인지'(Deep Change, 근원적 변화)를 촉구하기 위해서였다.

최근 책을 다시 읽었다. AI와 로봇, 바이오 기술 등이 키워드로 등장한, 2020년을 목전에 두고 있는 이 시대야 말로 로버트 퀸 교수가 이 책에서 주장한 '딥 체인지'가 절실히 필요한 상황이라는 확신이 들었다.

로버트 퀸의 지적대로, 우리는 근원적 변화가 필요한 상황이 오면 '외면'하고 싶어진다. 그게 편안하기 때문이다. 하지만 안주하고 싶은 유혹을 극복해야 한다. 변화를 선택했다고 해서 끝난 건 아니다. 그때부터 고난과 위험이 시작된다. 정해져 있는 '해답'도 없다. 불확실한 공간으로 뛰어 들어 '다리를 놓아가면서 강을 건너'야 한다. 마음속의 두려움을 극복해야 하고, 조직 내부의 저항을 이겨내야 한다.

'적어도 2년에 한 번은 자신의 일에 모험을 걸 필요가 있다. 그렇지 않다면 일을 하고 있는 것이 아니다.'라는 생각으로 위험을 기꺼이 받아들여야 한다. 게다가 한 번 성공했다고 해서 멈춰서는 안 된다. '배움'을 통해 다시 미래에 적용할 수 있는 또 다른 전략을 찾는 일을 시작해야 한다. 과거에 성공한 방법으로는 다시 성공할 수 없다. 변화의 사이클을 계속 반복해야 한다.

예전에 사무실 공유 서비스 기업인 위워크 코리아에 1인용 사무실을 임대해 한 달간 사용해본 적이 있다. 필자에게는 회사 사무실도 있고 서재용 개인 작업실도 있지만, 위워크가 시도한 딥 체인지를, 그들의 생각을 배우고 싶었다. 처음 외국 잡지에서 위워크의 비즈니스 모델을 접했을 때 필자는 사무실 공유 서비스의 시장성을 무시하며 평가절하했었다. 세상의 변화를 인식하지 못했던 것이다. 그래서 기존의 전통적인 임대 비즈니스에 어떤 변화를 주었기에 위워크가 글로벌 기업으로 성장할 수 있었는지 그들의 공간, 그들의 현장에서 직접 경험하며 배우고 싶었다.

영화 인턴에서 노년의 로버트 드니로는 젊은 사장 앤 해서웨이의 회사에 인턴으로 일하며 이렇게 말한다. "전 여기에 당신의 세계를 배우러 왔어요."(I'm here to learn about your world.)

이 시대 우리에게 필요한 것은 용기와 배움, 그것을 통한 도전이다.

끝을 알 수 없는 테크놀로지의 발달을 바라보며 불안과 위축, 무력감을 느끼고 있는가. 눈을 질끈 감고 안주하면, 아직까지는 따뜻한 듯 느껴지는 지금의 상황을 즐길 수도 있다. 그러나 잠시일 뿐이다. 그건 서서히 죽음으로 가고 있는 '슬로우 데스'(Slow Death, 점진적 죽음)이다. 아니, 몇 년 전부터 사업 구조의 근본적 혁신을 추구하며 '딥 체인지'를 강조하고 있는 SK 최태원 회장의 말처럼, 이 시대에는 '서든 데스'(Sudden Death, 급사)의 상황이 될 수도 있다.

편안한 길은 아니지만, 피곤하고 위험하기까지 한 길이지만, '딥 체인지'를 시도하는 것. 훗날 돌아보면 그것이 안전한 길이었음을 우리는 알게 될 것이다.

딥 체인지냐, 슬로우 데스냐…. 근원적 변화를 선택하지 않으면, 앞에는 점진적 죽음이 있을 뿐이다. 개인과 기업 모두 말이다. 우리는 그런 시대로 이미 들어섰다.

2018년 3월

예병일 (플루토미디어/예병일의 경제노트 대표)

초판 발행에 부쳐 /
사상 유례없는 호황 속에서의 주마가편

1980년대 초반이던가, 빈사 직전의 크라이슬러 자동차를 일으켜 세워 일약 미국의 영웅이 된 아이아코카 회장이 TV 광고에 등장한다. 그는 맨해튼에 있는, 미국 문화의 상징이라 할 수 있는 록펠러 빌딩을 쳐다보며 "이 빌딩도 이제 일본인에게 팔리게 됐군요."라고 말한다. 그것은 탄식이요 절규였다. 일제 자동차가 거리에 넘쳐나고, 일제 가전제품이 미국의 안방을 차지하고, 미국인의 어깨에는 일제 카메라가 메어져 있고, 그렇게 벌어들인 돈을 앞세워 미국 도시의 건물과 골프장과 미술품 등을 무차별로 사들이고 있는 일본인들을 무력하게 바라만 보고 있는 미국인들에게 분발을 촉구하는 우국영웅의 절규였다.

미국의 지식인들은 이미 움직이고 있었다. 학자들과 경영인들은

1970년대 후반과 1980년대에 걸쳐 꾸준히 일본을 연구했고, 그를 토대로 자기들에게 적합한 온갖 툴(tool)들을 개발했다. 근자에 우리 기업들이 경영쇄신을 위해 적용하고자 하는 많은 기법들이 모두 당시 미국인들의 노력의 소산이다. 그리고 10여년, 미국인들은 피눈물 나는 경영쇄신의 노력을 기울여왔다. 뉴욕에 살았던 한 교민은 당시를 이렇게 회상하고 있다. "다니던 회사 직원의 60%가 해고되고 남아있는 직원의 급여가 50% 삭감되는 처참한 상황이었습니다." 이제 그들은 사상 유례없는 호황을 구가하면서, 21세기에 또 하나의 팍스아메리카나를 실현하는 일에 자신만만해 하고 있다.

우리는 토네이도처럼 광포한 외환란(外換亂)에 휩싸여 있다. "여름이 끝나고 가을이 오는 것은 아니다."라고 한 어느 수필가의 말이 생각난다. 여름의 한가운데에서 이미 가을이 배태되고 있다는 뜻일 게다. 환율이 2,000 고개를 질주하던 작년 초겨울, 우리는 깜짝 놀란 눈으로 소리 높여 물었다. "왜 갑자기 이렇게 되었지?" 그러나 그것은 어느 날 갑자기 그렇게 된 것이 아니다. 위기는 이미 오래 전부터 우리 속에서 자라고 있었다. 몇 년 전 "한국은 샴페인을 너무 일찍 터뜨렸다."고 외국 언론들이 비아냥거렸을 때, 우리는 그저 가십정도로 넘겼다. 그리고 줄곧 우리는 샴페인을 길바닥에 뿌리고 다녔다. 우리는 정말로 교만하고 방종했다. 변화의 기회를 놓친 채, 서서히 소멸의 길(Slow Death)을 걸어왔다.

이제 변해야 한다. 두려움을 떨쳐버리고 고치를 벗은 나비처럼, 알을 깨고 나온 새처럼 비가역적(非可逆的) 변화를 일으켜야만 한다. 이 책은 그런 근원적 변화(Deep Change)의 불가피성을 역설하며 방법을 제시하고 있다. 아직도 우리 사회의 요소요소에는 설마하고 있거나, 자신은 그대로 있으면서 다른 쪽보고 하라고 다그치기만 하는 사람이 많다. 이 책은 그런 사람들로 하여금 과감히 변혁의 길로 뛰어들게 하는 청량한 지침서가 될 것이라고 믿어 의심치 않는다.

작년 여름 미시간 대학교(University of Michigan, Ann Arbor)를 방문했을 때, 딥 체인지란 말을 들었다. 한 교수가 "딥 체인지!(Deep Change!)"라고 말하면, 서로 웃기도 하고 "슬로우 데스!(Slow Death!)"라고 화답하기도 했다. 무슨 말이냐고 물었더니 동료 교수가 쓴 책의 제목인데 조직 내 인간의 행태를 너무나 예리하게 적시하고 있어 경영학자들 사이에 회자되고 있다고 했다. 선물로 받은 이 책을 대충 살펴보면서, 그토록 번영을 누리고 있으면서도 또 변혁을 외치는가 싶기도 하고, 번영에 안주하지 않도록 채찍질하는 주마가편이겠구나 하는 생각이 들기도 했다. 우리 같으면 "쓸데없는 소리!"라고 힐난하고 무시할지도 모를 이 책이 베스트셀러가 되고 있다니, 고언(苦言)을 받아들일 수 있는 것이 바로 미국인들의 저력이 아닌가 싶기도 했다.

초벌 번역을 받아든 어느 일요일 밤, 원고를 50여 쪽 읽다가 그냥 덮고 잠을 청해야 했다. 책에 몰입되어 밤을 꼬박 새울 것 같은 생각이 들어서였다. 변화를 거부하는 인간의 심성과 조직의 생리를 분석하는 부분 부분들을 따라가다 보면 경탄을 금치 못하게 된다. 인간과 조직의 속을 훤히 들여다보고 있는 듯하기 때문이다.

  이 책이 세상에 나오기까지에는 두 분 역자들의 땀과 노력이 숨어있다. 그들은 지난 몇 개월 동안 1차 번역, 2차 번역 그리고 마지막 교열까지 밤샘 작업을 했다. 정성과 사명감이 담겨있는 번역서라고 자랑하고 싶다. 두 분의 열정과 노고에 경의를 표한다. 얼마 전 회사를 그만두신 정해진 이사께서 바쁘신 가운데서도 2차 번역 원고를 원문과 하나하나 대조해가면서 감수를 해주셨다. 옛날 직장에 대한 애정과 후배들을 위한 열정에 깊은 감사를 드린다.

1998년 3월

김용섭 (전 대우인력개발원장)

저자 서문

아주 오래 전 일이다. 고등학교에서 농구연습을 마치고 귀가하던 길에 우연히 동네 책방 쇼윈도의 『타임(Time)』이 눈에 띄었다. 표지 인물이 오스카 로버트슨(Oscar Robertson)이었다. 그는 신시내티 대학(University of Cincinnati)에서 화려한 농구선수 생활을 보내고 미국농구협회(NBA) 소속의 프로선수로 이제 막 데뷔한 참이었다. 당시 그는 나의 영웅이었고, 그에 대한 기사는 거의 모두 읽다시피 했다. 나도 모르게 책방 안으로 끌려 들어갔고, 그 잡지를 사서 기사를 읽기 시작했다.

기사에는 로버트슨이야말로 경기의 모든 분야에서 달인의 경지에 도달한 최초의 완벽한 농구선수라고 극찬을 하고 있었다. 또한 그 기사는 로버트슨의 수려한 용모와 탁월함(excellence)은 미국 프로농구의 판도를 바꿔놓게 될 것이라고 주장하고 있었다. 주변상황을 변화시켜 나가는 그의 탁월함에 관한 이런 종류의 기사에 대해 나는 이미 여러 번 접했던 터였다. 대학시절에 그는 언론의 집중적인 취재대상이었는데, 그런 만큼 한편으론 그를 시기하는 사람도 많았다. 그의 팀이 시합을 위해 남부지역의 대학에 원정을 갈 때마다 그는 가슴 아픈 일을 당하곤 했다. 언제나 야유와 조소가 그에게 퍼부어졌다. 가장 흔하게 들어야 했던 말이 '막일꾼(skycap)'이라는 조롱인데 이 말은 "헤이, 검둥이야, 너는 여기에 있을 자격이 없어!(Nigger, you don't belong here!)"라는 말을 돌려서 표현한 것이다. 그러나 그에게는 그곳에 있을 자격이 충분했을 뿐 아니라, 그의 운동선수로서의 역량이 너무 뛰어났기 때문에 경기 중에는 아무리 심술 맞은 관중이라 해도 그의 현란한 기량에 환호를 보내지 않을 수 없었다. 이런 의미에서 로버트슨은 훌륭한 운동선수일 뿐만 아니라 사회적 변화의 추진자라고 할 수 있다.

  내가 그 기사에서 읽었던 가장 기억에 남는 부분은 로버트슨의 대학 팀이 한 시합을 끝내고 돌아가던 중에 있었던 아주 사소한 해프닝에 관한 부분이다. 대학신문의 기자 한 명이 시멘트 도로에서 농구공을 가지고 드리블을 하고 있었다. 그것을 본 로버트슨은 놀라서 그에게 뛰어가더니 이렇게 말하는 것이었다. "당신 지금 그 공을 망가뜨리고 있잖아. 그렇게 하면 표면의 무늬가 닳아서 공의 균형이 뒤틀린단 말이야."

  기사는 계속해서 그의 성장배경을 설명하고 있었다. 그의 집은 가난해서 농구공을 살 수가 없었다. 대신 그는 돌멩이라든가 캔을 모아서 동네 운동장의 간이 농구대에다 그것을 던져 넣는 연습을 몇 시간씩 하곤 했다. 내 어린 시절의 기억 속에도 이와 비슷한 기억이 특별한 자리를 차지하고 있다. 비록 로버트슨 정도의 재능은 없었지만, 나도 같은 꿈을 갖고 있었다. 나는 다른 어떤 것보다도 농구선수가 되고 싶었고, 찌그러진 공을 뒷골목 농구대에 던져 넣는 것에 많은 시간을 보냈다. 열네 살이 되었을 때, 돈을 벌어서 제대로 만들어진 농구공을 처음으로 하나 살 수 있었다. 나는 잠을 잘 때에도 그것을 껴안고 잤고, 쓰고 난 후에는 반드시 깨끗하게 닦았다. 사람들은 나의 그런 모습을 보고 놀렸지만 그들은 농구에 대해 진정으로 이해하지 못한 사람들이었다.

로버트슨과 내가 공유하고 있는 게 하나 있다. 우리는 동일한 대상에 대해 무한한 애정을 가지고 있었는데, 그 대상에 잠재되어 있는 힘을 알고 있었기 때문이다. 농구공이 로버트슨과 같은 달인(talented master)의 손에 쥐어지면 마술과 같은 일이 일어날 수 있다. 달인은 변화를 유도하는 리더가 될 능력(ability)을 지니고 있다. 리더는 분열된 개인들을 엮어서 강한 응집력으로 뭉친 팀으로 탈바꿈시킬 수 있다. 이렇게 뭉친 팀의 개인들은 말을 하지 않고도 의사소통이 가능하다. 그들은 새로운 꿈을 꾸도록 부추기는, 보다 큰 집단의 상상력을 손에 넣을 수 있다. 리더는 어떤 집단의 뿌리 깊은 편견마저도 누그러뜨린다. 궁극적으로 리더의 탁월함은 팀의 모든 개인들에게 전이된다.

근원적 변화를 감행할 것인가 아니면 점진적 죽음을 받아들일 것인가

이 책은 한 개인이 그가 속한 시스템이나 조직을 변화시킬 수 있다는 것을 전제한다. 이런 의미에서 우리 모두는 잠재적 오스카 로버트슨이다. 그러나 이 책은 단순히 농구경기 혹은 어떤 특정의 기법(tools)

에 관한 책이 아니다. 이 책은 변혁(transformation) 혹은 근원적 변화(Deep Change)의 프로세스를 다루고 있다. 개인이든 기업이든 근원 혹은 근본을 바꾸어야 하는 갈림길에서 결정을 내리기란 쉬운 일이 아니다. 그러나 우리가 이러한 근원적 변화를 성공적으로 경험하고 나면 다른 사람에게도 그것을 시도하도록 권유할 수 있는 용기를 얻게 된다.

우리는 모두 가능성을 지닌 잠재적인 변화의 추진자들(potential change agents)이다. 우리의 재능을 단련시킴에 따라 무엇이 가능한 일인지를 판단할 수 있는 우리의 지각은 깊어질 것이다. 더 나아가 우리를 둘러싼 관계와 그 방법들에 대한 애정도 깊어질 것이다. 그리고서 우리의 비전을 더욱 다듬게 된다면 우리는 전인격적으로 성숙하게 된다. 인생은 보다 의미심장한 것으로 넘치게 된다. 스스로 힘이 넘쳐흐르고 그 힘을 나누어주게 된다. 우리 스스로가 근원적 변화를 겪고 나면, 우리는 우리를 둘러싼 시스템 전체에 근원적 변화를 일으킬 수 있을 것이다.

우리는 격동의 시대를 살고 있다. 어디에서나 변화가 일어나고 있고, 우리가 해낼 수 있는 이상의 것을 요구하는 외부압력이 우리를 에워싸고 있다. 우리는 흔히 힘없는 희생자 혹은 관심 없는 방관자로서 이러한 현실을 피해가려는 유혹을 받는다. 그러나 그렇게 되면 우리는 사회로부터 분리되고, 우리의 분별력은 흐려진다. 알맹이를 놓친 채 모든 것의 겉만 보게 된다. 자신의 잠재력을 과소평가하게 되고 모든 사물에 대한 애정을 잃게 된다. 이러한 선택은 무의미한 선택이거나 혹은 자기 자신을 점진적 죽음(Slow Death)으로 몰고 가는 선택일 뿐이다.

딜레마는 언제나 우리 삶을 따라 다닌다. 우리는 언제나, 근원적 변화를 감행할 것인가(making deep change) 아니면 점진적 죽음을 받아들일 것인가(accepting slow death), 양자택일의 문제로 번민했어야 했다. 그런데 오늘날에 와서 이 진퇴양난의 딜레마는 더욱 더 커졌다. 삶의 의미와 균형을 찾았다 싶으면 어느새 그것은 깨어져버린다. 우리는 끊임없이 근원적 변화 아니면 점진적 죽음이라는 양자택일의 기로에 서야만 하는 것이다. 이 책은 바로 이러한 딜레마에 맞서는 것을 다루고 있다고 하겠다.

누가 이 책을 읽어야 하는가

누구나 일생에 한두 번쯤 진퇴양난의 곤경과 모든 것들로부터의 단절, 혹은 인생의 의미가 사라져버린 듯한 느낌을 경험한다. 우리는 현재의 상태를 바꾸기 위해 무엇인가를 해야 한다고 느낀다. 그러나 문제는 그렇게 할 동기(motivation)와 영감이 부족하다는 것이다. 한편 우리는 다른 사람의 행동을 바꾸고 영향력을 행사하고 싶은 이율배반의 심정을 가지고 있기도 하다. 만약 당신이 무엇인가 변화의 필요성에 직면했다면 그리고 어떻게 그 프로세스를 풀어나가야 할지 모르겠다면 이 책이 도움이 될 것이다.

이 책은 기업경영의 실제 사례들을 많이 다루고 있다. 그렇다고 해서 이 책이 단지 기업조직에 있는 사람들만을 대상으로 한 것은 아니다. 이 책은 변화를 갈구하는 모든 이들과 그리고 용기를 가지고 주변의 타인들을 격려하고 고무시키는 주체적 리더가 되고 싶은 모든 이들을 위한 책이다.

『합리적 경영관리를 넘어서』와의 연관성

 독자들 중에서 나의 책 『합리적 경영관리를 넘어서(Beyond Rational Management)』, 혹은 '비교가치모델(competing values model)'을 다룬 나의 다른 논고를 읽어보신 분이라면 이 책의 논조가 그것들과는 연관이 없다고 느낄지도 모른다. 그러나 그렇지 않다. 비교가치모델은 세상을 보는 네 개의 비교 방향을 제시하고 있다. 그것은 대부분의 당혹스러운 문제들은 나쁜 것과 나쁜 것 사이에서 덜 나쁜 것을 취사선택(trade-off)하는 문제가 아니라 실상은 좋은 것과 좋은 것 사이에서 더 좋은 것을 취사선택하는 데 있다는 것을 이해시키고자 한 것이다.

 그 모델은 인식의 지평을 넓히고, 보다 넓은 선택의 여지를 제공한다. 그러나 그 모델이 당장의 해결방안을 제공하진 않는다. 세상에서 무엇인가 책임이 따라야 하는 가장 중요한 물음에는 단순명쾌한 답이 없는 법이다. 그렇다면 도대체 어떻게 결정을 내릴 것인가? 불확실성에 대응하고 스트레스와 불안 속에서도 자기 역할을 다할 수 있는 역량(capacity)은 자신감(self-confidence)에 달려있다. 자신감의 정도는 다시 스스로 도덕적 성실성(integrity)을 얼마나 갖추어나가는가에 달려있다. 우리는 모두 기술적인 수행능력(competence)과 정치적 역학에 영향을 받기는 하지만, 그보다 더 깊게 영향을 받는 것은 바로 도덕적 힘이다. 모든 힘의 궁극적 원천은 도덕적 힘이다.(Moral power is the ultimate source of power) 이 책은 힘의 궁극적 원천을 창출할 수 있는 주체적 리더가 되는 프로세스를 다루고 있다고 하겠다.

이 책의 구성

이 책은 근원적 변화의 프로세스(process of deep change)와 주체적 리더십(internally driven leadership)의 개발에 대한 탐구가 될 것이다. 1부에서는 근원적 변화에 대한 정의와 '불확실한 세계로 발가벗고 뛰어드는 것'이 무엇을 뜻하는지를 살펴보겠다. 이것은 '근원적 변화 아니면 점진적 죽음이라는 진퇴양난의 딜레마(deep change or slow death dilemma)'가 어떻게 우리의 일상에 영향을 미치는지를 이해하는 데 도움을 줄 것이다. 2부는 이런 진퇴양난의 딜레마에 어떻게 부딪칠 것인지, 그리고 왜 스스로 변하는 것이 우선적으로 필요한지에 초점을 두고 있다. 몇 가지의 통찰을 통해 독자는 자신과 자신을 둘러싸고 있는 주위환경을 조율시키는 지혜를 터득하게 될 것이다. 3부는 주체적 리더는 세상을 다르게 본다는 것을 다루고 있다. 여기에서는 어떻게 하여 변혁적 관점(transformational perspective) 즉, 이 사회의 도덕적 정수(moral core)에 애정을 쏟는 마음가짐을 얻을 수 있는가를 통찰하게 된다. 끝으로 4부에서는 비전과 위험, 그리고 탁월함의 성취에 초점을 두고 있다. 여기에서는 사람들 속에 내재한 탁월함을 보다 더 높게 끌어올릴 수 있는 비전을 어떻게 발견하고, 계발하고, 평가할 것인지, 그리고 어떻게 그것을 전달할 것인지 하는 과제가 독자에게 주어질 것이다.

이 책이 독자 자신과 타인을 변화시켜 나가는 데 유용한 참고서로 활용되기를 바란다. 각 장의 끝에 '반성과 토론(Reflection and Discussion)'이라는 섹션을 첨부했다. 독자의 자기성찰과 실천을 유도하는 질문들로 구성될 것이다. 이 섹션은 '변화를 향한 개인적 단계(Personal Steps to Change)'와 '변화를 향한 조직적 단계(Organizational Steps to Change)' 두 부분으로 나누어진다. 개인적 질문들은 독자 자신의 삶의 성장에 도움이 될 것이다. 조직에 대한 질문들은 독자 자신이 속한 조직을 이해하고 변화시키는 데 도움이 될 것이다. 이 책을 읽어나가면서 꾸준히 독서일지를 써 나가길 권한다. 또한 각 장의 질문에 대한 답을 충실히 기록해나가길 권한다.

이 책의 각 장들은 변화를 위한 도구로 쓰일 수 있다. 대부분의 장들이 짧게 편성되었고, 각각은 원하는 부분만 독립적으로 읽을 수도 있다. 독자는 이 글들을 통해 다른 사람들의 생각에 영향을 줄 수 있지 않을까 기대할지도 모른다. 각 장의 끝에 첨부한 조직에 대한 질문들은 실제로 사적인 토론모임에서 토론을 이끄는 데 있어, 자신이 속한 조직 내에서 팀의 지식과 인식의 영역을 확장하는 데 있어, 혹은 강의를 하는 데도 유용한 논리적 도구로 활용될 수 있을 것이다. 독자가 특별히 바라는 효과를 얻고자 한다면 그에 맞게 질문들을 수정하면 될 것이다.

하비 페닉으로부터 얻은 교훈

이 책의 기본 아이디어들과 경험사례들은 오랫동안 나의 마음속에 자리 잡고 있던 것들이다. 나는 세 번이나 이 책의 집필을 시도했지만 번번이 중단하지 않을 수 없었다. 무엇인가 마음에 걸렸기 때문이다. 마음속으로 강렬하게 느끼고 있는 메시지였지만 막상 독자에게 전달한다는 것이 그토록 힘든 일인지 미처 몰랐다. 무엇인가가 나의 내부에서 나를 막고 있었는데, 꽤 오랜 시간이 지나서야 그 이유를 알게 되었다.

개인의 내면으로부터, 혹은 조직의 내면으로부터 근원적 변화를 시도해야만 한다는 것을 어떻게 독자들에게 효과적으로 전달할 것인가. 이것이 내가 봉착했던 문제였다. 사람들이 과거의 구태의연한 자기 역할을 벗어버리고 새로운 역할을 설정하고 평가할 수 있도록 돕고 싶었다. 그런데 독자들을 위한 그 프로세스의 모델을 제시한다는 것이 선뜻 내키질 않았다. 나로서는 선례가 없는 미지의 영역을 개척하기보다는 냉철하고 분석적인 대학교수로서의 본분에 머무르는 것이 훨씬 편했던 것이다. 결과적으로 집필을 시도할 때마다 매번 난관에 봉착했고, 그 해답을 찾지 못했던 것이다. 그런 중에 우연히 하비 페닉(Harvey Penick)의 책을 접하게 되었다.

페닉은 대학의 학자는 아니지만 위대한 스승이다. 그는 인생의 대부분을 골프를 가르치는 데 보낸 사람이다. 몇 년 전 그는 『Harvey Penick's Little Red Book』이라는 제목의 골프 교습서를 출판했는데, 이 책은 출판되기가 무섭게 베스트셀러가 되었다. 이 책을 읽으면서 나는 그가 나와 같은 부류의 사람이란 것을 바로 알 수 있었다. 다른 사람들에게 지식과 기능을 가르치는 직업이란 점에서 그는 교사였다. 보다 종합적으로 말한다면, 그는 자기가 하는 일과, 자기에게 배우는 학생들에게 깊은 애정을 지닌 변화의 추진자였다.

페닉의 책에는 특별한 무엇이 있었다. 많은 전문 코치들이 골프 교습서를 냈지만 단기간 내에 베스트셀러가 되는 일은 아주 드문 일이다. 페닉의 책은 대부분의 자습서들과는 전혀 달랐다. 다른 책들이 스윙의 정석(rules)과 단계별 동작 등을 천편일률적으로 나열해놓은 것들이라면, 그의 책은 사실 개인의 일기였다. 그는 가르치거나 배우면서 습득한 새로운 지식, 누군가와 나누었던 골프이야기들, 혹은 갑자기 떠오른 생각들을 그때그때마다 비망록에 적었다. 거기에는 독자가 "바로 이거야!" 하며 무릎을 치게 하는 예화가 풍부하게 실려 있었다. 그 예화들은 독자의 상상력과 흥미를 자아냈고, 다르게 생각하는 것, 새로운 아이디어를 시험하는 것을 두렵지 않게 만들었다. 그는 골프를 사랑했고, 그의 가장 값진 이야기들을 나누어줌으로써 자기 자신을 완전히 독자들에게 노출시켰다. 그리하여 그는 독자인 나와 교감을 나눈 것이다. 그는 자기의 열정을 나누어줌으로써 나를 사로잡은 것이다.

페닉의 책을 통해서 머리뿐 아니라 가슴으로 써야 한다는 것을 깨달았고 나는 다시 책을 쓰기로 결심했다. 이 책에다 나의 주장을 모델로 제시해보겠다고 결심한 것이다. 처음에는 이러한 아이디어에 다소 겁이 나기도 했다. 그러나 나는 이제까지의 구태의연한 역할에서 벗어나 새로운 것을 시도해야만 했다. 대학교수라는 안전한 방패막이를 버리고 학계의 동료 학자들로부터 비난을 받을 수도 있는 위험한 시도를 선택한 것이다. 처음에는 불안하기도 했지만 결국 결심을 굳혀나갔는데, 그러자 무엇인가 내부에서 무겁게 누르는 것 같던 느낌이 신기하게도 사라져버렸다.

스스로 위선의 가면을 벗어버린 후, 내 안의 도덕적 자아가 강해지는 것을 느꼈고, 이 프로젝트에 대한 열정도 더욱 강해졌다. 페닉의 책을 만나면서 나는 자신의 쓰라렸던 개인적 경험을 변화의 추진자로 삼아 나의 학문적 배경과 혼합된 책을 쓰고 싶었다. 흥미와 의미가 동시에 담긴 책, 그리고 독자로 하여금 모험을 즐기는 마음으로 급변하는 세계화의 환경을 헤쳐나갈 수 있도록 도움을 주는 책을 쓰고 싶었던 것이다.

개인이나 기업이 근원적 변화의 바다로 항해해 나아가는 데 이 책이 길잡이가 되고, 또한 부딪치게 될 수많은 난관을 헤쳐나갈 수 있는 용기를 심어줄 수 있기를 소망한다.

감사의 말

어느 책이든 그 안에는 많은 사람들의 도움이 깃들어 있다. 이 책의 속성상 내가 알고 지냈거나, 함께 일했거나, 혹은 내가 읽은 모든 책의 저자들이 모두 이 책의 집필에 도움을 주었다. 감사를 드린다. 이 책에는 많은 사례들이 담겨 있다. 모두 다양한 인생의 경험들을 보여주는 것들이다. 관련된 사람들의 프라이버시를 위하여 익히 알려진 몇몇 경우를 제외하고는 익명으로 소개했음을 밝힌다. 또한 특정 기밀의 보호를 위하여 일부의 에피소드는 약간의 수정작업을 했다. 그러나 수정작업을 한 경우에도 원 사례의 충실도가 손상되지 않도록 노력했다.

지난 20여 년 간 교편을 잡아온 뉴욕 대학(University of New York, Albany)과 미시간 대학(University of Michigan)의 동료교수들에게 감사를 드린다. 특히 원고의 여러 부분에서 도움을 아끼지 않았던 다음의 분들에게도 감사를 드린다 ; Ken Anbender, Susan Ashford, Vaughn Bryson, Kim Cameron, Kathy A. Clark, Corinne Coen, Gelaye Debebe, Jane Dutton, Rachel Ebert, Marty Edwards, Michael Jibson, Deb Meyerson, Rob Passick, Bob Robb, Gretchen Spreitzer, Lynda St. Clair, Ellen Toronto, Karl Weick, Gil Whitaker, Joe White, 그리고 David Whetten.

또한 직장과 가정에 방문취재를 허락해주신 많은 분들에게도 감사의 말씀을 드리고자 한다.

끝으로 나의 아내 딜사(Delsa)에게 고마움을 표한다. 그녀는 용기를 가지고 근원적 변화를 수행한 리더이며 타인들이 변화를 수행할 수 있도록 도움을 주었다. 그녀가 보여준 모범에 감사드린다.

1996년 6월 미시간 주 앤 아버에서
로버트 E. 퀸

역자 서문 – 일러두기에 겸하여

독자의 이해를 돕기 위해 번역을 하면서 염두에 두었던 몇 가지 사실을 밝힌다.

첫째, 이 책을 이해하는 키워드라고 할 수 있는 "Deep Change or Slow Death"를 "근원적 변화와 점진적 죽음"으로 번역했다. 뿌리를 바꾸는 것은 그야말로 완전한 변화를 말하며, 그것은 모양만 바꾸는 물리적 변화가 아니라 그 근본구조까지 바꾸는 화학적 변화를 의미한다. 딥 체인지는 그런 변화를 뜻한다. 슬로우 데스란 너무도 느리게 진행되어 자신이 느끼지 못하고 있지만 서서히 죽음을 향해 전진하고 있다는 뜻이다.

둘째, 본문에서 계속 언급되고 있는 '임파워먼트(empowerment)'와 관련해서 많은 사람들이 '권한위임(power delegation)'으로 해석하고 있지만 그것은 대단히 협의적(狹義的)인 해석으로 권한위임은 단지 임파워먼트를 실현하는 하나의 수단일 뿐이다. 많은 학자들에 의하면 임파워먼트는 조직과 개인의 '활력(vitality)' 혹은 '활기(activity)'가 극대화된 상태와 그 상태를 이루기 위한 일련의 수단들을 모두 포함하는, 상황에 따라서는 '주인의식(ownership)'이라는 광의적(廣義的) 해석도 가능한 복합적인 개념이다. 따라서 무리하게 번역하는 대신 '임파워먼트'로 표기했다. 임파워먼트에 대해서는 이 책을 다 읽게 되면 자연스럽게 이해될 것이지만, 23장에서 자세하게 설명하고 있으므로 독자들께서는 제일 먼저 23장을 읽기 바란다.

셋째, 사전에서 일반적으로 '능력'이라는 하나의 뜻으로 번역될 수 있는 'competence', 'ability', 'capacity'가 본문에서 혼재되어 쓰이고 있는데, 그 각각에 대해 다음과 같이 명확하게 구분하여, 'competence'는 '수행능력(비교우위 혹은 경쟁우위의)', 'ability'는 '능력(본래적, 잠재적 의미의)', 그리고 'capacity'는 '역량'으로 번역했다.

넷째, 시스템, 에너지, 프로세스, 패러다임과 같이 일상적으로 통용되는 외래어나 번역이 오히려 어색한 단어는 한글발음 그대로 표기했다.

마지막으로 고유명사와 원문이 지닌 뉘앙스라든지, 원문의 맛을 살리는 것이 좋다고 생각되는 문장에 대해서는 원문을 함께 실었다.

저자도 얘기하고 있듯이, 어느 책이든 그 속에는 많은 사람들의 도움이 깃들어 있고, 많은 사람들의 입김이 서려있다. 이 책이 나오기까지 그 안에 깃든 모든 이들의 도움에 감사드린다.

박제영 한주한

목 차

개정판 발행에 부쳐 · 4

초판 발행에 부쳐 · 8

저자 서문 · 12

역자 서문 · 24

1부 / 근원적 변화 or 점진적 죽음

1. 불확실한 세계로 발가벗은 채 뛰어들기 · 30
2. 근원적 변화 or 점진적 죽음 : 진퇴양난의 딜레마 · 44

2부 / 개인의 변화

3. 변화에 대한 두려움 · 64
4. 영웅의 여행 · 73
5. 활력을 회복하라 · 83
6. 과업지향의 논리를 부숴라 · 92
7. 새로운 관점으로 생각하라 · 99
8. 도덕적 성실성의 부족에 도전하라 · 109
9. 부딪치면서 해결하라 · 118

3부 / 조직의 변화

10. 왜 변화를 거부하는가 · 126
11. 문제의 근원을 찾아라 · 135
12. 성공의 경험이 실패를 만들 수 있다 · 144
13. 수행능력의 횡포 · 152
14. 주체적 리더 · 160

4부 / 비전, 모험, 그리고 탁월함의 창조

15. 저항을 극복하라 · 172
16. 관리자가 아니라 리더가 되라 · 188
17. 위험은 왜 필요한가 · 196
18. 변혁의 사이클 · 202
19. 탁월함은 일탈이다 · 216
20. 성역에 부딪쳐라 · 225
21. 내부로부터의 비전 · 242
22. 한 사람의 힘 · 268
23. 다수의 힘 · 272

참고문헌 · 282

1부

근원적 변화
or
점진적 죽음

1. 불확실한 세계로 발가벗은 채 뛰어들기

'변화'를 말할 때, 보통의 경우 점진적인 변화를 생각하기 마련이다. 점진적 변화(incremental change)는 합리적 분석과 계획이라는 프로세스를 통해 이루어진다. 점진적 변화에는 이루고자 하는 목표가 있고, 그 목표에 도달하기 위한 구체적인 단계들이 설정된다. 대부분의 경우에 점진적 변화는 한정된 범위를 벗어나지 못하고 중도에 포기할 수도 있다. 변화가 예정대로 이루어지지 못하면 언제든지 예전의 방식으로 되돌아가 버리게 된다는 말이다. 때문에 점진적 변화로는 결코 과거의 타성으로부터 벗어날 수 없다. 그것은 단지 과거의 연장선일 뿐이다. 그러나 무엇보다 심각한 문제는 이런 점진적 변화가 진행되는 동안 모든 것이 잘 돼가고 있다는 착각에 빠지게 된다는 점이다.

이 책에서는 점진적 변화보다 훨씬 어려울 수밖에 없는 근원적 변화를 다루고자 한다. 점진적 변화와는 달리 근원적 변화는 전혀 새로운 사고와 행동양식을 요구한다. 그것은 대단히 넓은 범위에서의 변화이고, 과거로부터의 단절을 요구하는 변화이다. 그리고 그것은 결코 되돌릴 수 없는 비가역적인 변화이다. 근원적 변화를 감행하기 위해선 기존의 행동양식과의 마찰을 감수해야 하고 위험을 감수해야 한다. 근원적 변화는 모든 구속력과 통제를 포기하는 것을 뜻한다.

우리들 대부분은 기존에 습득한 기술과 수행능력을 통해 자기의 지식과 기능에 자기의 정체성(identity)을 쌓아나간다. 근원적 변화란 이러한 기존의 지식과 기능을 다 버리고, '불확실한 세계로 발가벗은 채 뛰어 들어가는 것(Walking Naked into the Land of Uncertainty)'이다. 이것은 두려울 수밖에 없는 선택이며, '정신적인 암흑기'라는 혼란이 초래될지도 모른다. 그러므로 우리들이 근원적 변화가 필요하다는 사실을 애써 외면하게 되는 것은 당연하다. 다행스럽게도 근원적 변화가 매일매일 필요한 것은 아니다. 그러나 오늘날의 세계는 끊임없이 그리고 빠르게 변하고 있는 만큼 과거보다는 더욱 더 자주 우리에게 근원적 변화를 요구하고 있다.

조직적 차원에서도 그리고 개인의 차원에서도 근원적 변화는 일어날 수 있다. 어느 한 차원에 대한 통찰은 다른 차원을 이해하는 데에도 도움이 된다. 본 장에서는 조직적 차원에서의 근원적 변화를 간단히 검토하고 나서 개인적 차원을 다룰 것이다. 마지막으로, 그 둘 사이의 놀라우리만큼 긴밀한 관련성을 살펴보기로 하겠다.

근원적 변화 : 조직적 차원에서의 통찰

어느 동료가 나에게 들려준 얘기이다. 어느 주 정부의 고위관리층에서 리더십 훈련 프로그램에 관심을 갖고 있었다고 한다. 그들은 특히 변혁적 리더십(transformational leadership)에 관심이 많았으며, 조직 내에서 근원적 변화를 이끌 수 있는 공직자를 양성하고자 했다. 이들 고위관리자들은 일반적으로 관료들이란 변화를 싫어하는 속성이 있음을 알고 있었기 때문에 그다지 큰 기대는 하지 않았지만, 자기들의 주정부 내에 과연 변혁적 리더의 자질을 갖춘 사람들이 있는지 찾아보기로 했다.

몇 차례에 걸친 조사 결과, 소속 부서에 극적인 변혁을 몰고 왔던 몇몇 사람들을 찾아낼 수 있었다. 대민 업무 대기시간이 길고 불친절하기로 이름났던 부서를 일 년 만에 최우수 부서로 만든 사람이 있었으며, 열악한 환경으로 소문난 한 공립병원을 2년 만에 전국적인 모범병원으로 변화시킨 사람도 있었다. 주 정부 관리들은 이러한 사례들을 비디오로 제작하기로 결정하고 그 변혁적 리더들과 인터뷰를 하기 위해 제작진을 파견했다. 그러나 제작진은 예상치 못했던 소식을 갖고 돌아왔다. 비디오를 만들 수 없다는 것이었다. 인터뷰과정에서 이들 리더들은 예외 없이 적어도 한 번 이상 주 정부의 법 규정을 위반한 사실이 드러났기 때문이다. 비효율적인 조직을 효율적으로 만드는 과정에서 제출해야 할 서류들을 제출하지 않았거나, 주 정부의 규정과 지침을 무시하는 등의 위반사례가 있었던 것이다.

이 사례는 변혁적 리더로서 조직의 근원적 변화를 위해서는 규정을 위반해야만 한다는 것을 보여주는 것일까? 반드시 그렇지는 않다. 그러나 근원적 변화를 위해서는 누군가가 큰 위험을 감수해야만 한다는 것을 보여주는 좋은 예이다.

조직과 변화는 상호보완적인 개념이 아니다. 조직화한다는 것은 곧 체계화한다는 것을 말하며 앞으로 일어날 행위들을 예측 가능하게 만드는 것을 말한다. 모든 조직은 외적 기대(external expectation)와 내적 기대(internal expectation)를 바탕으로 이루어진다. 외적 기대란 타당한 가격으로 양질의 상품을 사고자 하는 소비자의 욕구처럼 비정형적일 수도 있고, 조직이 어떤 규제를 따르도록 하는 법 규정과 같은 형태로 정형화될 수도 있다. 내적 기대는 구체화되지 않은 기대에서부터 보다 구체화되고 형식화된 관례, 절차, 규정, 규제 등을 포괄한다. 이러한 내, 외적 기대가 조직 내 행위를 예측 가능하게 하는 것이다.

정형화 작업은 그 초기에는 조직을 보다 능률적이고 효과적으로 작동하게 만든다. 그러나 시간이 지나면서 관례화된 행동양식은 조직을 퇴화시키고 침체시킨다. 결과적으로 조직은 외부 현실과 동떨어지게 된다. 고객들은 등을 돌려 다른 곳에서 상품이나 용역을 구하게 되고, 이제 조직은 가장 귀중한 자산을 잃어버리게 되는 셈이다.

조직의 내적 모습과 외부적 요구가 서로 맞지 않을 경우, 조직은 외부적 요구에 스스로 적응하든지 아니면 점진적 죽음을 감내하든지 양자택일하지 않으면 안 된다. 대부분의 경우 조직은 일군의 리더들이 기존의 견고한 틀을 벗어나는 큰 위험을 기꺼이 감수할 때, 비로소 새롭고 활기찬 효율적 조직으로 거듭날 수 있다. 틀을 벗어난다는 것, 그것은 불확실한 세계로 발을 내딛는 것이다. 이러한 미지를 향한 여정은 때로 끔찍한 경험이 될 수도 있고, 조직의 실패나 소멸의 가능성이 엄연한 현실로 닥쳐올 수도 있다.

그러한 상황에서 조직의 구성원들은 정답이 없는 난해한 문제들을 수없이 맞이하게 될 것이다. 절박한 위험에 직면하여 이제 그들은 스스로의 방법을 배워나가야 하며 계속해서 새로운 해결의 실마리를 추구해야 한다. 그리하여 어제가 아니라 오늘의 외부적 요구에 들어맞는 창조적 조직시스템을 만들어가야 한다. 새로운 방안이 제대로 작동되면 조직은 성장과 발전을 계속할 수 있다. 조직이 현재의 조직 환경 속에 존재하는 요구들을 창조적으로 충족시킬 수 있을 때에, 그 조직은 비로소 외부로부터 자원을 지원받을 수 있는 것이다.

오늘날과 같은 세계화시대에서 기업이 경쟁력을 유지하려면 수시로 근원적 변화를 감행해야 한다는 사실은 넓게 인식되고 있는 반면에 기업의 개별 구성원들 스스로도 근원적 변화의 대상이라는 사실에 대해서는 그렇게 넓게 인식되고 있지는 않다. 그러나 날이 갈수록 개별 구성원들에 대한 근원적 변화의 요구는 더욱 더 절실해지고 있다.

근원적 변화 : 개인적 차원에서의 통찰

언젠가 아시아에서 대단히 성공한 어느 기업의 고위경영자들과 같이 일한 적이 있다. 당시 나는 기업 내의 근원적 변화를 위한 그들의 지속적이고도 효과적인 노력에 감명을 받았었다. 그들은 '유기체적(organic)' 조직을 만들기 위해 노력하고 있다고 말했다. '유기체적'이란 말의 의미를 묻자, 그들은 "유기체적 조직이란 신속하고 협조적인 행동과 대응, 그리고 적응하고 배우면서 성장하는 조직을 말한다."라고 쓰여 있는 문서를 보여주었다. 사실 이런 문구는 다른 많은 회사에서도 찾을 수 있다. 나의 눈길을 끈 것은 사실 이 문구 다음에 적혀있는 문장이었다. 거기에는 "오직 유기체적인 인간들만이 유기체적 조직을 창조할 수 있다(Only organic individuals can create an organic organization)."라고 적혀 있었다.

이 문구에 특히 끌린 것은, 많은 조직들이 민첩한 상황대응에 대해서는 얘기하지만 거기에 필연적으로 내포되어야 하는 의미에 대해 언급하는 경우는 드물기 때문이다. 민첩한 조직은 신속하게 대응하는 구성원을 필요로 한다. 끊임없이 변화하는 시대에 기업은 보다 신속한 상황대응을 통해 환경변화에 대처해야 하고; 기업구성원들 역시 보다 신속한 대응으로 기업의 변화에 부합해야 한다. 기업이 계속해서 근원적 변화를 감행하기 위해선 기업의 구성원들 또한 스스로 근원적 변화를 감행해야 한다.

그러나 근원적 변화란 말처럼 쉬운 일은 아니다. 일반적으로 기업은 구태의연해지기 쉽고 정체화되는 경향이 있다. 이는 기업의 구성원인 개인들도 마찬가지이다. 우리는 나름대로의 지식, 가치관, 신념, 규칙, 재능 등을 가지고 있으며 이러한 것들이 개개인의 인격을 형성한다. 그런데 우리를 둘러싼 환경이 변화하게 되면 우리는 안정감을 잃고 서서히 문제가 생겼음을 느끼게 된다. 때로는 부분적 수정이나 점진적인 변화를 통해 이러한 문제를 해결할 수도 있다. 그러나 어떤 경우에는 기존의 근본적인 신념이나 규칙, 패러다임을 갈아치우고, 자신과 주변 환경에 대해 전혀 새로운 시각을 가질 필요가 있다. 그런데 정작 이러한 필요가 생겼을 때 우리는 흔히 이를 부정하고 저항하는 경향이 있다.

개인적 차원의 근원적 변화 사례

감량경영을 단 한 번도 실시하지 않았던 기업이 있었다. 그런데 어느 날 갑자기 이 회사가 인원감축의 필요성을 발표했다. 한 간부는 그동안 친하게 지내던 동료를 포함해 많은 직원들에게 해고를 통보해야만 했다. 감량경영의 고통이 막바지로 치달을 즈음 또 다른 감원이 필요해졌고 다시 똑같은 고통의 절차가 되풀이되었다. 그리고 세 번째 감원이 이어지자 직원들의 심리적 압박감이 커졌고 이제 남게 된 직원들마저도 일을 손에 잡지 못하게 되는 지경에 이르렀다.

어느 시점이 되자 해고통보를 해야 했던 그 간부조차 두려움을 느끼기 시작했다. 밤에 귀가하여 아이들을 보면서 이 아이들에 대한 교육비를 마련하지 못한다면 혹은 가정을 제대로 꾸려나가지 못하게 되면 어떻게 할 것인가 근심하기 시작했다. 그는 자기의 몸값, 시장가치는 얼마나 될까 하고 따져보았다. 엔지니어로 입사해서 이제 관리자라는, 회사의 관료주의적 문화를 전수하는 전문가가 되었지만, 수많은 중간

관리자들이 해고되는 것을 보면서 자신 또한 기업에 꼭 필요한 존재가 아닐 수도 있다는 생각에 두려워졌다. 그는 배신감과 분노를 느꼈다. 다른 동료들이 그런 것처럼 이제 더 이상 일이 손에 잡히지 않았다. 결과적으로 회사의 실적이 급격히 떨어지면서 또 다른 해고를 몰고 오는 악순환이 가속화되었다.

숨이 막힐 듯한 불안 속에서 몇 달을 보내고 이제 그는 더 이상 견딜 수가 없었다. 나는 진정 누구인가? 내가 진실로 가치 있다고 믿는 것은 무엇인가? 그는 스스로에게 질문을 던졌고, 그러한 자신의 고민을 부인에게 털어놓았다. 과연 지금의 조직을 떠난 그의 존재가 가능할 것인가? 다른 직업을 가질 경우, 현재 수입의 절반만으로도 식구들을 부양할 수 있을 것인가? 그럴 수 있다는 부인의 대답은 그에게 놀라움과 기쁨을 주었다.

그는 홀가분해졌고 자기가 임파워되었음(empowered)을 느꼈다.* 그는 변화에 대한 불안감과 조직이 자신을 어떻게 볼 것인가 하는 따위의 걱정을 떨쳐버릴 수 있었다. 오히려 현재의 상황에서 필요한 것이 무엇인가를 생각하기 시작했다. 해고의 두려움에 시달리는 동료들에게 임파워먼트를 부여할 수 있는 무엇인가를 해야 한다고 생각했다. 자기 스스로에게 새로운 역할을 부여한 것이다. 그는 신중하게 대상자들을 선정하여 모임을 갖고 "10년 후 회사가 어떠한 모습이 되기를 바라는가?"라는 질문을 던졌다. 처음에는 콧방귀를 뀌고 비아냥거리던 사람들이 어느 순간 회사의 미래를 설계하는 작업에 동참하기 시작했고, 임파워먼트를 강조하는 그의 생각은 점점 확산되었다. 그리고 모든 것이 개선되기 시작했다.

---

* 역주 : 임파워(empower)에 대해서는 역자 서문 참조

이런 경험을 통해 그는 리더십에 대해 완전히 새로운 시각을 갖게 되었다고 말했다. 아이러니컬하게도, 그는 지금은 예전보다 훨씬 자주적으로 행동하면서도, 회사를 더 많이 걱정하고 그래서 회사에 두 배는 더 유용한 사람이 됐다고 스스로 말하고 있다.

결국 그의 사례는 근원적 변화를 성공적으로 이끌어낸 사례라고 할 수 있다. 그는 보다 주체적인 상태로 자기를 변화시킴으로써 그의 외부세계를 창조하는 데 주도적 역할을 할 수 있었던 것이다. 그는 더 이상 외부여건에 의해 흔들리지 않았고 능동적으로 대응했다. 그는 임파워되었을 뿐 아니라, 다른 사람들을 임파워할 수 있게 되었다(He became both empowered and empowering). 그는 끊임없이 변화하는 경영환경 속에서 오히려 더욱 더 리더십을 발휘할 수 있었다. 그는 종업원이되, 유기체적인 종업원(organic employee)이 된 것이다.

개인 차원과 조직 차원의 상관관계

경제의 급속한 세계화에 직면하여 조직과 그 구성원들은 수시로 자기 자신을 재창조하지 않을 수 없게 되었다. 이것은 소위 위에서 아래로 전개되는 상의하달식(top-down) 프로세스이다. 외부의 세계로부터 변화의 압력이 가해지고, 이것이 조직으로 하여금 스스로 재창조하도록 강제하게 된다. 조직의 변화는 다시 개인을 변화하게 하는 압력으로 작용한다. 이러한 일련의 연쇄반응은 조직변화전략(organizational change strategy)을 논의함에 있어서 빼놓을 수 없는 전제가 된다. 이러한 상의하달식 모델이 단순명쾌하다는 장점 때문에 우리는 흔히 이와는 전혀 다른 시각을 전제로 하는 또 하나의 모델을 간과하기가 쉽다. 그것은 개개인에서 출발하는 하의상달식(bottom-up) 변혁모델이다.

개인차원의 근원적 변화와 조직차원의 근원적 변화의 사이에는 중요한 연관성이 있다. 개인이 근원적 변화를 감행한다는 것은 오늘의 현실과 보다 효과적으로 연계될 수 있도록 새로운 패러다임과 새로운 자아를 계발하겠다는 것이다. 이것은 우리가 기꺼이 미지의 영역을 탐험하고 거기서 부딪치게 되는 복잡하고 어려운 문제들을 적극적으로 해결하고자 할 때만이 가능한 일이다. 이 여행은 합리적인 계획으로 짜인 이정표를 따르는 여행이 아니다. 여행의 목적지가 불분명할 수도 있고 목적에 이르는 길이 전혀 생소한 과정일 수도 있다. 이 험난한 여행은 우리에게 현실에의 안주나 일상적인 역할로부터 벗어날 것을 요구한다. 이를 통해 우리는 자신을 변화시켜야만 세상을 변화시킬 수 있다는 역설적 교훈을 얻을 수 있다. 이는 단순히 그럴듯한 추상적 개념에 그치는 것이 아니라, 인생살이의 모든 영역에서 성공을 가져다주는 귀중한 열쇠이다.

스캇 펙(M. Scott Peck)은 그의 저서 『아직도 가야 할 길(The Road Less Traveled, 1978)』에서 심리치료사(psychotherapist)의 역할에 대해 기술하고 있다. 대부분의 사람들은 자기 자신이 때로는 심리치료사와 유사한 역할 즉, 타인의 행동에 영향을 미침으로써 변화를 일으키는 역할을 해야 한다는 것을 생각하지 못한다.

우리들도 그렇지만 심리치료사들도 배워가면서 자기 역할을 수행하는 것이다. 이 '역할배우기'는 학습과 경험으로부터 시작된다. 지식이 축적되고, 기본 가정이 만들어지고, 가치관이 형성되며, 그리고 시술의 원칙이 확립된다. 부모나 선생님, 판매원 또는 기업경영자들과 마찬가지로 심리치료사는 나름대로의 역할을 가지고 그 역할을 위해 많은 노력을 기울인다. 그러나 그 역할이 특정 고객이나 자녀, 학생, 소비자 혹은 조직에 맞을 수도 혹은 맞지 않을 수도 있다. 타인의 변화를 이끌어내는 데에 있어서의 효율성은 사실은 치료사 자신의 변화에 달려 있다.

펙은 자신의 경험을 통해 우리가 새겨둘만한 귀중한 메시지를 다음과 같이 전달하고 있다.

> 훌륭한 심리치료사는 환자가 갖는 만큼의 용기와 의무감을 가지고 치료에 임해야 한다. 그는 또한 변화의 위험을 감수하여야 한다. 나는 수많은 환자들을 치료해오는 과정에서 내가 지금까지 배워온 많은 심리요법의 원칙들을 수도 없이 깨뜨려 왔다. 원칙들을 위반하게 된 것은 내가 게으르거나 무원칙적인 성향을 갖고 있어서가 아니라, 환자 치료를 위해 어쩔 수가 없었기 때문이다. 두려운 마음에 떨면서도, 선례에 따르는 관습적인 분석자의 역할에서 벗어나는 새로운 시도를 해야 했고 그런 만큼 위험을 감수해야만 했다.
>
> 이제 와서 돌이켜보면 성공적인 정신요법의 사례들은 한결같이 의사로서의 자신에서 벗어나 환자의 처지에 맞춘 경우였다. 그것은 의사로서 쉬운 일이 아니지만 그러한 어려움을 감내하고자 하는 의사의 의지가 바로 치료의 핵심이다. 그러한 의사의 의지는 대개 환자가 공감하게 되고 나아가 치료의 효과가 나타나는 것이다. 또한 의사로서도 자신의 자아를 확장하여 환자의 고통에 연민의 정을 가지고 고통을 함께 나눔으로써 새로운 것을 배우고 성장하게 된다. 나의 기존의 성공적인 치료사례들을 돌이켜보면 그러한 사례들을 통해 나 자신의 태도와 관점에도 의미심장하고 획기적인 변화를 가져왔다고 말할 수 있다. 치료는 이렇게 이루어지는 것이다.(p149)

이 글을 통해 의사가 환자를 근원적으로 변화시키기 위해서는 의사 자신이 먼저 기존의 전통적 처방의 안주에서 벗어나는 용기를 보여주어야 한다는 것을 알 수 있다. 의사가 '불확실한 세계로 발가벗고 뛰어드는' 용기를 보여주는 것이야말로 환자가 자신의 건강을 개선할 수 있는 하나의 모델을 제시하는 것이다. 이것은 환자에게 지시하는 것이 아니라 환자가 스스로 변화하도록 이끌어주는 것이다. 더불어 의사 자신도 예전의 자신의 모습과는 전혀 다른 새로운 자아를 발견하고, 자신의 역할에 대해 더 큰 의의를 느끼며, 새로운 관점을 터득하게 된다. 의사 자신이 먼저 변할 때에 환자와의 관계도 변하고, 나아가 환자 또한 변하는 것이다. 환자에게 이제 의사는 하나의 모델일 뿐만 아니라 의미 있는 조력자요 도전의 대상이 되는 것이다.

펙의 글을 통해 우리는 개인차원의 근원적 변화와 조직차원의 근원적 변화 사이의 놀라운 연관관계를 발견하게 된다. 앞에서 몇몇 변혁적 리더들을 소재로 비디오제작을 시도했다가, 그들의 변혁추진 과정에서 용납될 수 없는 법 규정 위반사례가 드러났기 때문에 제작을 포기할 수 밖에 없었던 사례를 기억하기 바란다. 사실 주 정부로서 관리자들에게 법규를 위반하도록 독려할 수 없었던 점은 이해할 만하다. 이는 일반기업의 경우도 마찬가지이다. 사원들을 회사의 규정이나 정책, 절차 등으로부터 벗어나도록 가르칠 수는 없는 것이다.

그러나 우리가 과거라는 상자 속에 안주하는 한은 '탁월함'을 거머쥘 수 없다. 탁월함을 얻기 위해 심리치료사가 전통적인 의사의 역할에서 벗어났던 것처럼, 리더는 사규라고 하는 보호막을 뚫고 나와야 한다. 근원적 변화를 일으키기 위해서는 위험을 감수해야만 한다. 또한 다른 사람들 내부에 근원적 변화를 일으키기 위해서는 자기 자신부터 거듭나야 한다.

근원적 변화를 이해하는 데 있어 가장 어려운 것 중의 하나는 아마도 그것이 다른 사람들과의 관계 속에서 이해되어야 한다는 사실일 것이다. 우리들은 보통 근원적 변화가 필요하다는 데는 동의하면서도 그것이 자신이 아닌 다른 사람이 해야 할 일이라고 생각한다. 부모나 교사, 경영자와 같이 권위적 위치에 있을 때에 우리들은 쉽게 다른 사람들에게 변화를 요구하고 명령한다. 그렇지만 이러한 명령은 대부분 긍정적인 효과를 거두지 못한다. 그러면 이번에는 그 명령의 강도를 높인다. 이제 변화를 요구하는 목소리는 계층 간 '힘겨루기'와 같은 모습으로 변질되면서 점점 더 본래의 목적과 멀어지고 효과도 기대할 수 없게 된다. 여기서 우리는 가장 중요한 한 가지 사실을 깨달아야 한다. 다른 사람들의 근원적 변화를 이끌어내기 위해서는 그러한 근원적 변화가 실제로 어디서부터 시작되어야 하는지를 알아야 한다는 것이다.

오늘날의 세계처럼 혼란스러운 상황 속에서 조직은 그 어느 때보다 지속적으로 근원적 변화를 감행해야 한다. 조직의 구성원인 개인들도 마찬가지이다. 앞서 살펴본 것처럼 변화는 상의하달식으로 이루어질 수도 있고, 반대로 하의상달식으로 이루어질 수도 있다.

그러나 모든 개개인이 세상을 변화시킬 잠재력을 갖고 있음에도 우리는 변화에 따르는 비싼 대가가 두려워서 감히 변화의 도전에 나서지를 못한다. 이러한 두려움이 탁월함을 성취할 수 있는 기회를 막는 것이다. 나아가 더 두려운 사실을 우리는 통찰할 수 있어야 한다. 근원적 변화를 시도하지 않음으로 해서 치러야 하는 대가를 꿰뚫어볼 수 있어야 한다는 것이다. 그 대가는 바로 점진적 죽음의 길이다. 분노, 두려움, 그리고 좌절감으로 뒤엉켜진 의미 없고 고통스러운 경험인 죽음의 길, 그것이야말로 가장 두려워해야 할 선택인 것이다.

신념을 갖고 길을 잃기

대부분의 사람들은 근원적 변화를 두려워하고 그런 생각을 애써 외면하곤 한다. 스캇 펙과 같이 근원적 변화를 깊이 고민하고 모색하는 사람은 사실 찾아보기 어렵다. 펙과 같은 이들은 근원적 변화를 발전의 프로세스로 이해한다. 대부분의 사람들이 근원적 변화의 프로세스를 혼돈의 상태로 보는 반면, 펙과 같은 부류의 사람들은 그것을 통해 미래를 예측한다. 그들은 전통적 학습이란 것이 과거에 기반을 둔 것이고, 누군가 이미 알고 있는 것을 배우는 것에 불과하다는 것을 잘 알고 있다.

'불확실한 세계를 발가벗은 채 여행하는 것'은 이와는 다른 학습을 가능케 한다. 이 새로운 학습은 우리에게 기존의 지식을 잊어버리고 우리에게 필요로 하는 것이 무엇인지를 찾을 수 있게 해준다. 나아가 우리의 미래를 창조할 수 있도록 우리를 인도한다. 소수의 사람들만이 이러한 의식을 갖고 불확실한 세계로의 두려운 여행에 발을 내딛는다. 여행 속에서 그들의 두려움은 곧 신념으로 바뀌게 된다. 그들은 '신념을 갖고 길을 잃는 방법(how to get lost with confidence)' 즉, 새롭게 펼쳐질 세계로 들어가는 길을 개척하는 방법을 알게 되는 것이다. 그러면 그들은 누구이고 어디에 있는가? 그들은 조직상의 모든 계층에 존재할 수 있다. 그들은 자기 자신은 물론 주변 사람들 그리고 자신이 속한 조직에 근원적 변화를 일으키는 변화의 명인들(master change agents)이다. 그들은 근원적 변화의 프로세스를 이해하고 있는, 주체적 리더들인 것이다.

반성과 토론

🍃 변화를 향한 개인적 단계

1. 자신이 지금까지 겪은 중요한 개인적 변화를 10가지 적으라.

2. '질문 1'에서 답한 10가지 변화 사례를 점진적 변화와 근원적 변화로 분류하라.

3. 근원적 변화와 관련된 자신의 경험을 요약하라.

4. '불확실한 세계로 발가벗은 채 뛰어들기'의 사례를 들어보라. 이 말이 당신의 입장에서 뜻하는 바가 무엇인지를 설명하라.

5. 스캇 펙이 말한 내용을 다시 한 번 읽어보라. 중요 단어에 밑줄을 그은 다음, 다른 사람에게 근원적 변화를 일으키는 데 가장 중요하다고 생각하는 점이 무엇인지를 설명하라.

6. '신념을 갖고 길을 잃기'가 의미하는 바가 무엇인지를 설명하라.

7. 근원적 변화란 무엇을 의미하는지 당신의 생각을 쓰라.

🍃 변화를 향한 조직적 단계

1. 자신이 지금까지 목격한 중요한 조직의 변화를 10가지 적으라.

2. '질문 1'에서 답한 10가지 변화 사례를 점진적 변화와 근원적 변화로 분류하라.

3. 조직에서의 근원적 변화와 관련된 자신의 경험을 요약하라.

4. 자신이 속한 조직의 현재 상황을 살펴보고 1장에서 읽은 내용을 다시 한 번 음미해보라. 그런 다음 생각의 변화가 있었다면 변화를 이끈 요인을 3가지만 설명하라.

2. 근원적 변화 or 점진적 죽음 : 진퇴양난의 딜레마

오늘날의 치열한 경쟁사회에서 믿음과 용기와 활력을 유지하는 것은 쉬운 일이 아니다. 수많은 도전에 직면해야 하고 끊임없이 문제들을 해결해나가야 하는 일상과 조직생활은 때때로 우리의 자발성을 부식시키고 추진력을 감퇴시킨다. 서로 다른 조직의 임원들이 진술하고 있는 아래의 사례는 이러한 상황을 잘 묘사하고 있다.

내가 지금의 직책에 있은 지 4년째인데. 해마다 업무의 중압감이 가중되어 왔다. 부하직원들은 그동안 자신들이 할 수 있는 최선을 다해왔다. 올해로 57세인 나도 그동안 최선을 다했다. 이번의 일도 우리가 해내지 않으면 안 된다는 것을 알고 있다. 그러나 우리가 한 번 더, 큰 변화를 만들어낼 수 있을지 회의적이다.

장기적으로 볼 때 선택의 여지는 없다. 그러나 솔직히 말해 내가 그 일의 적임자인지는 자신할 수 없다. 회사의 8명의 부사장들 중에서 3명은 이를 감당해낼 수 없을 것으로 보인다. 우리 모두가 비슷한 연령이고 다들, "그럭저럭 앞으로 이삼년만 잘 버티면 이 문제야 다음 사람 몫이 되지 않겠어." 하는 생각을 가지고 있다. 우리들에게 문제가 되는 것은 회사를 위해 장기적으로 무엇이 좋은가가 아니라 지금 당장 어떻게 내 자리를 보존하는가이다.

위의 사례는 조직에서 감당하기 힘든 과제에 시달리고 있는 많은 고위관리층의 입장을 말해준다. 그들은 지쳐있다. 그런데 위의 글에는 그들이 탈진되어 있다는 사실 이상의 그 무엇인가가 있음을 알아야 한다. 두 임원은 모두 조직에 근원적 변화가 있어야 한다고는 생각하면서도 둘 다 아무 것도 안하는 쪽을 선택했다. 그들은 장기간에 걸친 총체적 책임보다는 단기간의 개인적 생존을 택했다.

이렇듯 지치고 시야가 흐려진 임원들은 책임소재가 불분명한 경우 그것을 의식적으로 방치함으로써 조직의 문제를 더욱 악화시켜버리곤 한다. 작은 문제였던 것이 결국 중대한 위기가 되고 많은 사람들의 고통으로 이어지는 것이다. 근원적 변화를 택할 것인가 아니면 점진적 죽음을 택할 것인가, 이 진퇴양난의 딜레마가 의미하는 바는 다음의 진술에 잘 나타나 있다.

우리는 3년 전에 점진적 죽음을 선택했다. 부서 이기주의가 가져온 내분 때문에 회사는 업계에서의 중요한 지위를 포기해야 했다. 우리는 정말로 변화가 필요했고 모두가 그것을 알고 있었다. 그러나 어느 누구도 기꺼이 그것에 참여하려 하지 않았다. 그 결과 우리 회사의 직원은 2년 사이에 31,000명에서 15,000명으로 줄었다. 우리는 더 이상 영향력 있는 업체가 아니며 미래에 대한 희망도 없다. '죽음'은 이제 시간문제일 뿐이다.

점진적 죽음의 증세는 이미 회사 내에 만연되어 있다. '긁어 부스럼 만들지 말자(don't rock the boat).'는 식의 보수주의 문화, 정년퇴직을 몇 년 앞둔 임원들, 찾아보기 힘든 장기계획, 비전의 부재, 외부 경고의 외면. 물론 기술이나 재무관리와 같은 특정 분야에서 외견상의 변화를 이루긴 했지만 근본적인 구조와 업무처리과정에 있어서는 실질적으로 변한 것이 없다. 우리는 누가 보더라도 결과가 분명한 길로 접어들었던 것이다.

내가 최고경영진의 한 일원으로 일했던 어느 대기업의 점진적 죽음을 나는 이미 10년 전에 경험했다. 당시 그 회사는 보수적인 문화를 가지고 있었고 변화를 거부했다. 그리고 결국에는 뒤죽박죽 하고 무질서한 변화라도 추진하지 않으면 안 되는 상황으로 몰리게 되었다. 마침내 점진적 죽음이라는 그 고통의 길에 들어선 것이다. 결국 다른 회사와 합병이 되었고, 소수의 사람들만이 살아남을 수 있었다. 나는 지금 또다시 비슷한 상황에 처해 있다. "맙소사, 이곳은 이미 와봤던 곳이 아닌가!"라는 끔찍한 악몽에 시달리면서 말이다.

우리는 죽어가고 있다. 그런데도 사장은 여전히 숫자와 도표 만들기에 온 시간을 소비하고 있다. 리더십을 발휘하는 것과 같은, 정말로 중요한 일들은 다른 사람들에게 맡겨두었다. 더 이상 회사의 미래를 믿지 않게 된 우리는 모두들 자신들의 장래만을 염려하고 있을 뿐이다. 건설적인 대안을 생각하고 싶지만, 이미 늦었다.

짐작컨대 우리 회사에 아직 시간이 남아있다면 그것은 12개월에서 18개월 정도이다. 그 후엔 너무 늦을 것이다. 진정한 경쟁력을 갖기 위해서는 우리의 근본적인 시스템을 바꾸어야 한다. 이는 중요하게 여겼던 지금까지의 일상적 업무들을 폐기 처분하되 더 많은 일을 해야 한다는 것을 뜻한다. 우리는 그동안 마치 아편에 매달리듯 일에 매달렸다. 우리는 근원적 변화의 프로세스를 어떻게 수행해야 할지 몰랐기 때문에, 단지 아주 일상적인 일들로 대부분의 시간을 허비했다. 우리에게 일어나는 일들의 진정한 의미에 대해서는 알려고 하지 않았다. 나는 비관적이다. 변화의 필요성은 계속 커지고 있는데, 경영자는 아무런 비전도 갖고 있지 않다. 우리는 지금 점진적 죽음을 선택한 것이다. 그것도 아주 분명하게 말이다.

최고경영진은 우리가 처해있는 상황의 실체를 다루는 데 미흡했다. 우리는 지금 획기적인 변화가 필요하다. 세계에서 가장 우수하다는 경영대학원에서 배웠다는 그들의 도구들은 단적으로 지금과 같은 경쟁적인 환경에 맞서기에는 부적당하다. 그들은 어떻게 관리(manage)하는가는 잘 알고 있지만 어떻게 리드(lead)해야 하는지는 모르고 있다. 게다가 그것을 배우기에는 이미 너무 늦었다. 그것은 마치 마스터스(the Masters) 골프대회 하루 전날 새로운 골프 스윙법을 배우는 것과 다를 바 없다.

점진적 죽음 : 조직에 나타나는 증세

조직의 근원적 변화를 감행할 것인가 아니면 현재의 상태를 그대로 유지할 것인가, 하는 그 딜레마의 순간에 근원적 변화를 포기하면서부터 점진적 죽음은 시작된다. 이 같은 결정은 조직과 사업 혹은 산업 전체를 서서히 (때로는 빠를지도 모른다) 붕괴로 몰고 갈 것이다.

점진적 죽음의 프로세스는 몇 개의 공통적 특징을 가지고 있다. 그중에서 가장 눈에 띄는 네 가지를 살펴보자.

전염성 : 점진적 죽음의 선택은 하나의 격리된 현상이 아니다. 오늘날의 세계화된 경제 속에서, 그것은 수많은 조직들 사이로 전염병처럼 번져나가고 있다. 그것은 '긁어 부스럼 만들지 말자.'라는 식의 보수적 문화에서 특히 흔한 일이지만 그렇지 않은 조직에서도 일어날 수 있다. 심지어 얼마 전까지만 해도 대단한 성공(이것은 또 다른 스트레스와 그에 따른 신경쇠약 같은 증상을 유발할 수도 있다)을 거두었던 조직 안에서도, 풍부한 경험과 수행능력 그리고 강한 의지력을 지닌 사람들조차 점진적 죽음을 선택하는 것을 쉽게 찾아볼 수 있다. 변화가 필요한데도 그 필요성이 묵살된다. 점진적 죽음의 선택은 시간, 장소, 계층을 가리지 않고 번져간다.

신뢰의 배반 : 지금 점진적 죽음을 선택하고 있는 사람들도 사실은 근원적 변화의 필요성을 알고 있을지도 모른다. 그럼에도 그들은 변화를 모색하는 것이 아니라 죽음을 선택한 것이다. 그렇다면, 흔히 점진적 죽음을 선택하는 상황을 '끓는 물과 개구리 이야기(boiled frog story)'에 비유하는 것은 별로 적절한 것이 아니다.

   끓는 물과 개구리 이야기는 하나의 실험에 기초하고 있다. 실험실 용기에 물을 가득 채운 다음 살아있는 개구리를 넣고 서서히 가열한다. 점차 물의 온도가 올라가고 개구리는 열을 견디지 못해 결국 죽는다. 이와는 대조적으로 찬물에 있던 개구리를 이미 가열된 뜨거운 물에 넣으면, 개구리는 곧바로 뛰쳐나가고 결과적으로 목숨을 건진다. 사람들은 흔히 조직의 쇠망을 이 실험실의 개구리로 비유하곤 한다. 마치 개구리처럼 주변에서 서서히 일어나고 있는 변화를 감지하지 못한 채로 죽어간다는 것이다.

   그러나 이 개구리의 비유는 '근원적 변화 아니면 점진적 죽음'을 설명하는 데 있어 한 가지 중요한 사실을 놓치고 있다. 관리자가 변화의 필요성을 알고 있으면서도 변화를 시도하지 않는다면 그것은 그 관리자가 의식적으로 점진적 죽음을 선택하고 있다는 점이다. 물의 온도가 서서히 오르면서 그 안에 있는 관리자는 안전지대로의 피신이 가능함을 알고 있다. 그러나 그 관리자는 "몇 년 만 잘 버틸 수만 있다면, 이 문젯거리는 다른 사람의 몫이 되겠지." 하면서 아무런 조처를 취하지 않는다. 그리고 정말로 몇 년을 버틴 이 관리자는 정년이 되어 자기만이 안전지대로 피신한다. 그런데 어떤가. 남겨진 조직구성원들 앞에는 더욱 커진 문젯거리들이 남겨진 것이다. 이런 의미에서 점진적 죽음의 선택은 오히려 '죽은 올챙이 이야기(dead tadpole story)'로 설명되어야 할지 모른다. 개구리는 안전하게 도망쳤지만 올챙이들은 뜨거운 물속에 남겨진 것이다.

이러한 시나리오를 보면, 개인의 이익이 공동체에 대한 책임보다 우선시 되고 있다. 이런 면에서 점진적 죽음을 선택한다는 것은 어느 정도 도덕적인 의미를 함축하고 있는 것이다. 점진적 죽음을 선택한다는 것은 다른 사람들의 신뢰와 조직에 대한 책임을 배신하는 것으로써, 때로는 범죄로 볼 수도 있을 정도이다. 물론 이 문제에는 도덕적인 측면이 포함돼 있기 때문에 조직 내에서 공개적으로 언급되는 것은 쉽지 않다. 결국 지금 조직 내에 어떤 심각한 문제점이 있다는 것을 알고 있지만 조직원들은 마치 모르는 체 행동한다. 그러나 이러한 행동은 엄청난 결과로 이어지는 것이다.

비전에 대한 갈망 : 임원들은 흔히 조직이 갖고 있는 문제점들이 마치 기밀사항인 것처럼 행동한다. 그러나 실제 비밀로 지켜지는 경우는 드물다. 직원들 대부분은 어떤 중요한 문제가 의도적으로 무시되고 있다는

것을 알고 있다. 그들은 "우리는 진정한 변화가 필요하다. 모두가 그것을 알고 있지만 기꺼이 변화를 선도하려는 사람은 아무도 없다."라고 말한다.

사람들은 서서히 희망을 잃고 함정에 빠졌다고 느끼기 시작한다. 그들은 종종 움츠리거나 혹은 반대로 별로 중요하지도 않은 일에 바쁘게 매달리는 것으로 자신들의 상황을 대처하려 한다. 마치 일에 중독된 사람처럼 계속 분주하게 무슨 일인가를 하는 것이다. 그리고 이제 사람들은 그들의 상사들처럼 점점 이기적으로 변하고 자신의 미래에만 신경쓰기 시작한다.

그러나 그렇게 절망스러운 것은 아니다. 그들은 적절한 동기만 부여된다면 설사 절망적인 상황이라 해도 건설적인 대안을 찾아내길 원하고 그를 위해 노력한다는 것을 많은 사례에서 보여주고 있기 때문이다. 불안하고 어려운 때일수록 사람들이 목말라 하는 것은 뛰어난 리더십이다. 그들은 자기들이 신뢰하고 매달릴 수 있는 비전에 굶주려 있다.

그러나 비전을 제시하는 것은 말처럼 쉬운 일이 아니다. 기업의 임원들 중에는 비전을 제시하는 리더가 되기보다는 차라리 숫자나 통계치를 분석하는 일이 훨씬 쉽다고 생각하는 사람이 많다. 그러나 조직이 이미 최악의 상태에 빠져 있는 상황에서 논리적 분석 자료나 돌리고 있는 것은 마치 목마름으로 죽어가는 사람에게 모래를 퍼주는 것이나 다를 바 없다.

기력의 소진 : 점진적 죽음의 프로세스가 보여주는 네 번째의 특징은 상대적으로 조직의 에너지가 부족하다는 것이다. 많은 사람들이 조직을 리드하는 방법을 알고 있고, 근원적 변화를 이해하고 있으며, 그리고 많은 자원과 노력의 투자가 필요하다는 것을 알고 있지만 실제로는 변

화를 선도해나가지 못한다. 이것은 에너지가 없기 때문이다. 그들은 기력을 소진한 사람들이다. 그들은 단지 일하는 시늉만 반복할 뿐, 자기의 일에서 흥미를 찾지 못한다. 그들에게 필요한 것은 자기 삶에 대한 근원적 변화이다. 프로로서의 자기 역할을 재점검하고, 자기 삶에서의 우선순위를 다시 작성해야 한다. 그리고 이렇게 자신을 재정비하는 것이야말로 무엇보다 생산적인 활동이라는 것을 깨달아야 한다. 또한 자신이 '반드시 해야만 하는 일들(absolute musts)'이 사실은 다른 사람에게 '반드시(must)' 이양되어야 하는 것들이라는 사실을 알아야 한다.

자기 자신을 재창조하는 데 익숙한 사람은 거의 없다. 사람들이 흔히 추구하는 대안은 그저 일에 바쁘게 매달리는 방법이다. 그것은 효과적이지 못할 뿐더러 자기 파괴적이다. 거기에는 단지 최면효과만이 있을 뿐이다. 그것은 진정한 문제로부터 사람들의 관심을 다른 곳으로 돌림으로써 일시적으로나마 실제 문제에 부딪치고 해결해야 하는 심리적 부담감을 덜어주는 것이다.

개인적 차원에서 점진적 죽음에 맞서는 세 가지 전략

앞서 언급한 제반의 현상들은 대부분의 독자들이 이미 인식하고 있는 것들일 것이다. 독자들 중에는 지금 조직 속에서 좌절감을 느끼면서도 일하고 있는 사람도 있을 것이다. 자신이 위축되고 있음을 알고 있을지도 모른다. 이제 그러한 점진적 죽음에 맞서는 세 가지 전략을 살펴보기로 하겠다. 어느 것을 선택해야 할 것인지 생각해보기 바란다.

전략 1 : 무사안일

언젠가 한 정부기관을 방문한 적이 있었다. 그곳의 긴 복도를 따라 수많은 사무실을 지나치면서 바라본 사무실 풍경은 뭐랄까 정적이 흐른다고나 할까. 사람들의 느긋한 모습은 그들의 일이 별로 급한 것이 아니라는 것을 말해주는 듯했다. 아직도 당시를 생생하게 기억하는 것은 함께 방문했던 동료의 말 때문이다. "여긴 걸어 다니는 시체들이 즐비하군!(Here we house the legions of the walking dead.)" 짧게 던진 그의 말은 그들의 이미지를 대단히 사실적으로 표현한 것이지만 한편으론 사무실 안의 모습들과 겹쳐지면서 뭐랄까 마음을 무겁게 누르는 서글픈 느낌을 주었던 것이다.

이런 무기력한 집단에 합류하게 되면, 사람들은 그저 조용히 체념한 채로 삶을 살게 된다. 자신이 하는 업무에 대해 별다른 의미나 희망을 갖지 못하고 무기력감에 빠져들게 되고, 때로는 다른 사람들이 저지른 일 때문에 손해를 보는 '불쌍한 희생양(poor victim)'이 되기도 한다. 그들은 오로지 자신들의 상황을 누군가가 구제해줄 것이라고 믿고 있다. 그들에겐 그저 어떤 좋은 일이 생길 때까지 넋두리나 하면서 마냥 기다리는 것 외엔 선택의 여지가 없다. 희생양이라는 배역을 맡기로 작정한 사람과 함께 산다는 것은 괴로운 일이다. 그런 사람들로 가득 찬 조직에서 일한다는 것은 참으로 우울한 일이 아닐 수 없다. 그리고 보다 두려운 것은 이러한 상황은 마치 질병처럼 전염된다는 것이다.

오늘날 많은 사람들이 육체적으로가 아니라 정신적으로 죽어가고 있다. 사람들이 이러한 상황을 극복하고 질병을 치유하기 위해서는 근원적 변화를 시도해야 한다. 근원적 변화는 오직 자신의 삶을 능동적으로 책임질 때 생겨난다. 그러나 대부분의 사람들은 이것을 선뜻 받아들이지 못한다.

누군가 어려운 상황에서 그것을 돌파하는 것이 아니라 피하려고 할 때 상황은 오히려 더 나빠지는 법이다. 그것은 오히려 더욱 깊은 좌절을 가져오고 결국에는 포기로 몰고 간다. 사람들은 종종 이것을 깨닫지 못한 채 끝내 희생양이라는 배역을 택하고 있다. 사람들은 근원적 변화를 포기하고 자꾸만 점진적 죽음이라는 파괴적인 길을 향하고 있는 것이다.

최근에는 이러한 경향이 더욱 뚜렷해지고 있다. 조직들의 환경 변화에 적응하는 노력이 커짐에 따라 작업장 내 스트레스의 강도도 커지고 있다. 결국 사람들은 좌절과 의욕상실을 겪게 되고 조직의 생산성은 떨어진다. 비관론과 자포자기가 서서히 조직 전체로 스며든다.

의욕상실과 낙심으로 가득 찬 조직 환경 속에서 개인은 어떻게 대처하는가? 첫 번째 전략은 의외로 단순하다. 최근 어느 대기업의 인사부 관리자가 "중간 관리직의 75%가 무사안일의 자세(peace and pay)를 선택하고 있다."고 이야기를 했는데, 이 말이야말로 첫 번째 전략을 정확히 설명해주고 있다고 하겠다.

무사안일의 자세는 '긁어 부스럼 만들지 말자.' '현 상태를 유지하자.' '모난 돌이 정 맞는다(keep your head in a shell)', '정시출근 정시퇴근', '위험과 모험은 절대 사절' 등의 태도를 일컫는 말이다. 실제로 많은 사람들이 이런 행동전략을 취하고 있다. 그들은 점진적 죽음과 맞서기 위해 점진적 죽음을 선택하고 있는 것이다.

이런 체념의 태도는 그들을 빠져나오기 힘든 악순환의 함정에 빠뜨린다. 그들은 고개를 가로 저으면서 조직을 비난한다. 그들은 조직이 죽어가고 있다고 정확히 지적하지만 그러나 자기 자신은 죽지 않는다는 당치도 않은 생각을 하고 있다.

이런 무사안일의 전략은 정신질환의 일종이다. 이런 전략을 선택하는 것은 자진해서 걸어 다니는 시체들 속에 합류하는 것과 같다. 자기 내부에 근원적 변화를 일으키는 것은 조직을 위한 것이 아니다. 바로 자기 자신을 위한 것이다. 그것은 생존을 위한 유일한 선택이다.

전략 2 : 적극적 탈출

조직 내에 점진적 죽음이 진행되고 있을 때 어떻게 이것을 적극적으로 대처할 수 있을 것인가라는 질문에 대해 대부분의 중간관리자들은 어떻게 대답하고 있을까? 그것은 다음 네 단계의 전략으로 요약된다.

- 예방의학에서 권하는 식단을 충실히 따르고 건강한 생활방식을 유지하라.
- 언제고 떠날 수 있다는 마음가짐을 유지하라.
- 시장에 대한 분석을 계속하고 직업전환에 대해 창조적으로 생각하라.
- 실행 가능한 최선의 때가 되면 과감하게 직업을 바꿔라.

'적극적 탈출(active exit)' 전략은 보수적인 사람이 취할 수 있는 가장 적극적인 방법이라는 점에서 관심을 끈다. 위에 언급한 네 가지 방법 각각은 나름대로의 가치를 가지고 있다. 그것들은 스트레스에 대한 적극적 관리, 현실에 대한 대처, 경력관리, 그리고 직업을 바꿀 수 있는 용기를 제안하고 있다. 사람들이 이런 전략을 적극적으로 따를 때 그들은 무사안일이라는 수동적인 것을 선택하는 것보다는 좀 더 책임 있는 행동을 하고 있는 것처럼 보인다.

그러나 적극적 탈출 전략은 몇 개의 문제점을 안고 있다. 다양한 방법들이 제시되었지만 모두 근본적으로 개인의 문제에 맞춰져 있다. 조직차원에서 보면 이 전략을 선택한 개인들은 오히려 조직의 점진적 죽음에 기여하는 사람들이다. 그들은 당초의 문제들을 더욱 악화시킨 채 동료와 부하직원들에게 떠넘긴다. 그리고 이런 전략을 선택한 사람들 중 상당수는 고통스러운 결과를 곧 깨닫게 된다. 새로운 조직으로 자리를 옮기고 나서 그곳이 이전의 회사와 별로 다를 게 없다는 것을 깨닫는 것이다. 지금의 세계는 급변의 소용돌이 속에 있다. 그 속에서 대부분의 조직들은 같은 문제들을 해결하기 위해 발버둥치고 있고 또 비슷한 결과를 얻고 있다. 다만 남의 떡이 더 커 보일 뿐이다(The grass is not always greener on the other side of the fence).

'적극적 탈출' 전략과 관련하여 덧붙일 한 가지 흥미로운 사실이 있다. 중간관리자들에게 고위관리층이 회사를 점진적 죽음으로 이끄는 길을 선택하고 있다고 이야기하면 그들은 대개 도덕적으로 잘못된 것이라며 분개해 한다. 그래서 이번에는 그들에게 무사안일형이 아닌 다른 대안은 없겠는가, 하고 질문하면 그들은 적극적 탈출 전략을 내세우는 것이다. 나는 적극적 탈출 전략을 취하는 그들과 "2년만 있으면 퇴직을 하게 되니까, 그 문제는 나와 상관없어."라고 말하는 경영자 사이에서 별 다른 차이를 찾지 못한다. 사실은 둘 다 똑같은 전략을 따르고 있는 것이다. 자기 위선을 아는 것은 대단히 힘든 일이다.

전략 3 : 근원적 변화

언젠가 심리학자인 엘렌 토론토(Ellen Toronto)에게 '점진적 죽음' 개념을 설명해준 적이 있다. 그녀는 당시 나에게 아주 흥미로운 답변을 들려주었다.

개인적 차원에서, 나는 그런 문제를 매일 다루고 있습니다. 상담자나 환자들이 들고 온 문젯거리를 듣고 나면, 나는 그들이 점진적 죽음을 겪고 있다는 것을 알게 됩니다. 나는 그들에게 선택의 열쇠는 본인이 쥐고 있음을 깨닫게 하기 위해 노력합니다. 그들은 계속해서 점진적 죽음을 향해 갈 수도 있고 반대로 근원적 변화를 선택할 수도 있습니다. 그러나 그들 대부분은 근원적 변화를 시도할만한 용기가 없습니다. 그래서 그들은 자신이 앓고 있는 정신질환에서 벗어나질 못합니다. 그들에게 필요한 것은 그들이 근원적 변화를 과감히 시도할 수 있도록 충분히 북돋아주고 도와주고, 그리고 지지해주는 일입니다.

나는 그녀의 말에서 세 가지 재미있는 점을 발견했다. 첫째는 그녀가 묘사한 환자들의 행동이다. 사람들은 도움이 절실히 필요할 경우 엘렌과 같은 사람을 찾는다. 그들은 점진적 죽음을 겪고 있으며, 엘렌과 같은 사람은 그들이 지금 겪고 있는 고통은 자기 스스로 선택한 것이며 그런 만큼 보다 건강한 대안 또한 스스로 선택할 수 있다는 것을 깨우칠 수 있도록 돕는다.

둘째로 사람들은 그러한 건강한 대안을 잘 선택하려 하지 않는다는 것이다. 실제로 사람들은 점진적 죽음을 더 선호하는 것처럼 보이기도 한다. 사람들은 점진적 죽음이 일종의 악(devil)이라는 것을 알고 있다. 그러나 사람들은 그렇기 때문에 전혀 모르는 미지의 악을 선택하기보다는 잘 아는 악, 점진적 죽음을 선택한다. 자기개조(self-modification)와 근원적 변화라는 미지의 대안이 그들에게는 오히려 빠른 죽음으로 이르는 길인 것으로 보일 수도 있다는 것이 정신과 의사의 해석이었다. 근원적 변화를 이루기 위해서는 고된 훈련과 용기 그리고 절실한 동기가 필요하다. 그렇기 때문에 사람들은 대개 자신을 개조시키는 위험을 선택하기보다는 차라리 점진적 죽음의 고통을 받아들이려 하는 것이다.

마지막으로 흥미를 끄는 것은 사물을 보는 관점의 문제이다. 나는 예전에는 점진적 죽음이 조직원 개개인의 문제가 아니라 바로 조직의 문제인 것으로 생각했다. 점진적 죽음이란 나의 삶과는 동떨어진 객관적이고 피상적인 것이라고 생각했다. 그런데 어느 날 갑자기 그것은 뜻밖에도 훨씬 근본적인 것이라는 사실을 깨달았다. 점진적 죽음을 선택하려는 경향은 나를 포함하여 모든 사람의 일상생활 속에 자리 잡고 있다는 사실을 깨달은 것이다.

이것은 매우 고통스러운 깨달음이었다. 내 안에 형성된 자기 방어기제(own defense mechanisms)는 나로 하여금 자신이 때로는 게으르고 용기가 부족하다는 엄연한 사실을 부정하도록 작동해왔다. 그런데 자신에 대해 유쾌하지 못한 일을 보고 듣는 것, 그리고 자신의 견해와 다른 반대의견을 포용하는 것이 자신의 성장과정과 깊은 관련이 있다는 사실을 깨달은 것이다. 그것은 당혹스러운 깨달음이었다. 나는 그때 비로소 내가 계속 성장하고 있는 것이 아니라면 반대로 서서히 죽어가고 있는 것이라는 놀라운 사실을 터득한 것이다.

다음은 내가 가르치고 있는 학생 중에 한 사람이 한 말이다.

> 죽음은 내가 느끼는 이상으로 끊임없이 나와 함께 존재하는 것 같다. 조직의 죽음이든, 직업상의 죽음이든, 신체적인 죽음이든 나아가 정신적인 죽음이든 거기에는 맞서기 힘들다는 공통점이 존재한다. 죽음을 선택하는 것은 존재의 포기를 선택하는 것이다. 그러한 선택은 생각하기조차 두려운 것이다.

나는 우리의 인생이란 근원적 변화를 선택하든가 아니면 점진적 죽음을 선택하든가 하는 양자택일의 기로에 직면해서 죽음과 재탄생(rebirth)을 끊임없이 반복해야 하는 하나의 프로세스라는 것을 이해하게 되었다. 이를 이해한 후 나는 비로소 보다 자유롭게 성장할 수 있었고 주위 사람들에게 보다 많은 배려를 할 수 있었다.

시간이 지남에 따라 나는 죽음의 실체를 단지 육체적인 죽음뿐만 아니라 모든 형태의 죽음 속에서 전체적으로 파악할 필요가 있음을 느꼈다. 죽음의 상태에 스스로 빠져들어, 그것을 마음속에 그려보고, 정말로 죽음의 상태가 되어 죽음의 진정한 의미를 파악하는 것이 대단히 중요했다. 그리고 나는 마음에 그린 죽음의 상태에 이르는 다양한 경로들을 검증해볼 필요를 느꼈다. 살아 있으면서 죽음의 상태를 마음속에 그려본 사람이라면 아마도 보다 바람직한 경로를 택함에 주저함이 없을 것이다. 생각해보건대, 쇠망과 그에 따른 궁극적인 죽음에 관한 나의 견해를 재점검하고 나서 비로소 나는 근원적 변화를 시도할 보다 큰 용기를 얻었고 자기연마를 할 수 있었다.

자기반성을 통해 나는 보다 충만한 삶을 살고, 그리고 그 삶을 보다 효과적으로 관리할 수 있는 방법을 터득했다. 또한 나는 경영자들과 조직이 점진적 죽음의 문제를 어떻게 다루는가를 조사해왔고 이를 통해 나 자신과 다른 사람에게 진실로 중요한 것이 무엇인지를 배웠다. 우리 모두는 언제고 결국에는 점진적 죽음의 기로에 직면하지 않으면 안 된다는 것을 알게 되었다. 무슨 말인가. 우리는 결국 근원적 변화라는 전략을 선택하는 것 외엔 대안이 없다는 말이다.

반성과 토론

🍃 변화를 향한 개인적 단계

1. 자신의 삶이 지루하다고 느끼거나 자신이 뭔가에 압도돼 있다고 생각된 때를 기술하라.
2. 자신이 희생자로 느껴졌던 때를 하나만 제시하라. 당시 자신이 한 행동과 느낌을 구체적으로 설명하라.
3. 자신이 불편한 상황을 의도적으로 피하거나 '적극적 탈출 전략(active exit strategy)'을 취했던 경험을 설명하라. 그 경험을 통해 배운 점을 설명하라.
4. 자신이 전혀 무의미한 삶을 살고 있다고 느꼈던 경험을 설명하라.
5. 다음 각 경우에 대해 자신이 느끼는 점을 기술하라.

    오늘날의 조직에서는 많은 사람들이 육체적으로가 아니라 정신적으로 죽어간다.

    자신에 대해 근원적 변화를 추구하는 것은 조직을 위한 것이 아니라 자기 자신을 위한 것이다. 이것은 생존을 위한 선택이다.

    나는 우리의 인생이란 근원적 변화를 선택하든가 아니면 점진적 죽음을 선택하든가하는 양자택일의 기로에 직면해서 죽음과 재탄생을 끊임없이 반복해야 하는 하나의 프로세스라는 것을 이해하게 되었다.

    이것은 매우 고통스러운 깨달음이었다. 내 안에 형성된 자기 방어기제(own defense mechanisms)는 나로 하여금 자신이 때로는 게으르고 용기가 부족하다는 엄연한 사실을 부정하도록 작동해왔다. 그런데 자신에 대해 유쾌하지 못한 일을 보고 듣는 것, 그리고 자신의 견해와 다른 반대의견을 포용하는 것이 자신의 성장과정과 깊은 관련이 있다는 사실을 깨달은 것이다. 그것은 당혹스러운 깨달음이었다. 나는 그때 비로소 내가 계속 성장하고 있는 것이 아니라면 반대로 서서히 죽어가고 있는 것이라는 놀라운 사실을 터득한 것이다.

🍃 변화를 향한 조직적 단계

1. 잠시 당신이 현재 일하고 있는 조직의 문화를 생각해보라. 그리고 아래 질문에 대해 다음의 5가지 단계를 통해 평가하라.

    1. 매우 반대 / 2. 반대 / 3. 반대와 동의의 중간 / 4. 동의 / 5. 강한 동의

    내가 속한 조직에서는 :

    - 보수적 결정을 존중하는 문화를 갖고 있다.
    - 대부분의 변화는 점진적으로 이루어진다.
    - 근원적 변화는 회피된다.
    - 조직 외부로부터의 있은 비난이 회피되거나 무시된다.
    - 매일매일 결정되는 단기적 운영지침이 있다.
    - 경영층은 리더십보다는 관리를 더 중요시한다.
    - 조직원들이 무기력에 빠져 있다.
    - 아무도 참여하려 하지 않는 변화의 필요성이 있다.
    - 실패로 끝난 변화의 필요성은 더 이상 논의되지 않는다.

2. '질문 1'에서 답한 내용을 토대로 자신이 속한 조직에서 점진적 죽음을 겪고 있다고 생각되는 부서나 제도(혹은 방법)이 있다고 생각되는가? 이를 구체적으로 설명하라.

3. '질문 2'에서 답한 내용을 토대로 상황을 개선하기 위해 필요한 조치를 기술하라.

2부

개인의 변화

3. 변화에 대한 두려움

 어느 대기업의 최고경영진으로 구성된 팀과 함께 일했을 때의 일이다. 얼마 지나지 않아 나는 경영진 개개인에 대해 파악할 수 있었다. 그들은 모두 머리가 좋았으며, 정직하고, 진지하며, 그리고 열심히 일하는 사람들이었다. 당시 그들은 조직을 개선하기 위한 노력의 일환으로 고위관리자 전원을 품질관리에 관해 잘 알려진 세미나에 보냈다. 경영진은 세미나를 통해 배워온 아이디어를 조직 내에 도입하기로 결정했다. 그들은 그럴듯한 계획을 세우고 변화를 위한 작업을 시작했다.
 얼마 후 몇 가지의 전략계획을 논의하는 자리에서 그들은 새로운 품질관리 철학에 대해 수많은 의견을 제시했다. 그들의 가정에 따르면 새로운 품질관리 철학에 힘입어 품질, 종업원의 사기, 생산성, 그리고 수익성 등이 비약적으로 개선되리라는 것이었다. 그들은 회사의 각 부서 내에서 일어날 것으로 기대되는 행동개선 방안과 생산성 개선방안 목록을 제시했다. 그들은 이런 중요한 변화들이 실제로 이루어질 것이라는 전제 아래 회사의 미래에 대해 설계를 했던 것이다.

그들의 설명을 다 듣고 나서 나는 다른 회사의 부사장에게 들었던 이야기를 하나 들려주었다. 3년 전, 그 회사도 임원진들을 같은 세미나에 보냈다. 그 회사의 임원들 역시 세미나에서 배운 것을 통해 새로운 계획을 세웠고, 그 계획이 품질, 사기, 생산성, 수익성 등을 크게 높일 수 있을 것으로 기대했다. 그러나 3년이 지나고 나서, 그들은 엄청난 노력에도 나타난 효과는 극히 미미했음을 알게 되었다.

나의 이야기에 경영진들은 몹시 당황해 했다. 이미 상당한 투자가 이루어진 상태였기 때문이다. 그들은 걱정스런 표정으로 내게 질문했다. "왜 실패했습니까?" 나는 질문에 대한 답변 대신, 이렇게 되물었다. "왜 실패했을까요?"

방안에는 한동안 무거운 침묵이 흘렀다. 이윽고 모인 사람들 중 가장 영향력 있는 사람이 대답을 했다. "그 회사의 리더들이 자신들의 행동을 변화시키지 않았기 때문이겠지요." 나는 고개를 끄덕인 후에 그들이 내세운 숱한 가정들은 오로지 다른 사람들의 행동변화에 대한 것이었음을 지적했다. 나는 이제 도전적으로 질문을 던졌다. "여러분 중에서 과연 자기 자신의 행동을 바꾸어야겠다고 말한 사람이 있었는지 생각해봅시다."

다시 긴 침묵이 흘렀다. 그 속에서 무언가 중요하고도 심상치 않은 일이 일어나고 있었다. 그들 중 어느 누구도 정확히 보지 못했던 것을 이제 비로소 직시하게 된 것이다. 그들은 지금까지 다른 사람들에게 변화를 요구하면서도 정작 자신들 스스로가 바뀌겠다는 책임의식은 전혀 보이지 않았던 것이다.

그들은 "우리는 정말로 조직의 변화를 진지하게 바라고 있다."고 얘기하면서 나에게 조언을 구했다. 나는 다른 사람들에게 성공적이었던 몇 개의 간단한 실천사례들을 소개했다. 이 실천사례들이 그들의 구태의연하고 침체된 조직을 변화시키는 데 필요한 방법을 가져다 줄 것임을 설명해주었다. 다시 침묵의 시간이 이어졌다. 그것은 두려움과 자기반성의 시간이었다. 그들은 자신들이 마치 위험한 낭떠러지 끝에서 아래를 내려다보는 듯한 기분을 느꼈을 것이다. 그들은 잠시 쉬는 시간을 갖자고 했다. 스스로 생각해볼 시간이 필요했던 것이다.

그들을 비웃고 싶을지도 모른다. 어떻게 그런 행동을 할 수 있을까? 독자들은 지금 이들 경영진을 비난하고 싶은 심정이겠지만, 그러나 우리 자신이 이와 유사한 상황에 처한다면 어떻게 할 것인가를 우선 자문해야 할 것이다. 우리의 생각과 행동 또한 이와 대동소이하지 않을까. 어떤 문제에 봉착하면 우리는 흔히 다른 사람이 어떤 결점을 가지고 있고, 그리고 그러한 결점이 문제를 일으켰다고 쉽게 단정 지어버린다. 문제는 항상 상사, 동료, 부하직원, 배우자, 아이, 학교 선생님 등 다른 사람 때문에 생긴다고 생각한다.

우리는 그 문제라는 것이 실상 시스템의 한 구성요소이며 우리 자신이 그 시스템 속에서 어떤 역할을 맡고 있다는 사실을 쉽게 인식하지 못한다. 문제를 바라보는 우리의 시각은 언제나 그 문제는 '저 밖에 있다(out there).'는 식이다. 우리는 언제나 문제를 나에게서 멀리 떨어진 것으로 객체화시키는 일차적 성향을 갖고 있다. 그 문제는 언제나 저만치에 존재하므로 변화가 필요한 사람은 언제나 자신이 아닌 다른 사람인 것이다. 그러니까 우리에게 첫 번째로 떠오르는 생각은 타인에게 변화하도록 요구하겠다는 것이며, 두 번째로 떠오르는 것은 강요해야 하겠다는 생각이다. 사람들은 고통스런 경험을 겪고 난 다음에야 비로소 이같은 방법은 전혀 도움이 되지 않을 뿐만 아니라 어떤 경우에는 오히려 더욱 비참하고 비생산적인 결과로 이어진다는 사실을 깨닫게 된다.

지시하기, 강요하기, 그리고 기록하기

나는 몇 년 전에 간단한 역할극(role play)을 개발한 적이 있다. 이 역할극에서는 두 명의 자원자를 무대로 불러 올린 다음, 맡을 역할에 대한 간단한 설명을 해준다. 두 사람은 우여곡절이 많았던 교제 끝에 결혼에 성공한 신혼부부로 이제 막 신혼여행에서 돌아왔다. 기분 좋게 아침식사를 하고 나서, 부인은 의자에 등을 기댄 채 담배에 불을 붙인다. 남편이 부인을 처음 만났을 때부터 지금까지 참아온 것이 하나 있는데, 그것은 바로 부인의 흡연문제였다. 그는 더 이상 참지 않기로 했다.

여기까지가 두 사람한테 설정된 상황이다. 그리고 이제 역할극에 참가하고 있는 남편과 아내는 설정된 상황을 바탕으로 대화를 시작해야 한다. 그러면 이제 뻔히 짐작이 가는 설전이 오가게 된다. 남편은 부인에게 그녀의 흡연에 대한 불만을 말한다. 부인이 심하게 반발하고, 남편은 흡연과 암사이의 관련성을 과학적으로 설명한다. 그녀는 담배를 끊을 수 없다며 논쟁 자체를 피하려 한다. 남편은 결혼에 따르는 의무와, 부부사이에 원만한 관계가 유지돼야 한다는 것을 설명하고 자칫 결혼생활이 파탄날 수도 있다는 식으로 대화를 이끌어간다. 그러면 대개 부인이 그 말에 동의하는 정도에서 극은 끝난다.

인생을 살다보면 다른 사람이 행동을 바꿔줬으면 하고 원하는 경우가 수도 없이 생긴다. 사람들은 이웃이 자신의 권리를 침해하지 않기를 바란다. 아이가 자전거를 현관 앞에 팽개쳐두지 않았으면 하고 바란다. 어머니가 자신의 일에 그만 참견했으면 하고 바란다. 다른 사람이 맡은 일을 빨리 마무리해주길 바란다.

위에 예시한 것과 같은 문제의 상황에서 사람들은 대개 당사자에게 이런 문제가 있으니 바꾸어야지 않겠는가 하고 지시하기(telling) 시작한다. 이런 방법은 아주 작은 변화로 문제가 해결될 수 있거나, 제안된 방법을 당사자가 싫어하지 않는다면 효과적일 수도 있다. 그러나 대부분의 경우에는 실패하기 마련이다. 우리는 대개 상대방의 아쉬움에 관심을 기울이진 않기 때문이다. 만약에 당장의 문제가 정말로 심각한 것이라면 이번에는 강요하기(coercing) 시작한다. 심할 경우에는 완력이나 협박이 사용된다. 이 경우 마치 강도가 총을 겨누고 협박할 때와 마찬가지로 우리가 원하는 변화를 얼마동안은 이끌어낼 수 있지만, 그것은 장기적으로 지속되지 못하고 결국에는 둘 사이의 인간관계도 손상을 입게 된다.

조직의 관리자들 중에도 변화의 전략으로 지시하기(telling)를 선호하는 사람이 있다. 그 관리자는 부서 내 직원들에게 어떤 중요한 변화가 있어야 한다고 생각하면 변화해야 할 항목들을 '해야 할 일(to do)' 목록에 기재한다. 그리고 적당한 때에 그는 훈시를 하거나 혹은 변화해야 할 것을 적어 회람시킨다. 그리고서는 '해야 할 일' 목록에 그것을 기록한다(check-list). 자, 이제 변화는 시동이 걸린 것이니까 결과만 기다리면 되겠지.

몇 주일 혹은 몇 달이 지나면서, 지시한 변화가 일어나지 않고 있다는 징조가 보이기 시작하지만 대개의 경우 그 관리자는 이런 징조를 무시한다. 그러나 상부로부터 압력이 들어오게 되면 이제는 더 이상 무시할 수 없게 된다. 이럴 경우 그는 이제 강요하기 시작한다. 이것은 단기적으로 효과를 보지만 장기적으로는 저항에 부딪치게 된다. 결국 대개의 경우 변화의 노력은 실패로 끝나기 마련이다.

조직을 변화시킬 목적으로 도입된 많은 프로그램들이 실패로 돌아간다는 것은 놀라운 일이다. 그리고 일단 변화의 노력이 실패로 끝났을 때, 그동안 공들였던 노력이 너무나 쉽게 잊힌다는 것 또한 놀랍다. 실패의 원인분석은 거의 이루어지지 않는다. 왜냐하면 원인분석을 해봤자 상처만 건드리는 것이 되니까. 결과적으로 아무런 교훈도 얻지 못하는 것이다.

사람들이 실패를 겪고 나서 그것을 자신의 통제영역 밖에 있는 외부적 요인 탓으로 돌리는 것은 인간으로서 자연적인 반응이다. 나는 "내 자신이 변화의 모범을 보이지 못해서 실패한 것이다. 내 자신을 재창조하는 데 실패했다. 나를 변화시킬 용기가 부족했다."라는 말을 좀처럼 듣지 못했다.

성공적인 리더십의 열쇠는 자기 자신의 지속적 변화이다. 자기 변화는 우리를 내적으로 성장시키고 우리에게 임파워먼트를 제공한다. 임파워된 리더들(empowered leaders)만이 진정한 변화를 가져올 수 있다. 그들은 굳이 지시하지 않더라도 그 이상으로 자신의 의사를 전파시킬 수 있다. 자신 스스로를 변화시키는 용기를 통해 그들은 다른 사람에게 변화의 모델을 제시한다. 솔선수범의 도덕적 성실성에 기반을 둔 이러한 메시지는 조직의 모든 구성원에게 저항 없이 받아들여지고 강력한 힘을 발휘한다. 리더에 대한 믿음과 신뢰를 통해 부하직원들 또한 임파워먼트의 모험(risk of empowering)에 나서게 되는 것이다.

개인의 차원에서 성공적인 삶을 계속 이어갈 수 있는 열쇠는 자신을 지속적으로 변화시키는 것이다. 자신을 변화시키는 것이 바로 점진적 죽음을 피하는 길이다. 그리하여 계속해서 성장해나갈 때 우리는 삶의 의미를 찾을 수 있다. 그러면 우리는 에너지로 가득 차고 우리의 몸에는 기풍이 배어난다. 끊임없이 변하는 환경 속에서 그런 느낌을 가지려면 계속해서 자기 자신을 주변 환경에 조율시켜 나가야 한다. 이를 위해 우리는 새로운 관점을 수용하는 훈련을 쌓아야 한다.

사물을 바라보는 세 가지의 관점

나의 친구 마이클 집슨(Michael Jibson)이 가족들과 함께 샌프란시스코 동물원에 갔던 이야기를 해주었다. 동물원에 들어서자마자 그의 가족들은 곧장 놀이동산으로 향했다. 마이클의 막내아들은 놀이동산을 매우 좋아했다. 특히 그네를 가장 좋아했다. 이번에도 아이는 재빨리 달려가 그네에 올라타고는 앞뒤로 흔들기 시작했다.

잠시 후 싫증이 난 다른 아이들이 장소를 옮기자고 했다. 그러나 막내는 여전히 그네타기에 매달렸다. 형과 누나가 다른 데로 가자고 설득했지만 효과가 없었다. 이번에는 엄마가 달래듯 설득했지만 역시 소용이 없었다. 마침내 다른 아이들이 큰 소리로 불평하기 시작했다. 아이들의 목소리가 커지자 지나가던 사람들이 걸음을 멈추고 쳐다보기 시작했다. 마이클의 아내는 민망해 하면서도 남편에게 차마 아무런 말도 하지 않았다. 그러나 그녀가 마이클을 바라보는 시선은 "당신이 아이들의 아버지잖아요. 어떻게 좀 해봐요."라고 말하는 것처럼 보였다.

마이클은 그 동물원에 이미 여러 차례 와봤기 때문에 가까운 곳에 회전목마가 있다는 것을 알고 있었다. 마이클은 막내아들에게 바로 조금만 가면 회전목마가 있고 회전목마가 더 재미있을 것이라고 설득하기 시작했다.

아이를 키운 경험이 있는 부모라면 누구라도 그 다음에 어떤 일이 벌어졌을지 쉽게 예상할 수 있을 것이다. 막내아이는 아버지의 설득에도 요지부동이었다. 화가 난 마이클은 이젠 설득 대신 협박을 했다. 그는 마침내 발버둥 치며 소리 지르는 아이를 그네에서 끌어내려 회전목마 놀이터로 질질 끌고 갔다. 그곳으로 가는 동안에도 막내아이는 계속 난리를 쳐댔다. 그러다 갑자기 회전목마를 보고는 아이의 눈은 커지고 생기가 도는 것이다. 눈에서 눈물이 사라지는가 싶더니 금방 목마에 올라타고서는 부모를 향해 웃음을 지으며 손을 흔들기까지 하는 것이다.

우리는 이 이야기에서 적어도 세 가지의 관점을 생각해볼 수 있다. 첫째로, 우리는 사태에 전혀 연관되지 않은 행인의 관점을 가질 수가 있다. 행인은 완력을 쓰고 있는 부모에게 못마땅한 시선을 던질 수도 있다. 이는 멀리 떨어져서 바라보는 분석적인 관찰자의 관점이다. 가해자나 피해자와는 직접적인 관련이 없이 사건을 재판하는 판사의 관점이기도 하며, 게임 결과를 두고 이러쿵저러쿵 비평하는 관중(Monday morning quarterback)의 관점이기도 하다. 일상생활에서 우리는 쉽게 그리고 자주 이런 관점을 갖는다.

두 번째로, 우리는 아이를 사랑하지만 화가 나있는, 실제의 사태에 개입하려고 안간힘을 쓰는 부모의 관점을 가질 수 있다. 이것은 이 세계에 변화를 일으키기 위해 노력하는 책임감을 지닌 행동가의 관점이라고 할 수 있는데, 오랜 세월동안 우리가 그것을 얻기 위해 노력해온 도전의 대상이기도 하다. 우리는 흔히 관념적이나 감정적으로는 그런 도전을 갈망한다. 그러나 관찰을 당하는 경우에 처하게 되면 우리는 무의식적이든 의식적이든 그 도전으로부터 벗어나려고 한다. 여기에서 우리는 이야기 속의 부부의 경우처럼 종종 좌절과 실패를 겪는 것이다.

마지막으로, 우리는 그네를 꽉 움켜쥐고 있는 자기중심적인 소년의 관점을 가지고 사물을 바라보는 경우도 있다. 이렇게 말하면 성숙한 어른들의 입장에서는 당장 반박할 것이다. 어른이 어린아이의 관점을 가진다는 것은 지나친 비약이며 일고의 가치도 없다고 말이다. 그러나 이것은 가장 고통스러운 인간의 한 단면을 드러내는 것으로부터 회피하고자 하는 자기합리화에 다름 아니다. 사람이 인정하기를 가장 꺼리는 속성 중의 하나가 바로 우리 어른들도 이기적이며 덜 성숙되어 있다는 사실이다. 우리는 모두 변화에 대한 자신의 두려움을 감추려고 한다.

사실 우리는 그네를 떠나려 하지 않는 이기적이고 성숙되지 못한 막내 아이와 다를 바가 없다.

성장하기를 원하거나 성장을 위한 여행을 떠나려 한다면 자신의 미숙함과 이기주의, 용기의 부족에 맞서야 한다. 인생은 성장을 위해 여행을 떠나야 할 필요성으로 가득 차 있지만 우리는 그네를 더 단단히 쥐고 그곳을 떠나려 하지 않는 어린아이와 같다. 여행을 떠나느냐 마느냐의 결정이 우리 자신을 주위 환경에 어떻게 조율시킬 것인지를 결정짓는데도 말이다.

반성과 토론

🌿 변화를 향한 개인적 단계

1. 최근 당신이 다른 사람의 행동을 중요한 변화에 이르도록 시도한 적이 있다면 당시의 상황을 설명하라.

2. 다른 사람을 변화시키는 데 가장 많이 사용되는 전략은 지시하기나 강요하기이다. '질문 1'의 상황에서 이 두 가지 방법이 사용됐었는가? 이 같은 방법은 최종결과에 어떤 식으로 영향을 미쳤는가?

3. 다른 사람을 변화시키는 데 있어 우리 자신이 바로 문제의 일부분이라는 것을 인식하는 것은 쉽지 않다. '질문 1'의 상황에서 자신이 문제 발생의 한 요인이 될 수 있었다면 어떤 것이겠는가? 자신 스스로가 변화를 실행했다면 문제는 어떤 식으로 전개됐겠는가?

4. 다음 상황에 대해 자신의 반응을 설명하라. :
성장하기를 원하거나 성장을 위한 여행을 떠나려 한다면 자신의 미숙함과 이기주의, 용기의 부족에 맞서야 한다. 인생은 성장을 위해 여행을 떠나야 할 필요성으로 가득 차 있지만 우리는 그네를 더 단단히 쥐고 그곳을 떠나려 하지 않는 어린아이와 같다. 여행을 떠나느냐 마느냐의 결정이 우리 자신을 주위 환경에 어떻게 조율시킬 것인지를 결정짓는다.

🌿 변화를 향한 조직적 단계

1. 이 책의 3장 첫 부분에 소개된 이야기는 조직의 질적 개선을 이루려는 경영자들의 노력과 관련된 것이다. 이들 경영자는 조직에 많은 변화가 필요하다고 생각하지만 자신들의 행동이 미치는 영향은 간과했다. 경영자가 스스로의 변화에 실패할 경우 조직의 변화 역시 이루어지기가 힘들다. 자신이 속한 조직에서 이 같은 경우가 있었는지 생각해보고 상황과 결과를 구체적으로 설명하라.

2. 자신이 속한 조직에서 리더가 자신이 원하는 방향으로 조직의 변화를 추구하기 위해 새로운 행동지침을 제시한 경우가 몇 번이나 있었는가? 그중 한 가지 경우를 들

고 그 같은 경험을 통해 배운 점을 설명하라.

3. 자신이 속한 조직이 현재 지시나 강요를 통해 변화를 추구하고 있는지 생각해보라. 이 같은 방법으로 앞으로 일어날 결과를 예측할 수 있는가? 이를 기술하라.

4. '질문 3'에 기술된 상황에서 변화를 효과적으로 추진할 수 있는 방법이 있다면?

4. 영웅의 여정

에너지는 창조되거나 소멸되는 것이 아니다. 어느 주어진 시점에서 에너지는 우주의 한 지점에서 다른 지점을 향하여 흐른다. 사람들이 느끼는 에너지의 양은 자신과 주변 환경 사이의 상호관계에 달려있다. 주변 환경에 대하여 자신이 어떻게 조율되어 있는가에 따라 활기와 임파워먼트를 느낄 수도 있고 무기력을 느낄 수도 있다.

자신에게 강한 힘이 넘치고 자기분야에서 최고 일인자라고 느낄 때에는 많은 양의 에너지가 외부로 방출된다. 이러한 에너지와 추진력이 중요한 과업에 투입되면 좋은 일이 저절로 일어나게 마련이다. 우리는 성공을 경험하면서 배우고 성장하며 새로운 통찰력을 얻는다. 이렇게 새롭게 습득한 것을 활용할 때 우리는 훨씬 더 활기를 얻는다. 이런 과정 속에서 자신과 주변 환경은 보다 잘 조율되고 조화를 이룬다.

이런 동태적 조율(dynamic alignment)을 통찰할 수 있는 열쇠를 우리는 프레드 코프만(Fred Kofman)과 피터 센게(Peter Senge)의 고찰에서 찾을 수 있다. 이들은 자아(self)가 바로 에너지의 한 형태이며 그 상태는 전적으로 주변 환경과의 관계에 달려있다는 점을 지적했다. 그들의 주장을 들어보자.

> 뉴턴주의 물리학자들은 물질의 중심, 원자의 중심은 놀랍게도 오직 순수한 에너지만이 존재하는 텅 빈 공간이라는 사실을 발견했다. 우주 삼라만상의 기본 구성요소인 원자의 내부 깊숙이 도달했을 때 그들은 잉태의 빈 공간 즉, 다른 확률패턴과 결합하려는 안정된 확률패턴이 존재하는 것을 발견했다. 이 발견은 양자역학의 시대를 열면서 물리학의 혁명을 일으켰다.
> 우리는 놀랍게도 똑같은 원리가 인간에게도 적용된다는 사실을 발견했다. 인간의 중심, 자아성의 중심에는 오직 순수한 에너지만이 존재한다. 인간의 근원적인 바탕에 이르렀을 때 그물처럼 얽힌 인간관계라는 잉태의 빈 공간을 발견할 수 있었다. 사람들은 누군가로부터 자신에 대해 말해보라는 질문을 받으면 가족이나 직업, 출신학교, 가입한 스포츠클럽 등에 대해 이야기 한다. 이들 중 어디에 '자아'가 존재할까? 물론 어디에도 없다. 왜냐하면 자아는 물질이 아니라 '경험의 흐름을 일관된 서사구조(narrative)로 통합시킨다'는 제롬 부루너(Jerome Brunner)의 관점처럼 자아라는 것은 다른 서사구조와 결합함으로써 더욱 풍부해지는 일종의 서사구조이기 때문이다.(p14)

이것은 무엇을 의미하는가? 위의 이야기는 자아가 사물이 아니라 일종의 자기 확장 프로세스라는 것을 암시하고 있다. 우리가 배우고 발전할 때 우리의 에너지는 충만해진다. 반대로 스스로 침체될 때 우리는 정신적으로 죽어가기 시작한다. 그리고 그곳이 바로 우리가 점진적인 죽음의 프로세스와 만나는 장소이다.

사람들 사이의 관계는 때때로 핵심적인 역할을 한다. 우리는 서로가 서로의 삶을 높여주는 관계로 어우러질 때 가장 큰 기쁨과 의미를 느낀다. 그러나 우리가 기력을 잃고 '무사안일'의 삶을 선택할 때 우리는 서로의 삶을 높여주는 관계를 만들지도 유지하지도 못한다. 그렇게 되면 우리는 고갈되고, 지치고, 무기력해진 상태로 홀로 남게 되는 것이다.

만약 성장을 포기하는 순간부터 죽음이 시작되는 것이라면 사람들은 왜 성장을 포기하는 것일까. 그것은 '경험의 흐름을 일관된 서사구조로 통합시킬 수 없는' 시기가 있기 때문이다. 그 시기는 바로 우리가 자아에 대한 감각을 잃어버리고 나태해져 스스로 침체되는 시기이다. 놀이터에서 반항하던 아이처럼, 우리는 그네를 꼭 잡고서 놓지 않으려 한다. 내면의 목소리는 우리에게 무언가를 해야 한다고, 계속해서 앞으로 나아가야 한다고, 미지를 향해 부딪치라고 말을 하지만 우리의 용기는 고갈되어 있다. 우리는 스스로에게 그네타기의 즐거움은 얼마나 가치 있는 일인가 되새기면서, 그네를 더욱 움켜잡는 것이다.

'그네'는 오래되어 몸에 익숙해진 행동양식 즉, 직업 습관 인관관계와 같은 오래된 양식을 상징하는지도 모른다. 현재의 자아는 바로 이런 기존의 양식에 강하게 구속되어 있다. 우리는 이런 기존의 양식이 없다면 자아도 더 이상 존재하지 않을 것이라고 생각한다.

그러나 이런 생각은 문제를 더욱 악화시킨다. 우리가 그네에 오래 집착하면 집착할수록 변화를 위한 우리의 용기는 자꾸 줄어든다. 우리는 결국 악순환에 빠지고 탈출구를 찾을 수 없게 된다. 이제 악순환의 고리를 끊는다는 것은 단지 꿈일 뿐이다. 인간은 결국 주변 환경에 의해 결정될 수밖에 없는 존재일 뿐이라고 자위하면서 자신을 무기력한 존재라고 믿어버리게 된다. 거기에는 더 이상 주체성이나 자유, 선택, 의지 같은 것들은 존재하지 않는다. 패배하고 좌절한 자아에 집착함으로써 최선의 자아는 그런 낡은 자아가 아니라 이제 서서히 형성되기 시작한 새로운 자아라는 사실을 깨닫지 못한다.

개인의 변화를 위한 틀 : 영웅의 여행

오늘날 빠르게 변화하는 세계경제 속에서 불확실성과 끊임없는 변화는 매일 매일의 화두이며 우리 곁에 엄연히 존재하는 현실이기도 하다. 이러한 상황 속에서 우리는 자주 불안을 느끼고, 안정과 예측가능성을 제공하는 것이라면 무엇에고 매달리려 한다.

직장이라는 공간 속에서 우리는 무엇보다도 나아가야 할 방향이 명확하게 제시되기를 갈망한다. 나는 지금까지 많은 대기업과 같이 일하면서, 비전을 알 필요가 있다고 강조하는 중간관리자들을 자주 만났다. 그들이 말하는 비전이란 '미래의 방향을 제시하고 종업원들의 노력을 결속시켜주는 총체적인 틀(general framework)'을 말하며, 공유된 비전을 통해 적절하고 올바른 의사결정을 내릴 수 있다는 것이다. 그들은 외부 환경과 조직의 내부 환경을 적절히 조율시키면서 조직을 성공으로 이끌 수 있는 리더를 갈망하고 있다. 그들은 위험하고 낯선 미지의 세계 속에서 자신들을 이끌어줄 사람을 원한다. 그리고 그들은 몸담고 있는 조직이 활기차고 건실한 조직으로 번영하게 될 것이라는 신념을 갈망하고 있다.

우리들 대부분은 우리의 리더에게 매우 큰 기대를 걸고 있긴 하지만, 리더가 기대에 부응하지 못하면 쉽게 그리고 빠르게 환멸을 느낀다. 그러나 우리는 자기 자신에 대해서는 별다른 기대를 걸지 않는다. 우리는 스스로 임파워되어 나아가 조직 전체에 임파워먼트를 심어주어야 할 사람이 바로 자기 자신이라는 책임감을 갖지 못하고 있다. 우리의 이러한 성향에 관한 유명한 신화학자인 조지프 캠벨(Joseph Campbell)

의 이야기가 있다. 그는 개인과 조직의 에너지를 획득하는 과정(process of energizing)에 관한 매우 흥미로운 관점을 제시하고 있다.

일반적인 사용에 있어서는, '신화(myth)'라는 단어는 사실이 아닌 것을 의미한다. 그러나 신화에는 그밖에 다른 의미도 포함되어 있다. 신화는 우리에게 의미와 통찰력을 가져다준다. 신화는 또 세계를 이해하고 그 안에 있는 우리의 존재를 이해할 수 있도록 해준다. 그것은 '신데렐라'와 같이 꾸며낸 이야기일 수도 있고, '델라웨어 강을 건너는 조지 워싱턴(George Washington crossing the Delaware River)'처럼 실제 이야기일 수도 있다. 어떤 경우이든 '신화' 혹은 '이야기'는 우리에게 결정을 위한 정신적 틀, 모형 혹은 패러다임을 제공한다.

어떤 신화들은 서로 다른 문화권임에도 근본적인 메시지에 공통점을 갖고 있다. 그런 신화들은 인간의 심성에 기본적으로 필요한 어떤 것들을 담고 있다. 캠벨은 다양한 문화에 걸쳐 나타나는 공통된 신화를 밝혀냈다(1949). 그는 그것을 '영웅의 여행(hero's journey)'이라고 불렀다. '영웅의 여행'은 개인의 깨달음과 집단의 부활에 관한 것으로, 다음과 같이 묘사하고 있다.

> 신화 속의 영웅은 일상의 터전인 오두막이나 성에 안주하지 않는다. 그는 무엇인가에 끌리거나, 타인에 의해서, 혹은 자발적으로 모험의 문턱에 들어서게 된다. 그곳에서 그는 길목을 지키고 있는 어둠의 존재(shadow presence)와 마주치게 된다. 영웅은 그 어둠의 힘에 맞서 싸우거나 혹은 그를 회유시켜 어둠의 왕국(kingdom of the dark-형제간의 전쟁, 용과의 전투, 제물, 마법의 주문 등이 존재하는)으로 들어가거나 아니면 그에 의해 살해당하여 죽음의 나락으로 떨어지는 고통을 당할지도 모른다(사지의 절단, 십자가 처형). 이러한 문턱을 지나면 그는 이제 전혀 생소한 그러나 왠지 친근한 힘이 느껴지는 세상으로 들어서

게 된다. 그 힘은 그를 시험에 들게 하여 심각하게 위협하기도 하고, 협력자로서 마술적인 도움을 주기도 한다. 그가 수많은 위험을 뚫고 어둠의 왕국 최종 기착지에 도착했을 때 그 앞에는 최대의 난관이 기다리고 있다. 마지막 전투가 벌어진다. 그는 여기에서 승리하고 드디어 보상을 손에 쥐게 된다. 승리에 대한 보상은 여러 형태로 주어질 것이다. 세상의 모신(goddess-mother of the world)과의 성적 결합(신성한 결혼), 창조주 아버지로부터의 인정(아버지의 보상), 신으로의 승격(신격화) 등이 보상으로 주어질 것이다. 또는 만약에 어둠의 힘이 여전히 그에게 적대적인 채로 남아 있다면 그가 마주쳤던 혜택을 훔쳐 나오는 것이 보상이 될 수도 있는데(불 훔치기, 신부 훔치기), 이런 보상은 본질적으로 자기 존재와 자의식의 연장이다(교화, 변모, 자유). 이제 마지막으로 해야 할 일은 현실세계로 귀환해야 하는 일이다. 만약 어둠의 힘이 그를 축복한다면 그는 특사가 되어 그 힘의 보호아래 앞으로 나아갈 것이고, 그렇지 않다면 그는 쫓기게 되고 변신 비행(transformation flight), 장애물 비행(obstacle flight) 등 탈출을 시도하지 않으면 안 된다. 초월적인 힘은 귀환의 문턱 뒤에 남겨지고 이제 영웅은 두려움의 왕국으로부터 당당하게 다시 현실세계로 돌아온다(귀환, 부활). 그가 가져온 혜택은 세상을 구제한다(불, 불로장수의 영약).(p245)

영웅의 여행은 개인의 변혁 즉, 정체성의 변화에 대한 이야기이다. 영웅의 여행을 시작하면서 우리는 확실성의 세계를 떠나야 한다. 우리는 수많은 모험과 삶을 담보로 한 위험들이 기다리고 있는 낯선 곳으로, 새로운 방식으로 생각하지 않으면 안 될 새로운 문제들이 기다리고 있는 곳으로 용감하게 여행을 시작해야만 한다.

삶을 담보로 한 만큼 우리는 우리 앞에 놓인 문제에 도전하고 해결해야만 한다. 이것을 성공적으로 이끌어내기 위해서는 현재의 자아를 버려야 한다. 즉, 낡은 패러다임에서 벗어나야 한다. 현재의 자아로부터 벗어나는 이런 모험은 우리에게 지금과는 전혀 다른 방식으로 생각할 것을 요구한다. 이 여행을 계속하는 것은 자아를 재창조하는 것이다. 그렇게 되면 우리의 패러다임에 변화가 생기고 우리는 '의식의 확장(expansion of consciousness)'을 경험하게 된다. 자기를 둘러싼 환경에 자기 자신을 재조율하기 시작한다. 세상을 다른 각도에서 볼 뿐만 아니라 보다 유효하게 볼 수 있게 되는 것이다.

우리의 세상을 바라보는 눈이 달라지면 자기 자신을 보는 눈도 달라진다. 우리의 존재양태에 변화가 생기고 자아에 변화가 일어난다. 이런 재조율의 결과 우리는 보다 효과적으로 주변 환경에 자기의 영향을 미칠 수 있다. 성공은 또 다른 성공으로 이어지면서 우리는 강력한 추진력과 에너지로 충만하게 된다. 이런 방법으로 우리는 다른 사람들을 임파워시킬 수 있고, 우리는 자기 자신과 조직 그리고 사회에 유용한 자산이 되는 것이다.

'영웅의 여행'은 근본적으로는 변화이론(theory of change)이다. 그것은 어떤 형태로든 모든 문화 속에 존재한다. 그것은 우리 모두가 어떤 수준에 있다면 이해할 수 있는 변화이론이다. 다만 '영웅'이란 단어가 혼동을 일으킬 수도 있다. 세상에는 유명한 영웅들이 많다. 이들은 대부분 실제보다 과장되는 경향이 있다. 영웅의 여행을 살펴보면 영웅들은 겉으로 보기에 불가능한 일들을 해낸다. 그들은 놀라운 업적을 기어이 달성해냄으로써 우리의 존경을 받고, 우리는 그들에게 신과 같은 지위를 부여하는 것이다.

나는 이런 '영웅의 여행'을 다른 식으로 상상하는 것을 좋아한다. 어린 소년이 친숙하고 포근한 현재의 장소를 떠나 말로만 듣던 미지의 곳으로 여행하는 것을 상상하는 것은 즐거운 일이다. 고통스러운 심사숙고 끝에 상사의 비도덕적인 지시를 따르기보다 해고의 위험을 감수하기로 한 노동자의 모험을 상상하는 것도 즐거운 일이다. 그리고 영웅의 여행을 나의 삶과 독자들의 삶과 비교해보는 것, 삶에 대한 의미와 방향을 찾기 위한 우리의 끊임없는 노력과 비교해보는 것은 즐거운 일이다.

우리가 삶의 의미와 방향을 찾으려 할 때 부딪치는 문제가 하나 있다. 전통적으로 우리는 우리가 무엇을 해야 할지 판단해야 할 때 기존의 패러다임과 신화, 혹은 대본 등에 의지해왔다. 또한 그것들은 우리가 우리의 삶을 조직화할 수 있도록 도와주었다. 그것들을 따르면 우리는 언제나 편안함을 느낀다. 그런데 문제는 지금 우리의 환경은 계속 변하고 있다는 것이다. 환경은 변화무쌍한데 신화는 과거를 기반으로 한다. 그렇기 때문에 우리의 전략은 자주 실패하고 우리는 소외감을 느낀다. 자신만의 패러다임, 자신만의 신화, 자신만의 대본 그리고 자신만의 틀을 재창조하는 것이 점점 더 필요해지고 있다.

새로운 패러다임은 현재의 안정된 상태에서 과감히 벗어나 불확실성과 맞서 싸울 때 만들어진다. 이것이 성공적으로 이루어지는 과정에서 우리는 기존의 틀과 기존의 자아를 변화시킬 수 있다. 우리의 삶은 보다 고차원으로 조율되고, 성공을 맛볼 수 있다. 우리는 임파워되고, 다른 사람을 돕거나 영감을 불어넣을 수도 있다. 이런 자기 재조율이 성공적으로 이루어질 때 우리는 비로소 리더가 되고 변화의 추진자가 된다.

문제는 이런 자기 조율이 불확실로 가득 찬 피안의 저편에 존재하고 있다는 것이다. 다음 몇 개의 장에서 이런 여행에 관심을 가진 개인들에게 도움이 될 만한 약간의 가이드라인을 제시하겠다.

반성과 토론

🍃 변화를 향한 개인적 단계

1. 다음 주장에 대한 자신의 생각을 설명하라.

    자아가 사물이 아니라 일종의 자기 확장 프로세스라는 것을 암시하고 있다. 우리가 배우고 발전할 때 우리의 에너지는 충만해진다. 반대로 스스로 침체될 때 우리는 정신적으로 죽어가기 시작한다. 그리고 그곳이 바로 우리가 점진적인 죽음의 프로세스와 만나는 장소이다.

2. "사람들 사이의 관계는 때때로 핵심적인 역할을 한다. 우리는 서로가 서로의 삶을 높여주는 관계로 어우러질 때 가장 큰 기쁨과 의미를 느낀다. 그러나 우리가 기력을 잃고 '무사안일'의 삶을 선택할 때 우리는 서로의 삶을 높여주는 관계를 만들지도 유지하지도 못한다. 그렇게 되면 우리는 고갈되고, 지치고, 무기력해진 상태로 홀로 남게 되는 것이다." 자신의 경험 중에서 스스로에게 활력을 불어넣고 또 삶의 의미를 더욱 깊게 하는 '상호 상승작용'을 일으켰던 경우를 기술하라.

3. '영웅의 여행'을 다시 읽어 보라. 자신의 경험 중에서 '영웅의 여행'과 일치한 적이 있었는가? 이를 기술하라. 기술된 내용을 서로 비교하라. 이 같은 작업을 통해 느낀 바가 있다면?

4. 좀 더 많은 '영웅의 여행'을 하기 위해 자신이 할 수 있는 것이 있다면? 자신이 택한 '영웅의 여행'이 자신의 삶 속의 관계들에 어떤 영향을 미칠 것으로 생각하는가?

🍃 변화를 향한 조직적 단계

1. 집단적 차원에서 '영웅의 여행'을 생각해보라. 조직이나 단체가 '영웅의 여행'을 취한 경우를 보았는가? 있다면 이를 설명하고 결과를 기술하라.

2. 자신이 조직에서 겪은 경험을 토대로 다음 주장에 대한 자신의 생각을 설명하라.

    강력한 권한을 가진 리더만이 진정한 변화를 추진할 수 있다. 강력한 리더는 단순한 의견교환을 뛰어넘는 상호간 의사소통이 이루어지도록 만들 수 있다. 스스로 변할 수 있는 용기를 통해 리더는 다른 사람들이 취할 행동을 제시한다. 모든 사람들이 그의 생각을 이해하고 진실성을 갖춘 리더의 메시지는 강력한 영향력을 발휘함에 틀림없다. 이 메시지는 조직원 사이에 신뢰와 믿음을 쌓으며 다른 사람들이 스스로 부여된 임무에 따라 위험을 무릅쓰도록 도와준다.

3. '질문 2'에서 설명된 리더십을 갖고 있는 사람이 자신이 속한 조직에 있는가?
4. 자신이 속한 조직에 리더가 필요한가? 만약 그렇다면 리더의 출현을 촉진시키기 위해 '영웅의 여행'을 어떤 식으로 활용해야 할까?

5. 활력을 회복하라

몇 년 전 어느 사관학교의 고위 장교 모임에 초청 받은 적이 있다. 주임장교가 사회의 도덕적 타락에 대해서 장황한 이야기를 늘어놓았다. 그러나 그의 논조는 초점이 분명치 않았고 정확히 어떤 문제가 이들을 그토록 염려하게 만드는지 파악하기가 힘들었다. 이런저런 말이 오가고 난 후에야 생도들 중 일부가 시험 중에 부정행위를 저지르는 것이 문제라는 사실을 알 수 있었다. 그것은 무감독 시험제도(honor system)라는 사관학교의 명예와 전통을 배신하는 행위였다. 장교들은 생도들의 이러한 부정행위의 원인을 사회의 타락 때문이라고 설명했다. 그들은 생도들이 18살이 되어 사관학교에 입학할 즈음이면 이미 나쁜 습관이 배어 있기 때문에 교정하기엔 너무 늦었다고 느끼고 있었다.

사회의 도덕적 타락에 대한 토론이 한참 이루어진 후 나는 화제를 돌리기 위하여 장교들에게 베트남전쟁에 참전했던 사람이 있는지를 물었다. 대부분이 참전했던 사람들이었다. 이번엔 이른바 '바디 카운트(body count)'라고 불리는 사건에 개입되었던 사람이 있는지를 다시 물었다. (바디 카운트는 전쟁에서 미군이 얼마나 전투를 잘 수행했는지 판단하기 위한 측정방식이었다. 매 번의 전투가 끝나면 그 전투에서 사살한 적군의 숫자를 헤아려서 상부에 보고하도록 되어 있었다. 그런데 이 방법이 실시된 후 일선부대에서 관행적으로 엄청나게 과장된 숫자를 보고함으로써 문제가 되었던 것이다.)*

나는 방안에 흐르는 어색한 분위기를 통해 적어도 몇 사람은 이 사건에 개입되었음을 짐작할 수 있었다. 아직 임무가 부여되지 않은 생도와는 다르게 장교요 신사(an officer and a gentleman)인 그들이 어째서 그러한 부정직한 행위를 저질렀을까? 나 자신의 이러한 의문에 대한 답변을 겸해서 나는 다음과 같은 견해를 피력했다. 관료적 계층구조에 속해있는 사람에게 실현 불가능한 임무가 주어지고 그 일을 달성하라는 엄청난 압력이 가해지게 되면 대부분의 사람들은 압력에 견디다 못하여 비도덕적인 수단이라도 동원하게 된다. 상황을 고려하지 않은 채 권위만을 내세운다든지, 지원은 전혀 하지 않으면서 일방적 지시만을 내린다든지 하는 조직상층부의 보이지 않는 타락이 결국 조직하부의 타락으로 드러나는 것이다.

그런 다음 나는 사관생도들의 문제가 사실은 '저 밖에 있는(out there)' 사회에 뿌리를 두고 있지 않을 가능성이 있다고 지적했다. 어쩌면 사관학교의 시스템이 속임수를 쓰도록 요구하고 가르쳤기 때문에 생도들이 부정행위를 했을 가능성이 있다고 말했다. 학급배정의 기준, 과중한 업무와 연구과제, 그리고 '협력해서 함께 졸업하기(cooperate and graduate)'와 같은 사관학교의 전통적인 가치 등이 모두 합쳐져서 부정행위를 가르

---

* 역주 : 집계 상의 적군 사살 숫자가 월맹군 전체 숫자보다도 많았다는 일설이 있었을 정도였다.

치고 요구하고 장려한 결과가 된 것은 아닐까? 이것이 생도들 개인차원의 문제일까, 아니면 그런 문제를 비난하고 이를 사회문제로 돌리려는 장교와 생도 사이의 관계에서 파생된 문제일까?

오랜 침묵이 흘렀다. 마침내 주임장교가 말문을 다시 열었다. 그런데 그는 자기 옆에 앉은 동료장교를 향해 돌아앉더니, 마치 지금까지 나한테 아무런 이야기도 듣지 않은 것처럼 사회의 도덕적 타락에 관한 이전의 얘기로 돌아가는 것이었다. 그리고 그날 나머지 시간동안 그들은 나를 철저히 무시했다. 나는 더 이상 그 자리에 있지 않은 존재였다.

장교들의 그러한 행동은 놀라운 것이 아니다. 그들은 습관에 따라 진실을 외면하고 있는 것이다. 자신에 대한 고통스러운 사실, 자기 내부로부터 근원적 변화가 필요하다는 사실을 지적받게 되면 우리는 습관적으로 그 지적 자체를 외면해 버린다. 이런 진실의 외면은 점진적 죽음에 이르는 첩경이다. 우리가 진실을 외면할 때, 우리는 잘못된 해결책에 매달리게 되거나 아니면 문제해결 자체를 포기하게 될지도 모른다. 우리가 위축되고, 우리의 활력(Vitality)이 떨어질수록 이런 문제는 더욱 커진다.

자기의 활력을 모니터하라

빌(Bill)은 초고속 성장을 계속하고 있는 한 회사의 간부로 채용되었다. 그는 새로운 일을 맡았다는 사실에 가슴이 설레었다. 그러나 한 가지 그를 괴롭히는 일이 있었다. 채용위원 중 몇몇 사람이 그가 업무수행에 필요한 능력을 갖고 있을지 의심하고 있다는 사실이다. 빌은 자기가 그 업무에 필요한 능력을 갖고 있다는 것을 보여주기 위해 열심히 일했다. 지금까지 살아오면서 그렇게 열성적으로 일했던 적은 아마 없었을 것이다. 결국 그의 노력은 결실을 맺었다. 단기간 내에 그 업무의

최적임자임을 모든 사람들로부터 인정받게 된 것이다.

  그 후 몇 년이 지났다. 빌은 그동안의 경험을 통해 열심히 일할수록 더 많은 성공을 이룰 수 있다는 사실을 깨달았고, 계속되는 성공은 그를 더욱 더 분발하게 만들었다. 그러던 어느 날 아내가 갑작스럽게 그의 생활방식에 심각한 문제가 있다고 불만을 털어놓는 것이었다. 그는 그 몇 년 동안을 통상 새벽 4시에 출근해서 밤이 늦어서야 귀가했던 것이다. 아내는 온갖 집안일에 혼자 매달려야 하는 것이 불만이고, 과도한 일 때문에 남편의 건강이 나빠지고 있는 것도 화가 난다고 했다. 빌은 아내의 충고를 차분히 듣기는 했지만 별다른 변화를 보이지는 않았다. 아내와 다시 이 문제로 부딪쳐야 했을 때, 그는 앞으로는 아침식사를 한 후에 출근하고 저녁식사 시간까지는 귀가하겠다고 약속을 했다. 그는 약속을 지켰다. 하지만 아내는 여전히 불만이었다. 빌이 새벽 4시부터 아침식사 시간까지, 또 저녁식사 이후부터 잠자리에 들 때까지 회사에서 가져온 일에 파묻혀 있었기 때문이었다. 그런데 여기서 흥미로운 것은 그 같은 불만이 단지 아내한테만 나타난 것이 아니라는 사실이다. 이번에는 회사의 동료들이 빌의 일 처리에 대해 뭔가 불만족스럽다는 반응을 미미하게나마 보이기 시작한 것이다.

  결국 빌은 며칠 동안 휴가를 내서 서부해안에서 열리는 정신휴양 프로그램에 참가하기로 결심했다. 진행자의 지시에 따라 참가자들은 해변의 한 지점에 모였다. 진행자는 참가자들에게 크레용과 종이를 나눠주고는 해변에 있는 무언가를 그리라고 했다. 빌은 해변에서 멀어질 때까지 걷다가 조그마한 모래언덕에 이르렀다. 천천히 주변을 둘러보다가 그는 시들어 죽어가는 늙은 소나무 앞에 앉아서 그 나무를 그리기 시작했다.

  프로그램의 마지막 날, 참가자들은 작업실에 모였고, 진행자는 참가자들에게 지난 일주일동안의 생활을 상징할 수 있는 무엇인가를 만들어보라는 것이었다. 빌은 그것이 유치한 장난처럼 생각되었다. 그는 별생각 없이 군데군데 틈이 갈라진 작은 통나무를 집어 들었다. 그리고는 말라비틀어진 솔가지를 하나 집어 들어 통나무의 갈라진 틈에 그것을 붙였다. 그는 자신의 작품을 모든 사람이 볼 수 있도록 들어 올리고는 냉소적으로 말했다. "여기에 내 일주일이 있습니다(Here is my week)."

그는 자기의 작품을 들여다보았다. 그는 그것이 해변의 죽어가던 소나무와 너무나도 닮았다는 것을 깨닫고는 소름이 끼쳤다. 그것은 강렬한 깨달음의 전율이었다. 그는 그때의 깨달음을 이렇게 회상하고 있다. "그 죽어가는 늙은 소나무가 바로 나 자신이라는 것, 나 자신을 위한 자양분이 필요하다는 사실을 외면해왔다는 것을 깨닫고 소스라쳤던 것입니다."

빌은 새로운 일을 맡아서 이전과는 다른 새롭고 도전적인, 위험할 수도 있는 모험(risky adventure)을 시작했다. 영웅의 여행을 시작한 것이다. 새로운 일에 도전함으로써 그는 다시 성장하고 발전했다. 그의 노력과 그의 내적 에너지 사이에는 상호 영향을 주고받는 피드백의 순환 고리(feedback loop)가 형성되었다. 그는 일을 더 많이 하면 할수록, 보다 많은 성공을 거둘 수 있었다. 새로운 성공은 그에게 값진 의미를 가져다주었고 활력과 추진력을 배가시켰다. 그는 소위 자기강화(self-reinforcing)의 상승주기(virtuous cycle)에 있었던 것이다.

그런데 어느 시점을 넘으면서부터 (그것은 보이지 않는 선이다) 다시 상황이 바뀌기 시작했다. 노력한 만큼 성과가 나타나질 않는 것이었다 (diminishing returns ; 수확체감). 자기강화의 상승주기(virtuous cycle ; 선순환)가 반전되어 하강주기(vicious cycle ; 악순환)로 접어든 것이다. 일을 더하면 더할수록 노력의 효과는 점점 줄어들었으며, 이를 만회하기 위하여 더 열심히 노력해보지만 이는 일의 효율만 떨어뜨리는 결과를 초래했다.

많은 사람들이 이처럼 보이지 않는 선을 넘어섬으로써 성과는 떨어지고 그에 따른 좌절과 스트레스에 시달려야 했던 경험을 가지고 있을 것이다. 이 경우 사람들이 흔히 취하는 대응방식은 더 많은 시간을 일하는 데 투입하는 것이다. 흥미로운 것은 심리학자들의 이론에 따르면 스트레스 수치가 증가하면 어텐션 스팬(attention span ; 주의력을 집중하는 시간)이 감소한다는 사실이다. 사람들은 자신이 과거에 문제를 해결하던 방법을 그대로 적용해 새로운 문제를 해결하려 한다. 또한 사람들은 스트레스와 압박감 때문에 어텐션 스팬이 감소했을 때 오히려 더 완고해지는 경향을 보인다. 혁신적인 행동이 무엇보다 절실히 요구되는 상황에서 사람들은 창조적으로 대응하지 못하고 오히려 오래된 관행에 더욱 집착하게 된다. 이것은 어쩌면 그들에게 이미 깊이 배어 있는 가장 자연스러운 대응일지도 모른다.

미군 조종사가 북미에서 비행기를 조종할 때와 유럽에서 조종할 때의 차이점에 대한 이야기를 칼 와익(Karl Weick)이라는 사람에게서 들은 적이 있다. 북미에서나 유럽에서나 전투기의 구조는 기본적으로 동일하지만, 비상탈출구의 위치가 서로 다르다. 유럽 전투기는 비상탈출구가 기체 바닥에 설치되어 있고, 북미 전투기는 기체 상부에 설치되어 있다. 유럽에 주둔하는 미 공군 부대에서는 조종사가 탈출할 수밖에 없는 비상상황이 되면 비행기를 역전시켜 바닥을 위로 향하게 한 후에 비상탈출 버튼을 누르도록 훈련받는다. 그래야만 낙하산이 안전하게 펴질 수 있는 충분한 고도를 얻을 수 있기 때문이다. 유럽에 주둔하던 미군 조종사가 본국으로 재배치되어 돌아오면 이번에는 비상탈출 시에 비행기를 역전시키지 말도록 재훈련을 받게 된다. 비상탈출 시스템이 정반대이기 때문이다. 그런데 문제는 실제상황에 있다는 것이다. 본국으로 복귀한 미군조종사가 실제의 비행 중에 닥친 위기상황에서 비행기를 역전시킨 후 비상탈출 버튼을 누르는 바람에 지면에 곤두박질쳐 사망하는 사고가 가끔씩 생긴다는 것이다. 위기 상황과 극도의 스트레스 속에서 그들은 무의식 속에 오랫동안 뿌리내린 행동양식을 자연스럽게 따른 것이다.

우리들 대부분도 위의 세 가지 에피소드에 나오는 사람들과 크게 다르지 않을 것이다. 우리 역시 변화의 필요성을 알리는 경고신호를 짐짓 외면하곤 한다. 성과가 저하되고, 스트레스는 자꾸 쌓이며, 그리고 활력과 추진력은 위축된다. 시야가 좁아지고 기존의 방식을 고집하면서 보다 큰 난국으로 자기를 몰고 가는 것이다.

점진적 죽음으로 향하는 길을 피하기 위해서 우리가 할 수 있는 가장 유용한 일은 우리의 활력수준을 계속해서 모니터하는 일이다. 자신이 이미 보이지 않는 선을 넘어버린 것은 아닌지, 그 징조를 주의 깊게 살펴야 한다. 징조가 보이면 지금까지의 과업지향의 논리(logic of task pursuit)를 과감하게 버리고 근원적 변화와 활력의 재충전을 향한 방향으로 궤도수정을 생각해야 한다.

반성과 토론

🍃 변화를 향한 개인적 단계

1. 아래 질문에 답하는 것을 통해 5장에 소개된 빌의 행동을 분석하라.

    빌은 그의 부인의 우려를 처음에 왜 무시했는가?

    결국 그는 변화를 택하기로 약속했으나 실제로는 그러지 못했다. 왜 그 같은 변화가 이루어지지 않았을까?

    빌은 스스로의 변화를 위해 필요한 중요한 영감을 무엇을 통해 얻었는가?

    '자신을 풍요롭게 만들 필요성'을 부인한다는 말의 의미는?

2. 자신의 경험 중에서 빌의 경험과 비슷한 경우가 있었는가? 있었다면 도전의 과정에서 성공 혹은 조정의 실패로 전개되는 단계를 설명하라. 빌의 사례와 비슷한 점은 무엇인가? 다른 점은?

3. 자신의 삶에서 일이 잘 진행될 때 높은 활력을 나타내는 지표는 무엇인가?

4. 자신이 '보이지 않는 선'을 건너면서 노력에 비해 성과가 제대로 나타나지 않는다는 것을 어떻게 알게 될까? 자신은 그 같은 문제를 어떤 식으로 해결하나?

5. 자신의 활력수준을 정확히 측정하기 위해서는 어떤 조치들이 필요한가?

🍃 변화를 향한 조직적 단계

1. 사관학교의 사례에서 장교들은 왜 그같이 행동했을까? 자신이 속한 조직에서 이와 비슷한 경우를 얼마나 자주 보는가?

2. 빌의 사례는 조직이나 단체에도 적용될 수 있다. 조직이나 단체가 높은 활력을 보이는 때는 언제인가? 높은 활력을 나타내는 지표는 무엇인가?

3. 조직이나 단체에서 도전의 과정이 성공 혹은 조정의 실패로 전개된 경우를 생각해보라. 이때 조직은 스스로를 부정하는 태도를 취했는가? 어떻게 그런 과정이 나타났는가?

4. '질문 3'에 대한 답변을 토대로 그 같은 조직에는 어떤 것들이 필요하다고 보는가? 그 같은 조직이 필요한 도움은 무엇인가?

5. 조직이나 단체가 어떻게 하면 자신의 활력수준을 측정할 수 있을까?

6. 과업지향의 논리를 부숴라

　사람들은 흔히 과업을 수행하는 데 자연스럽게 기존의 패러다임이나 틀, 또는 사전각본을 따른다. 이러한 안내지도들은 과거의 성공을 이끌었던 열쇠이다. 그러나 문제는 우리가 성공을 경험하는 동안에 자신도 변하고 세상도 변한다는 사실이다. 지금까지 사용했던 지도는 이제 새로운 세상에서는 한계를 드러내고 만다. 새로운 상황 속에서 우리가 여전히 과거의 낡은 지도에 의존하게 된다면 결국 깊은 좌절을 겪게 될지도 모른다. 그리고 우리는 흔히 그런 좌절의 순간에 이른바 과업지향의 논리라는 함정에 빠지는 경우가 많다.
　과업지향의 논리는 지난 수십 년간 경영학에서 다루어져 왔던 한 우화에 잘 묘사되어 있다. 외딴 숲속에 혼자 살고 있는 은둔자가 있었다. 그는 해마다 여름이면 겨울동안 오두막에 불을 지필 땔나무를 미리 베어놓곤 했다. 그러던 어느 해 가을, 그의 단파 라디오에서는 올해는 겨

울폭설이 일찍 몰아닥칠 것이라는 일기예보가 흘러나오고 있었다. 아직 충분한 땔나무를 만들어 놓지 못했던 그는 나무를 베기 위해 급히 숲속으로 향했다.

그는 나무를 베기에 앞서 우선 톱을 점검했다. 그런데 톱날은 어느새 다시 갈아야 할 만큼 무디어지고 녹도 슬어 있었다. 그는 잠시 머뭇거리다가 시계를 쳐다보았다. 그리고는 늘어선 나무들을 바라보더니 고개를 절레절레 저었다. '시간이 없어.' 그는 톱날을 갈지 않고 바로 나무를 자르기 시작했다. 한 그루 두 그루 나무를 베어나가면서 그는 톱날이 더 무디어지고 그만큼 톱질은 더욱 힘들어지고 있다는 것을 알고 있었다. 그러나 어쨌든 그는 톱질을 계속했다. 하루가 다 지나가고 드디어 눈이 내리기 시작했을 때 지쳐버린 그는 아직 베지 못한 나무들을 망연자실 바라보며 앉아 있었다.

사실 그는 무지한 사람은 아니었다. 그는 톱날이 거의 못 쓸 정도로 무디어진 것도 알고 있었고, 톱질을 계속하면 할수록 날이 더 무디어질 것도 알고 있었다. 그러나 그는 당장 눈앞에 해야 할 일을 멈추고 톱날을 갈 수가 없었던 것이다. 그는 바로 과업지향의 논리라는 함정에 빠졌던 것이다.

우리들 대부분은 과업수행의 압박감 때문에 상황을 재정비하는 여유를 갖지 못한다. 바쁘게 서둘러야 될 필요 때문에 올바르게 하는 것(doing right thing)이 무시되어 버리는 것이다. 나는 이것을 '인-바스킷의 횡포(tyranny of the in-basket)'라고 부른다.*

일을 제대로 수행하기에는 너무나 많은 일을 해야 한다는 말이다. 그리고 일을 끝내야 한다는 조급함은 때때로 일상적인 예방정비의 필요

---

* 역주 : in-basket은 모의 경영게임에서 미결사항을 던져 넣는 상자를 가리키는 용어로서 여기에서는 '산더미같이 쌓여있는 수행과제'라는 뜻으로 사용되고 있음.

성을 무시하게 만든다는 말이다.

위의 우화는 올바른 사고를 가로막는 맹점(blind spot)이 누구에게나 있을 수 있음을 가르쳐준다. 한편 이 우화는 또 다른 의미도 시사하고 있다.

조직은 특정의 업무를 수행하기 위한 집단이라고 할 수 있다. 모든 조직은 일련의 시스템을 가지고 있다. 문화시스템, 전략시스템, 기술시스템, 정치시스템 등 끊임없이 변화하는 환경 속에서 이러한 시스템들도 은둔자의 톱날처럼 서서히 마모되어 간다. 시스템 내부에서 그리고 시스템과 시스템 사이에서 조금씩 조율이 어긋나기 시작한다. 사람들은 전보다 더 열심히 일하지만 노력에 대한 성과는 좀처럼 늘지 않는 것을 느끼게 된다. 조직 내 긴장이 고조되고 사람들은 비난의 대상을 찾기 시작한다. 그러나 문제의 본질은 특정 대상에게 있는 것이 아니라 근본적으로 조직의 시스템들 사이에서 혹은 조직 시스템과 외부환경 사이에서 조율이 어긋나고 있다는 것에 있다.

나는 가끔 시스템 재조율 작업이 필요한 조직으로부터 진단의뢰를 받곤 한다. 경영자들은 대개의 경우 나의 진단에 대해서는 이의를 달지 않는다. 그러나 내가 제시하는 해결방안에 대해서는 언제나 이의를 달곤 한다. 그들은 이렇게 말하곤 한다. "선생께서 이해하지 못하고 있는 것이 있습니다. 우리에겐 지금 선생께서 권고한 근원적 혁신을 감행할 만한 시간적 여유가 없다는 사실입니다." 그 말은 전적으로 옳다. 그들에게 주어진 시간은 많지 않다. 결국 경영진들은 시스템의 정비 대신 더 많은 과업을 수행하는 것을 선택한다. 그러나 이것은 미래의 위기를 함께 선택하는 것이다. 조만간 조직에는 위기가 닥칠 것이고 그러한 선택의 대가를 톡톡히 치르게 될 것이다.

과업지향의 논리를 부숴라

어떻게 하면 과업지향의 논리를 부술 수 있을까? 이 질문에 대한 해답을 찾기 위해 아서 고든(Arthur Gordon)의 소설 『해변에서의 하루(The Day at the Beach, 1960)』를 생각해보자. 이 책은 저명한 리드 브래드포드(Reed Bradford) 교수가 나를 포함한 수천 명의 대학생들에게 소개해준 책으로 나의 인생에 큰 영향을 끼치기도 했다.

이 이야기는 자신의 일에서 깊은 좌절을 겪고 있는 한 사람을 묘사하고 있다. 하루하루 삶의 의미에 대한 회의는 점점 깊어만 가고, 그는 아침마다 이런 상태에서 꼭 출근해야 하는가 하며 괴로워한다. 어느 날 더 이상 견딜 수 없는 지경에 이른 그는 정신과의사를 찾아 간다. 그는 의사에게 자기의 불만을 털어놓았다. 의사는 그에게 어린 시절의 가장 행복했던 추억을 간직한 장소가 어디냐고 묻는다. 그는 해변이라고 대답한다.

의사는 처방이라고 하면서 4장의 종이쪽지에 각각 4개의 지시사항을 적어주고는 내일 가까운 해변으로 가라고 한다. 의사는 덧붙여서 주의를 준다. 아침 9시 이전에 해변에 도착해야 한다. 아무하고도 말을 해선 안 되고 읽을거리도 가져가선 안 된다. 그리고 9시, 12시, 3시, 6시에 차례대로 종이쪽지에 적혀있는 지시사항을 따라야 한다.

그는 다음날 아침 의사의 말대로 9시 이전에 해변에 도착하지만 마음속으로는 의사의 처방을 비웃는다. 그는 달성해야 할 과업도 없고 자기가 풀어야 할 문제도 없다는 사실이 불만스럽다. 시간은 왜 이렇게 더디 가는지.

이윽고 9시가 되자 그는 첫 쪽지를 꺼내 읽는다. 거기에는 '조용히 들어보시오.(Listen carefully)'라고 쓰여 있다. 그는 의사가 틀림없이 미쳤다고 생각한다. 아무 소리도 없는 이곳에서 도대체 무슨 소리를 들으라는 말인가. 그는 맥없이 해변을 걷기 시작한다. 어느 순간일까, 그는 파도와 모래 그리고 다른 많은 자연의 것들로부터 퍼지는 다양한 소리를 느끼기 시작한다. 그는 한동안 그 소리의 세계에 빠져든다. 그리고는 깊은 사색에 잠긴다. 자기보다 더 커다란 다른 것들에 대해 생각해본다. 마음이 안정되는 것을 느낀다. 그러나 그는 여전히 뭔가 생산적인 일을 해야 한다는 강박관념을 떨치지는 못한다.

정오가 되자 그는 다음 번 쪽지를 읽는다. '되돌아가도록 노력하시오.(Try reaching back)'라고 적혀 있다. 어디로 돌아가라는 걸까? 그는 의아해한다. 그는 계속해서 해변을 따라 걷는다. 그러다 문득 그는 지난날 함께 했던 사람들과의 관계를 떠올린다. 죽은 형과 함께 갔던 낚시여행, 서로 감싸며 사랑을 주고받았던 가족들, 그는 자신의 과거에서 찾은 행복에 깊은 위안을 받는다. 과거의 기억이 그의 가슴을 녹인다.

3시가 되면서, 그는 뭐랄까 아늑한 기분이 들면서 그 늙은 의사의 지혜에 존경심이 생긴다. 그러나 그는 세 번째 쪽지를 읽고 다시 충격을 받는다. '당신 삶의 동기들을 다시 검토해보시오.(Reexamine your motives)' 그는 매우 자기방어적인 심리상태가 된다. 그리고 자신이 돈과 명예와 성공을 추구하는 것은 당연한 것이라고 자기합리화하기 시작한다. 그렇지만 얼마 지나지 않아 내면의 목소리가 조용하게 들린다. 어쩌면 그러한 동기들만으로는 설명이 충분치 않은 것은 아닐까? 그는 자기 인생을 조율하는 데 중요한 한 부분을 잃고 있었음을 깨닫기 시작한다. 무엇인가에 공헌하고 남을 위해 희생하며 봉사한다는 느낌을 가졌던 과거 어느 시점까지만 해도 그의 일은 항상 물 흐르듯이 자유로웠다. 그런데 그의 업무상황이 바뀌면서 그는 그러한 느낌을 점점 잃어버렸고, 이제는 점진적 죽음의 프로세스라는 괴물의 촉수에 휘말려 있음을 느끼고 있는 것이다.

6시가 되고 그는 마지막 쪽지를 연다. 거기에는 '당신의 걱정거리를 모래 위에 쓰시오.(Write your worries in the sand)'라고 적혀 있다. 여기에서 그는 그 네 개의 문장들 속에 들어있는 논리흐름을 깨닫는다. 자기 자신으로부터 벗어나는 것, 과거의 행복에 대해 생각해보는 것, 지금에 와서 두껍게 굳어버린 자의식을 반성하는 것, 마지막으로 자신의 방어막을 스스로 제거하는 것. 이 일련의 과정이 그로 하여금 삶의 동기들을 재검토하고 재조율하도록 해주었던 것이다. 일단 이러한 내적 조정(internal adjustments)을 거치고 나자 그는 외부 문제들이 생각보다 큰 문제가 아님을 깨닫게 된다. 만약 그의 동기와 양심과 역량이 적절하게 조율된다면 그의 능력은 최대한 발휘될 것이고, 외부 문제는 더 이상 문제가 되지 않는다. 그의 성공은 거의 확실하다. 그리고 설사 실패를 겪는다고 해도 그는 올바른 것을 행한 것이다. 이제 그는 매우 중요한 갈림길에서 자기 스스로를 변화시킴으로써 세상을 변화시키게 된 것이다.

반성과 토론

🌿 변화를 향한 개인적 단계

1. '과업지향의 논리를 깨뜨리기'가 가능한 경우는 언제인가? 어떤 식의 패턴을 관찰할 수 있는가?
2. 어떻게 하면 과거를 돌이켜보는 것이 미래를 변화시키는 데 도움이 될 수 있는가?
3. '잘못된 동기(wrong motives)'를 갖는다는 것은 무엇을 의미하는가? 어떻게 하면 이 같은 상황이 일어날 수 있는가?
4. 자신의 내부 동기를 재조정하거나 재검토할 수 있을 때를 기술하라. 그 같은 경험을 되돌아봄으로써 배울 수 있는 것은? 그 경험이 현재의 상황에 어떻게 적용될 수 있는가?

🌿 변화를 향한 조직적 단계

1. 조직이나 단체는 과업지향의 논리에 빠질 수 있는가? 예를 들어 설명하라.
2. 해변의 이야기에 나타난 사람은 돈을 벌고 인정받는다거나 성공하는 것이란, 자신이 바람직한 것을 하면서 얻는 부산물이 아니라 최종목적이라고 생각하기 시작했다. 이 같은 생각은 그가 삶의 의미와 활력, 추진력을 잃게 했다. 조직이나 단체의 차원에서 비슷한 이유 때문에 존재의 목적과 활력, 추진력을 잃어버린 경우를 생각할 수 있는가?
3. 자신에게 소중한 조직이나 단체를 생각하라. 조직이 과업지향의 논리에 빠져들면서 활력을 잃는 것을 어떻게 하면 막을 수 있을까?
4. 조직이 왜곡된 목표 때문에 존재의 의미와 활력, 추진력을 잃게 됐을 경우 조직원이 어떻게 하면 조직의 동기와 능력을 회복할 수 있게 할 수 있을까?

7. 새로운 관점으로 생각하라

　제이슨(Jason)은 지난 11년 동안 매일 아침 20마일을 자가용으로 출근해왔다. 그는 자기가 출근길의 지리를 속속들이 다 알고 있다고 생각했다. 어느 날 자신의 차를 정비공장에 보내고 대신 아들의 밴을 몰고 출근하게 되었는데, 그는 그날 새롭게 펼쳐지는 수많은 사물들을 보고 놀라지 않을 수 없었다. 그의 승용차보다 1피트 가량 높은 운전석에 앉아서 그는 담장과 덤불들 그리고 나무들 너머로 펼쳐진 것들을 볼 수 있었다. 거기에는 지금까지 볼 수 없었던 온갖 종류의 흥미로운 '새로운' 것들이 즐비했다. 우리의 일상사는, 마치 제이슨이 통상적으로 승용차를 몰 때와 같이, 현상을 제대로 보지 못하게 하는 장애물로 가득 차 있다. 운전석을 단지 1피트 높인 것이 제이슨에게 새로운 경험을 제공한 것처럼, 관점을 바꾸면 우리의 세상을 보는 방법과 세상과 관계하는 방법이 완전히 새롭게 바뀔 수도 있다.

새로운 관점을 막는 장벽

불행하게도 관점을 확대시키는 것은 대단히 어려운 일이다. 과거의 성공경험은 우리의 뇌리에 하나의 지도, 각본, 패러다임 혹은 신화 등을 각인시키고 이것은 다시 우리가 정보를 처리하는 데 영향을 미치는 것이다. 그것들은 굳건한 요새처럼 우리의 마음속에 자리 잡고 있다. 그러나 우리가 새롭고 도전적인 상황에 대한 통찰력을 얻기 위해서는 이런 마음의 지도들을 재검토하지 않으면 안 된다.

한 가지 예를 들어 보자. 메리(Mary)는 뛰어난 숫자감각을 갖고 있다. 그녀는 대학에서 회계학을 전공하고 우수한 성적으로 졸업한다. 제법 유명한 직장을 얻고 승진도 빨라 일찍 관리자가 된다. 그러나 곧 모든 것이 틀어지기 시작한다. 그녀는 자기에 대한 부정적인 평가를 듣게 된다. 직장의 많은 사람들이 그녀의 좁은 소견과 계산적인 인간관계에 대해 불평을 늘어놓는다. 메리는 그런 불평의 말들을 도무지 이해할 수가 없다. 그녀에 대한 악평은 점점 더 확대되지만, 그녀는 동료들이 부당하고 악의적으로 자기를 몰아세운다고 결론을 내린다.

어떤가. 우리는 많은 면에서 메리를 닮았다. 사람들은 오랜 경험을 통해 성공의 공식(formula for success)을 만들어간다. 우리는 우리의 노력을 인정받고 보상도 받는 경험을 갖고 있다. 이런 긍정적인 경험들이 우리의 세계관으로, 지도로, 지침으로, 또는 패러다임으로 정립된다. 우리는 지금까지의 삶의 방식이 옳았다고 믿는다. 그것은 이미 경험에 의해 증명되지 않았던가 하고 말이다.

그런데 우리가 보지 못하고 있는 게 있다. 지금까지 성공을 가져다준 기존의 공식은 다만 이미 알려져 있는 땅의 경계선까지만 우리를 안내해온 지도일 뿐이라는 사실이다. 우리는 이미 경계선을 넘어서 낯선 땅에 들어와 있는데, 낡은 지도를 가지고 길을 찾으려 한다면 더욱 복잡하고 어려운 문제에 봉착할 것이고 결국 악순환에 빠질 것이다. 전혀 새롭고 난해한 세계 속에서 우리가 낡은 지도를 가지고 탐험을 계속한다면 문제는 점점 악화될 뿐이다. 낡은 지도에 대한 우리의 신념은 결국 우리를 엄청난 고통과 좌절로 몰고 갈 것이다. 그런데도 우리는 고통을 도저히 이겨내지 못하는 상태가 되어서야 비로소 고집을 꺾고 새로운 행동방안을 고려하기 시작하는 것이다.

중심신화를 점검하라

왜 우리는 가끔 새로운 관점을 살펴야 할 필요가 있는가? 그것은 우리의 근본적인 세계관은 단단히 고정되어 있는데 반하여 외부 세계는 끊임없이 변하고 있기 때문이다. 둘 사이의 괴리는 시간이 지날수록 커지고 우리의 행동을 이끌어주던 지도나 패러다임은 낡은 것이 되기 마련이다. 이렇게 되면 기존의 행동계획(action plan)으로는 새로운 상황 속에서 만족스런 성과를 이끌어낼 수가 없다. 이제 우리는 자기 자신을 재창조해야만 한다. 그리하여 현재의 세계에 자기 자신을 의미심장하게 밀착시켜야 한다. 이것은 그렇다고 그렇게 급진적인 생각은 아니다. 실은 우리 주변에서 지금도 벌어지고 있는 현상이다. 실제로 근원적 변화는 우리가 일상 속에서 내적 발전을 위해 겪게 되는 아주 당연하고 평범한 경험이다. 근원적 변화를 추구하면서 우리는 기존의 지도나 패러다임을 다시 설계하고, 자기 자신을 주위환경에 맞게 재조율한다. 관점을 바꿈으로써 자기 자신을 재창조하는 것이다.

뿌리 깊은 의식구조를 재창조하는 것과 관련하여 맥휘니(McWhinney)와 바티스타(Batista)(1988)는 '신화의 재창조(remythologizing)'라는 개념을 제시하고 있다. 그들은 우리 의식의 심연에 있는 내적 구조는 일종의 신화들 혹은 이야기들로 되어 있고 그것들이 우리의 사고방식을 결정한다고 말하고 있다. 사람들은 자기에게 특별히 영향을 미치고 있는 중심신화(core myth) 또는 기원신화(genesis)를 가지고 있기 마련이다. 이러한 내적 자아는 외부세계와의 조율을 종종 벗어나기 때문에 그것을 끊임없이 외부세계에 맞도록 조율시킬 필요가 있는데, 내적 자아를 재조율하는 한 가지 방법은 자신의 생애에서 가장 중요한 사건이나 이야기를 재구성해서 말해보는 것이다. 다음의 예를 보도록 하자.

> 나바호 인디언들(Navajo Indians)은 자연과의 조화에서 벗어났기 때문에 병이 든다고 믿고 있다. 모래그림(Sand Painiting)은 병든 사람을 치료하기 위한 그들 특유의 의식이다. 며칠 동안 계속되는 이 의식의 핵심은 모래그림 속에 부활한 그들의 원형설화들(archetypal stories)을 읊조리는 것이다. 이런 읊조림이 환자를 자연과 조화시킴으로써 병이 '치유(cure)'되는 것이다.(p47)*

이것은 사실 생소한 이야기일 것이다. 좀 더 살펴보자. 사람들은 대개 시간이 지남에 따라 점점 내적 자아와의 접촉을 상실하게 된다. 결국 내적 자아를 형성하고 있는 중심 구조들이 현재의 삶이 요구하는 것에 제대로 융화되질 못하게 된다. 이때 사람들은 자신의 정체성의 중심을 형성하고 있는 원형설화들을 읊조리는 의식을 치르게 되는데 과거의 설화를 정확하게 되뇌는 것은 아니고 지금 처해 있는 현재 문제의 관점에서 그것을 재구성해 읊조리는 것이다. 이것은 내적 자아를 형성해주고 있는 과거의 토대를 현재와 미래의 의식구조와 다시 연결시켜주는 독특한 결과를 만들어낸다. 과거를 재조율하여 그것을 현재와 미

---

* 역주 : 1. sand painting은 나바호 인디언의 전통적인 의식 중의 하나인데, 여러 가지 색깔로 물들여진 고운 모래를 바탕모래판에 흩뿌리고 나서 거기에 어떤 문양이 나타나는가에 따라 주술 또는 의미를 부여한다. 2. 원형(archetype)은 심리학 용어로서, 인간의 정신 내부에 존재하는 조상이 경험한 것들의 흔적을 말한다.

래에 융합되도록 하는 것, 한마디로 신화 재창조를 통해 우리는 우리의 과거와 현재와 미래를 하나의 역동적인 단일체로 이끌어내는 것이다.

신화 재창조의 사례

아직도 이해가 쉽지는 않을 것이다. 아마도 나의 경험이 독자들의 이해를 도울 수 있을지도 모르겠다. 나는 자아를 재정의하는 작업을 꾸준히 시도해오고 있는데, 그것은 내가 '영혼의 작문(soul writing)'이라고 이름 붙인 작업이다. 나는 컴퓨터 앞에 앉아서 아무 단어든 떠오르는 대로 타자를 친다. 그런 다음 각 단어를 자유롭게 연결시킨다. 다음 단계로 나는 손가락들이 알아서 문장을 만들도록 내버려둔다. 여기에서 손가락이라고 표현한 것은 이러한 과정에 나의 마음이 끼어들지 못하도록 애쓰기 때문이다. 그리고 그 순간이야말로 나의 무의식이 모습을 드러내는 순간이다. 그것은 시로 나타날 수도 있고 서사적 문장 아니면 짧은 소설로 나타날 수도 있다.

몇 해 전 소위 중년의 위기(midlife crisis)를 겪었을 때의 일이다. 여느 때처럼 '영혼의 작문'을 통해 짧은 글을 쓰고 있었는데, 어느 순간 나는 울고 있었다. 나도 모르게 눈물이 뺨을 타고 흘러내리고 있었던 것이다. 그것은 전혀 예상치 못한 일이고 또 처음 겪는 일이었다. 다음의 글이 바로 '예언(The Prophecy)'이라고 제목을 붙인 그 짧은 글이다.

> 그의 가슴이 결핵으로 썩어 들어가면서 사내는 서서히 죽어가고 있었다. 불과 서른여덟이라는 나이에 죽어가고 있는 것이다.
> 그는 누운 채로 침대 옆, 작은 탁자 위에 놓인 어린 딸아이의 사진을 집어 들었다. 딸아이는 이미 죽고 없다. 일 년 전 딸아이는 뇌염으로 죽었다. 그는 겨우 두 살밖에 안 된 사랑스런 딸아이가 차가운 땅속에 내려지는 것을 지켜봐

야만 했다.

몇 시간이 지났을까. 사내는 딸의 사진에서 삶의 의미를 찾으려고 했다. 사내는 생각에 빠진다. 지금까지 살아오면서 무엇을 이루었던가? 그에게는 지금 저축한 돈도, 집도, 가입해놓은 보험도 없다. 단지 아내와 갓 태어난 사내아이가 있을 뿐. 오늘은 그의 아내가 갓난아이를 집으로 데려오는 날이다. 오후에 병원으로 옮겨질 그로서는 아마도 그 아이를 처음이자 마지막으로 보는 날이 될 것이다.

집에 돌아온 아내는 남편을 보기에 앞서 아이를 먼저 아기 방에 뉘어 놓았는데, 그 방은 그가 첫 아이를 위해서 만든 방이었다. 그리고 그는 딸아이가 죽은 후로는 한 번도 그 방에 들어가지 않았다.

아내는 그가 옷을 입는 것을 도왔다. 아내의 부축을 받으면서 그는 식탁으로 자리를 옮겼다. 오늘은 아주 특별한 점심식사가 차려질 것이다. 그리고서 그는 가족들을 떠날 것이다.

식사가 끝났다. 떠나야 할 시간이다. 아내의 도움을 받으며 그는 코트를 입는다. 그는 잠시 동안 그 자리에 우두커니 서 있었다. 그리고 그는 아이 방으로 발을 옮겼다. 아내가 그를 부축하려 했지만 그는 손을 내저으며 괜찮다는 의사표시를 했다. 아내는 한 걸음 물러섰다.

그는 아기의 침대에 기대어 곤히 잠든 아기를 내려다보았다. 이윽고 그는 허리를 굽혀 아기의 작은 발에 키스를 했다.

그가 방에서 나왔을 때 아내는 무엇인가를 기대하는 듯한 눈으로 그를 바라보고 있었다. 그는 아주 부드러운 목소리로 말했다. "우리 아이는 분명 자기 이름을 세상에 떨칠 것 같아."

아내는 울음을 애써 참으면서 미소를 지었다. 아내의 부축을 받으며 현관을 나서던 그는 잠시 걸음을 멈추고 이내 아내를 껴안았다. 아내와의 마지막 키스…. 그리고 그는 떠났다.

글을 다 끝냈을 때 나는 비로소 내가 왜 눈물을 흘렸는지 알 수 있었다. 이 글은 바로 나의 자아를 형성하고 있는 가장 중심이 되는 이야기였던 것이다. 나는 이 이야기를 수도 없이 들으면서 자랐다. 이야기를 해준 사람은 다름 아닌 나의 어머니였고, 이야기 속의 죽어가는 사람은 바로 나의 아버지였다. 그리고 이야기 속의 갓난아이는 바로 나였다.

어머니께서 되풀이해서 들려주시는 그 이야기에는 뭐랄까 성스러움 같은 느낌이 묻어나곤 했다. 이야기를 들려주시는 어머니의 모습을 보면서 나는 그 이야기가 어머니의 일생에 얼마나 성스럽게 자리 잡고 있는지 느낄 수 있었다. 그리고 그 이야기는 나의 의식 속으로 깊게 깊게 각인되었다. 그 이야기가 바로 나의 중심신화인 것이다.

동굴 속의 나바호 인디언들처럼, 나는 '영혼의 작문'을 통해 내 자신의 중심신화들 중의 하나를 읊조리고 있었던 것이다. 인디언들과 마찬가지로, 나 역시 자기도 모르는 사이에, 그 신화를 새로운 관점에서 되뇌고 있었던 것이다. 내가 들어왔던 그 이야기는 언제나 남편을 잃은 여자가 들려주는 이야기였다. 반면에 지금의 나는 죽어가고 있는 그 서른여덟 살 사내의 관점에서 이야기를 하고 있었던 것이다. 그 사내는 자기의 삶에 대한 의미를 스스로에게 묻고 있었다. 그에게는 돈도, 집도, 보험도, 세속적 성공에 대한 그 어떤 것도, 그리고 그의 흔적을 나타내줄 유산도 없었다.

어느새 세월이 흘러 중년의 위기를 맞은 내가 바로 그 사내와 똑같은 질문을 자신에게 던지고 있었던 것이다. 내 삶의 의미는 과연 무엇인가? 나는 지금까지 무엇을 이루었던가? 자기도 모르는 사이에 나는 나의 영향력, 유산 등 사회에 남기고 싶은 내 삶의 흔적들의 문제를 다루고자 했던 것이다. 나는 그날 '예언'을 썼고 나의 무의식이 말을 하도록 내버려두었다. '나는 무슨 유산을 뒤에 남겨놓으려 하는가?'

이 모든 것들이 명백해지면서 나는 나의 일생에서 남다르게 이루기를 원했던 것들을 분명하게 정리하기 시작했다. 예를 들어, 나는 이전과는 다른 관점에서 나의 일을 대하기 시작했다. 나는 연구에 보다 중점을 두게 되었고, 학교수업이든 자문일(consulting)이든 상대의 처지를 보다 많이 배려하면서도 한편으론 보다 엄격한 요구를 하게 되었다. 그러한 결과 나타난 성과는 참으로 극적인 것이었다. 나는 새로운 관점을 갖게 되었고 나의 삶은 완전히 바뀌었다. 나는 그 어느 때 보다 임파워 되었고 남에게도 보다 큰 임파워먼트를 불어넣을 수 있게 되었다.(more empowered and more empowering)

새로운 관점, 새로운 에너지

우리의 삶은 언제나 중요한 것들로 가득 차 있다. 다만 우리가 그것을 미처 눈치 채지 못하고 있을 뿐이다. 만약 우리가 이러한 모든 것들을 감지할 수만 있다면 세상을 바라보는 우리의 눈과 세상을 대하는 우리의 태도는 근본적으로 달라질 것이다. 나의 아들 리안(Ryan)은 대학교 2학년 때『포춘(Fortune)』이 선정한 500대 기업 중 하나인 어느 회사에서 흥미로운 인턴기간을 보낸 적이 있었다. 리안에게 중요한 일들이 주어졌고 그는 그것들을 성공적으로 완수해나가고 있었다. 일에 대한 흥미에 푹 빠진 그는 매일 저녁 늦게까지 일에 매달렸고 밤이 늦어서야 집에 돌아왔다. 그런데 어느 날 문득 리안은 뭐라고 딱히 설명할 수는 없지만 자기에게 무엇인가가 벌어지고 있다는 것을 깨달았고 고민하기 시작했다. 그는 해답의 실마리를 찾기 위해 '삶의 목적을 갖는 것'에 관한 책을 읽기 시작했고, 사물을 보는 관점에 대한 자기 판단력이 흐려지고 있다는 사실을 깨달았다. 그는 자신의 가치기준을 보다 분명하게 세워야겠다고 마음먹었다. 그는 자신의 가치기준과 인생의 방향에 대한 질문 목록을 작성했고, 꼬박 일주일동안 그에 대한 답변을 작성하는 데 매달렸다.

일주일이 지나고 나서 리안이 나에게 말했다. "아버지, 저는 지금 너무나도 큰 에너지로 가득 차 있습니다. 전에 했던 것과 똑같은 일을 하고 있지만, 저는 지금 제 안에 에너지가 솟구치는 것을 느낍니다. 제가 삶에서 성취하고자 하는 것이 무엇인지를 알았기 때문입니다. 이젠 무엇이 중요한지도 알게 되었고, 지금 하고 있는 일을 왜 하고 있는지도 알게 되었습니다. 제가 한 것이라고는 나 자신이 누구인지를 밝혀낸 것뿐인데, 놀랍게도 그것이 모든 것을 변화시킨 겁니다. 이제 저는 모든 것을 의욕적으로 해낼 수 있을 것 같습니다." 리안은 밴을 몰고 난 후의 제이슨처럼 새로운 관점을 얻게 된 것이었다. 그는 새로운 비전을 가지고 세상을 보고 있었다. 그의 인생은 이제 보다 큰 의미를 갖게 되었고, 그는 인생을 살아가는 데 필요한 보다 큰 에너지를 갖게 된 것이다.

반성과 토론

🍃 변화를 향한 개인적 단계

1. 자아를 주기적으로 재발견한다는 것은 무엇을 의미하는가? 이 같은 과정이 왜 필요한가?

2. 자신이 잘 아는 사람 한 명을 생각해보라. 그 사람의 행동을 특징짓는 신화가 있는가?

3. 자신을 특징짓는 신화가 있는가? 그 신화는 자신의 삶에서 긍정적으로 작용했는가 아니면 부정적으로 작용했는가?

4. 신화 재창조 (remythologizing)의 과정을 간략하게 설명하고 이를 어떻게 이용할 수 있는지를 설명하라.

🍃 변화를 향한 조직적 단계

1. 조직을 구성하는 개개인에서와 마찬가지로 조직에 있어서도 중심적인 신화가 있어 조직의 행동에 무의식적으로 영향을 미친다는 주장이 있다. 자신이 잘 아는 조직 한 곳을 선정하고 그 조직의 중심 신화를 설명하라. (신화는 집단적으로 전해지는 이야기를 말하는 것으로 사실적인 이야기일수도 상상적인 이야기일 수도 있음을 상기할 것.)

2. '질문 1'에서 나타난 신화가 가져다준 긍정적인 역할과 부정적인 역할을 설명하라.

3. 신화 재창조의 과정에서 조직에 도움이 된 과정을 설명하라. 그 같은 과정 가운데 발생할 수 있는 잠재된 위험으로는 어떤 것이 있는가?

8. 도덕적 성실성의 부족에 도전하라

　어떤 상황을 검토하여 의사결정을 내려야 할 때 우리는 가끔 새롭고 신선한 관점으로부터 실마리를 찾곤 한다. 물론 그런 결정이 오히려 위험을 초래할 수도 있다. 그러나 우리가 근원적 변화를 추진하기 위해서는 많은 위험과 보이지 않는 도전들에 정면으로 부딪치지 않으면 안 된다.

　보스턴 대학의 윌리엄 토버트(William Torbert) 교수는 경영대학원 학생들이 스스로 성장하고 발전할 수 있도록 하는 자기진단기법(self-examination technique)을 가르치는 것으로 유명하다. 그 기법에는 개인적 경험 중에서 중요하다고 생각하는 것에 대해 기술하는 과정이 포함되어 있다. 다음 예문은 그의 제자이면서 어느 해저송유관 건설회사의 프로젝트 매니저이기도 한 스티브 톰프슨(Steve Thompson)이 쓴 글이다. 톰프슨은 자기와 론 세드릭(Ron Cedrick) 사장 사이에서 벌어진 첨예한 대립을 다음과 같이 묘사했다.

배경

론 세드릭은 독특한 사람이다. 반짝이는 금속성 모자를 쓰고 다니는 그는 45구경 권총을 갖지 않은 것만 뺀다면 영락없는 조지 스캇(George C. Scott)이 연기한 패튼(Patton)이다. 그는 유명한 사람이다. 그는 엔지니어링과 건설 분야에서의 탁월한 능력으로 전 세계의 모든 바다를 누비고 다녔다. 그는 자기 자신을 위해 일했고, 많은 석유회사들로부터 끊임없이 사업을 따냈다. 레드 어데어(Red Adair)가 유전 화재진압(oil field fires)을 대표하는 사람이라면, 그는 해상 건설산업(offshore construction industry)을 상징하는 사람이었다. 두 사람은 같은 길을 걷고 있었다. 두 사람 모두 석유회사를 상대로 일하면서 엄청난 보수를 받았다. 론 세드릭은 악명이 높은데 그 이유는 간단했다. 그는 아무리 힘든 프로젝트도 언제나 당초 계획보다 앞당겨 완수해냈던 것이다.

영국 국영 석유회사인 BNOC(The British National Oil Company)가 단일 닻 정박 시스템(Single-anchor leg-mooring system)의 건설공사를 그에게 맡겼다. 이 시스템이 건설되면 BNOC로서는 해상유전에서부터 해변에까지 이르는 수백 마일의 송유관을 따로 건설하지 않고 해상유전에서의 직접 급유가 가능하게 되는 것이다. 일 단계 해저공사가 절벽이 깊고 굴곡이 심한 노르웨이의 피요르드 해역에서 완료되었다.

당시는 2월이었는데 북해의 2월은 흐리고 춥고 습도가 높고 그리고 사납기로 유명하다. 이 시기에는 특히 날씨가 변덕스러워서 갑자기 폭풍우가 몰아닥치기도 한다. 우리는 해저 180미터까지 내려갈 수 있는 포화잠수 설비를 갖춘 200미터 짜리 기중기선에서 작업을 하고 있었다. 포화잠수는 두 명에서 여섯 명까지의 잠수부가 심해에서 작업할 때 감압(decompression)에 소요되는 시간을 줄일 수 있는 심해잠수법이다. 2인 1조로 편성된 잠수부들은 한 번 잠수할 때마다 잠수정에 연결된 밧줄 하나에 의지한 채 빛도 없고 무게도 느낄 수 없는 최악의 환경 속에서 8시간에서 12시간을 계속 작업해야만 한다. 한 번의 잠수작업이 완료된 잠수정을 윈치케이블(winch cable)이 갑판으로 끌어올린다. 올라온 잠수정은 즉시 건조하고 고압이 유지되고 있는 리빙챔버(living chamber)에 연결된다. 잠수부들은 여기에서 다음 잠수 때까지 가압된 상태를 계속 유지하게 되는 것이다.

여기에서 가장 위험한 순간은 잠수정을 끌어올리거나 내릴 때 잠수정이 인터페이스를 통과하는 순간이다. 인터페이스는 선박의 갑판과 수면으로부터 8미터 아래 사이, 파도의 영향을 받는 공간을 말한다. 이 공간에서 잠수정은 최대의 위험에 노출된다. 심한 파도가 잠수정의 윈치케이블을 끊는 사건이 여러 번 있었다. 이 경우 잠수부를 구하는 것은 거의 불가능하다.

이런 일과 더불어 우리의 공사는 도전정신이 요구되는 특별한 공사였는데 우리의 잠수팀들과 갑판 팀은 훌륭하게 일을 수행해내고 있었다. 세드릭 사장은 이를 대단히 기뻐했고, 이것은 프로젝트 매니저로서 맡게 된 첫 공사인 만큼 나에게는 특히 중요했다.

나의 행동

바람이 방향을 바꾸었다. 바다가 심상치 않았다. 마치 폭풍전야와도 같았다. 잠수정은 12시간으로 예정된 작업을 위해 이제 막 바다 밑으로 내려간 참이었다.

작업감독과 교대하면서 "날씨변화에 신경 쓰라."고 당부한 후에 나는 조종실로 가서 가장 최근의 일기예보와 팩스를 확인했다. 일기예보는 내가 우려했던 상황을 확인시켜 주었다. 그때 세드릭 사장이 다가왔다. "모두들 정말로 잘해내고 있군요. 계속 열심히 해주기 바랍니다." 그는 또 오늘 안으로 송유관의 연결을 끝내야 공정을 예정보다 다소 앞당길 수 있음을 설명했다. 그리고 "날씨가 조금 극성을 부리기는 하지만 팀원들이 당신을 믿고 따르니 잘 말해봐요. 잠수정이 가급적 저 아래에서 오래 머물러 있도록 말이오. 날씨 때문에 작업을 중단해야 할 상황이 될지도 모르니까."라고 덧붙였다.

"네, 알겠습니다." 나는 자신 있게 대답했다. 그러나 결과는 너무도 뻔한 일이었다. 나는 잠수정을 너무 오래 바다 속에 내려놓고 있었다. 험악한 날씨는 어느새 폭풍으로 변했다. 잠수작업은 이미 안전기준의 한계를 넘어 이제 잠수정을 끌어올리지 않으면 안 되었는데, 7미터가 넘는 파도 속에서 잠수정을 끌어올리는 작업은 대단히 위험한 일이 아닐 수 없었다. 다행히 잠수정을 무사히 끌어올리긴 했지만 이 과정에서 나는 잠수부들의 안전을 담보로 일을 수행한 셈이 되었고, 뿐만 아니라 앞으로의 작업 기준으로써 좋지 않은 선례를 만든 셈이 되었다.

나의 감정

나는 성공에 대한 욕구가 강했다. 그런 욕구는 일에 매달리는 나의 열정과 부지런함, 그리고 전체적으로 과업우선의 성향(task orientation)에 잘 나타나 있었다. 나에게 '성공'이라는 말은 단지 업무의 성공적인 완수뿐만 아니라 내가 성공한 사람이라 생각하는 세드릭 사장을 만족시키는 것까지도 포함하는 말이었다. 그날도 사장으로부터 긍정적인 칭찬을 듣고 나서 나는 부하직원들에 대한 책임과 사장의 임무완수에 대한 기대 사이에서 갈등했었다.

일기예보를 확인했을 때 나는 무척 긴장했었다. 나는 두려웠지만 사장에게 작업을 중단해야 한다고 말할 만한 용기가 없었고 사람들에게 작업하는 데 별무리가 없을 것이라고 속일 수밖에 없었다.

결국 나의 그런 행동이 팀원들을 기만하여 잠수부들의 생명을 위험에 빠뜨렸다는 사실을 깨달았을 때, 내 자신이 정직하고, 도덕적인 사람이라는 환상은 깨어졌다. 나는 더 이상 세드릭 사장이 독려차원에서 던지는 칭찬에 만족을 느낄 수 없었지만 그럭저럭 송유관 연결 작업을 마칠 수 있었다.(p162, Torbert, 1987.)

토버트 교수에 따르면, 이런 글쓰기 연습은 학생들로 하여금 스스로 바람직하다고 여기는 자신의 이미지와 실제의 행동 사이의 불일치를 느끼게 해준다는 것이다. 이 과정을 통해 우리는 불확실한 상황에 대처할 수 있는 역량을 키우게 된다. 그리고 그 역량은 도덕적 성실성과 깊게 연결되어 있다. 토버트 교수는 사람의 행동이 정말로 유효성을 지니기 위해서는 도덕적 성실성의 부족을 끊임없이 관찰하여 그것을 메꾸어나가는 것에 달려있다고 말한다.

위의 톰프슨은 이런 자기성찰의 글쓰기를 계속함으로써 자신의 책임영역이 비단 작업의 기술적 측면뿐만이 아니라 '인간의 존엄성, 정치적인 부분, 혹은 자기 행동이 가져올 윤리적인 영향'까지도 포함하고 있음을 더욱 더 절감하게 되었다. 석 달 후에 그는 다른 회사로 스카우트 되어 이전보다 높은 직급과 2배나 많은 봉급을 받게 되었다. 그리고 3년 후에는 한 회사의 사장이 되었다.

토버트 교수에 따르면 톰프슨이 배운 것 중 가장 중요한 것은 '어떤 상황에 대한 반응은 수도 없이 많다.'는 교훈이었다. 토버트 교수는 그의 책에서 다음과 같이 적고 있다.

역설적이게도, 관리자가 자신의 책임감을 확장시켜 의사결정의 고려요소에 '단기적 이슈인 효율성'과 '중기적 이슈인 유효성'뿐만 아니라 '장기적 이슈인 정당성과 도덕적 성실성'까지도 포함시키고자 할 때, 그가 취하는 방법이란 것이 의사결정의 바로 그 순간에 자신에게 많은 영향을 미치고 있는 것에 좀 더 큰 고려를 두는 것이다. 어느 쪽을 선택해도 편하지가 않은 두 가지 대안 사이에서 하나를 선택해야 하는 상황을, 타인의 말에 보다 귀를 기울여야 한다는 신호인 것으로 받아들이는 것이다. 그리고서 관리자는 다양한 영향들을 공평하게 배려하는 자기만의 해법을 만들고, 이를 실행하면서 나타나는 결과를 통해 그 해법의 옳고 그름을 시험한다. … 모든 형태의 전문적 지식은 조건적 신념(conditional confidence)으로 귀착된다. 조건적 신념이란 상황이 당신의 가정대로 움직여 주는 한 당신이 제대로 행동할 것이라는 신념을 말한다. 반면에, 위에서 설명한 능동적이며 자각적인 고려는 무조건적 신념(unconditional confidence)으로 귀착된다. 무조건적 신념이란 결정된 행동이 진행되는 동안에 기본가정이 틀렸거나 전략방향이 비효과적임이 판명되면 주저 없이 버릴 수 있다는 신념을 가리킨다.(p168)

위 단락의 마지막 구절에서 소개된 무조건적 신념에 대한 개념이야말로 모든 전문분야에서, 특히 고위경영층과 같은 격동이 심한 환경에서, 장인정신의 귀감이라고 하겠다. 이는 '신념을 갖고 길을 잃어버릴 수 있는 역량(capacity to get lost with confidence)'과 상통한다. 끊임없는 변화와 불확실성의 세계에서 무조건적 신념이야말로 대단히 바람직한 품성이다. 그러나 이 같은 실례를 찾기란 쉽지 않다.

아마도 토버트 교수의 주장이 비현실적이거나, 아니면 무조건적 신념에 대한 대가가 너무 커서 아무도 이를 감당하려 하지 않는 것일 수도 있다. '무조건적인 신념의 창출'에 대한 개념은 경영대학원이나 CEO 과정에서도 거의 가르치지 않는 개념이다. 어쩌면 토버트 교수는 영적인 훈련을 말하고 있는지도 모른다. 그러나 기업의 세계에서 그러한 영적인 훈련을 논의한다는 것은 사실 대단히 어려운 일일 것이다.

근원적 변화는 조직차원에서 이루어지든 아니면 개인차원에서 이루어지든, 궁극적으로는 하나의 정신적 프로세스이다. 우리가 어떤 원인에 의해서건 잘못된 목적지를 지향하기 시작할 때에 인생의 조율은 흐트러지기 시작한다. 이런 프로세스는 사실 천진난만하게 시작된다. 정당하다고 여겨지는 어떤 목적을 추구하면서 우리는 주고받기의 타협을 하게 마련이다. 우리는 그것이 잘못이란 것을 알면서도 우리의 선택을 합리화한다. 우리는 수단을 정당화하기 위해 목적을 둘러댄다. 그러나 시간이 지날수록 우리 안의 무엇인가가 점점 위축된다. 우리는 지각 있는 삶, 합리적이고 목표지향적인 삶을 살도록 강요받는다. 우리는 점점 활력을 잃고, 단지 훈련받은 대로 일을 하기 시작한다. 우리의 에너지는 자연적으로 재충전되지 못하고, 우리는 우리의 일에서 어떤 즐거움도 얻지 못한다. 우리에게 점진적 죽음이 진행되고 있는 것이다.

경영학에서는 점진적 죽음의 문제를 무시하고 있지만 거의 모든 종교에서는 이 어려운 문제를 이해하는 비유적 묘사와 또 이를 극복할 수 있는 방법이 다루어지고 있다. 강력한 자기 방어기제들과 맞서고 이를 극복하기 위해서 묵상이 권유되기도 한다. 우리가 자기 방어기제와 맞서기 위해서는 우선 자기 자신을 시험에 들게 해야 하다. 자기 방어기제를 뿌리치고 점진적 죽음을 극복하기 위해서는 우리는 먼저 자기의 위선과 비겁함에 맞서야 한다. 우리는 그동안 자기 자신에게 거짓말을 해왔음을 인정해야만 한다. 우리는 자기의 나약함, 욕심, 무관심 그리고 비전과 용기의 부족을 인정해야만 한다. 이것들을 인정할 때 우리는 비로소 방향수정의 필요성을 명확히 이해하게 되고, 서서히 자기를 재창조하게 될 것이다. 변이(transition)는 고통스럽다. 우리는 종종 변화를 추진할 만한 용기와 신념이 부족하다는 두려움 속에서 주춤거린다. 우리는 여기서 대단히 역설적인 진실을 발견한다. 변화는 지옥과도 같다. 그러나 변화하지 않는 것, 그리하여 점진적 죽음의 길에 머무는 것 또한 지옥이다. 다른 점이라면 근원적 변화의 지옥은 영웅의 여행이란 것이다.(the hell of deep change is the hero's journey) 이 여행은 우리를 기쁨과 성장 그리고 발전의 길로 인도한다.

영웅은 변화 속에서 힘, 권력, 활력 그리고 에너지를 얻는다. 근원적 변화를 경험하게 되면 우리의 이기심은 사라진다. 자기제어와 감수성이 결합되어 우리의 토대를 이루는 하나의 요소가 된다. 이러한 토대를 통해 우리는 다른 사람들에게 영향을 미칠 새로운 능력과 무조건적 신념을 갖게 된다. 근원적 변화를 시도할 때, 우리는 진실에 다가설 수 있고 우리의 인생은 바르게 조율되고 활력을 되찾게 될 것이다.(aligned and revitalized) 나아가 우리는 자기 자신뿐만 아니라 자기가 속한 사회까지 임파워시킬 수 있는 비전을 찾게 될 것이다. 다음 장에서 근원적 변화의 프로세스에 대해 좀 더 편안하게 이야기해보기로 하겠다.

반성과 토론

🍃 변화를 향한 개인적 단계

1. 다음 글을 읽고 난 다음 어떤 느낌을 받았는지 설명하라.

   모든 형태의 전문적 지식은 조건적 신념으로 귀착된다. 조건적 신념이란 상황이 당신의 가정대로 움직여 주는 한, 당신이 제대로 행동할 것이라는 신념을 말한다. 반면에, 위에서 설명한 능동적이며 자각적인 고려는 무조건적 신념으로 귀착된다. 무조건적 신념이란 결정된 행동이 진행되는 동안에 기본가정이 틀렸거나 전략방향이 비효과적임이 판명되면 주저 없이 버릴 수 있다는 신념을 가리킨다.

2. 조건적 믿음과 리더십의 개념 사이에는 어떤 관계가 있는가?

3. 8장에서는 진실성이 부족한 것을 계속해서 관측하는 것이 진실성의 증가로 이어질 수 있다고 주장하고 있다. 이 장에서 설명된 자기진단 기법은 이 같은 과정에 어떻게 작용하는가?

4. 진실성의 부족문제를 해결하거나 리더십을 배양시킬 수 있는 방법으로서 자기진단 기법을 설명하라.

🍃 변화를 향한 조직적 단계

1. 어떻게 하면 조직이나 단체가 진실성이 부족해질 수 있는가? 자신이 속한 조직의 예를 통해 설명하라.

2. 조직에 있어 낡은 틀이나 신화, 패러다임이 진실성의 상실에 어떤 영향을 미치는가? 예를 들어 설명하라.

3. 조직이나 단체가 '업무를 수행하는 가운데에서도 부정확한 가정이나 잘못된 전략을 없앨 수' 있는가? 만약 그렇다면 예를 들어 설명하라. 예를 들 수 없다면 가능한 상황을 설명하라. 이 같은 상황이 일어나기 위해서는 어떤 조건이 필요한지 설명하라.

4. 대부분의 조직이나 단체가 진실성의 부족문제에 대한 논의를 회피하는 방식으로 문제를 해결하려 한다면 어떤 방식에 의해 그 조직이 조건적 믿음의 단계로 이르게 만들 수 있겠는가? '질문 3'에 대한 답변을 기초로 설명하라.

9. 부딪치면서 해결하라

　변화에 착수하기로 일단 마음을 먹으면 우리 앞에는 수많은 거칠고 험한 도전들이 기다리고 있을 것이다. 자신의 행동이 옳은지 틀린지도 명확히 알 수 없을 정도로 변화의 길은 험난하다.

　나는 많은 획기적 성과를 거두면서 빠르게 성장하고 있는 한 기업과 몇 년 동안 함께 일한 적이 있다. 언젠가 제자 중 한 명이 그 회사를 사례 연구로 다루는 것을 중개해주었을 때의 일이다. 그 학생이 그 회사 CEO와 인터뷰하는 동안 그리고 CEO가 회사의 초창기 5년을 자세히 이야기해주는 동안 나도 자리를 함께 했었다.

　그것은 명확한 전략적 계획의 전개에 대한 인상적인 이야기였다. 사장은 그 회사가 어떻게 A에서 B 그리고 C로 이어지는 단계를 쉽게 거칠 수 있었는지를 설명했다. 그의 설명은 내가 그 회사에 대해 알고 있던 것과는 다른 것이었다. 나는 중간에 끼어들어 내가 알고 있는 바를 이야기를 했다. 갑자기 튀어나온 반론에 당황했을 법도 한데, 그는 잠시 침묵한 후에 미소를 지으며 말하는 것이었다. "예, 그렇습니다, 우리는 다리를 놓아가면서 그 다리를 건너 간 것입니다.(we built the bridge as we walked on it)"

조직의 성장이든 개인의 성장이든 그것이 단순한 선형계획(linear plan)에 의해 이루어지는 경우는 드물다. 이것은 기억해두어야 할 중요한 원리이다. 그런데 사람들이 성장의 역사(history of growth)를 말할 때면, 그들은 종종 실제로는 존재하지도 않았던 이성이나 통제 등을 제시하면서 선형적 순서(linear sequence) 안에서 그것을 설명하곤 한다.

우리가 비전을 갖고 있다는 것이 반드시 우리가 계획을 갖고 있다는 것을 의미하지는 않는다. 우리는 우리가 원하는 곳이 어디인지 알고 있을 지도 모른다. 그러나 우리가 그곳에 이르기 위해 실제 어떤 단계를 밟아야 하는지 아는 사람은 거의 없을 것이다. 다리를 놓아가면서 다리를 건너가려면, 그리고 그 방법을 배우기 위해서는, 우리는 우리 자신을 믿어야만 한다. 근원적 변화는 광범위한 학습과정이라고 할 수 있다. 비전을 추구할 때, 우리는 자기 자신이 목표를 이루는 데 필요한 충분한 용기와 신념을 가지고 있음을 믿어야만 한다. 우리는 불확실의 공간을 뛰어넘어 과감하게 앞으로 전진해야 한다.

칼 웨이크(Karl Weick)는 제2차 세계대전 중에 알프스 산맥의 험난한 환경 속에서 작전을 수행하던 한 중대의 이야기를 들려주고 있다. 중대장은 주위 환경을 파악하기 위해 정찰대를 보냈다. 그런데 하루가 지나도 정찰대가 돌아오지 않았다. 길을 잃은 것은 아닌지 걱정이 되었다. 3일 후에 다행스럽게 정찰대가 돌아왔다. 그들은 짐작대로 길을 잃었었고 시간이 지날수록 점점 용기를 잃어가고 있었다. 그런데 대원 중 한 명이 자신의 배낭에 지도가 들어있는 것을 발견한 것이다. 그것은 거의 탈진하다시피 한 대원들에게 희망과 새로운 에너지를 불어넣었고, 분대장은 그 지도를 가지고 정찰대를 이끌고 무사히 귀대할 수 있었다. 이 이야기를 전해들은 중대장은 그 분대장을 자기 막사로 불러 그의 훌륭한 통솔력을 칭찬했는데 잠시 후에 중대장은 그 지도를 보았고 비로소 그 지도가 사실은 알프스 지도가 아니라 피레네 산맥의 지도인 것을 깨달았다.

웨이크는 이 이야기가 잘못된 지도를 통해서도 좋은 결과를 만들어 낼 수 있음을 나타낸다고 강조했다. 위의 예에서 지도는 희망과 에너지를 불러일으키는 하나의 상징이다. 그것은 분대장이 분대원들을 뭉칠 수 있도록 해주었고, 일치된 전략적 행동을 이끌어 낼 수 있게 해주었다. 분대가 다시 이동할 수 있게 된 사실만으로도 그들은 자신들이 가야 하는 곳에 대해 생각하고 그 길을 계산하기 시작하게 된 것이다. 물론 그들의 기본 가정들은 전혀 틀린 것이었지만, 이동하면서 계산하는 시행착오의 프로세스를 통해 그들은 결국 그들의 문제를 배우면서 문제를 해결한 것이다.

근원적 변화도 이와 비슷하게 작동된다. 우리가 일단 방향을 정하면, 우리는 조직을 정비하고, 장비를 갖추고, 동기를 부여하고 그리고 앞으로 나아가야 한다. 이 프로세스 속에서 우리는 새로운 지식과 정보를 얻게 되고, 더 많은 선택을 하면서 발전하고 성장하면서 앞으로 계속 나아갈 수 있다. 이 프로세스는 또한 다른 사람들에게 전달되어 그들에게 우리의 용기와 동기를 본받도록 만든다.

나는 가끔 간디(Gandhi)가 남아프리카에서 보낸 젊은 시절 이야기를 떠올리곤 한다. 당시 그는 비전을 세웠고 그것을 향해 나아갔다. 하루는 다른 나라에서 막 도착한 어느 젊은이가 간디에게 그의 일을 돕고 싶다는 말을 했다. 그가 "제가 도와드리겠다는 말이 놀랍지 않으십니까?"라고 묻자 간디는 "아니오."라고 답했다. 간디는 어떤 사람이 옳은 것을 찾아내어 그것을 추구하게 되면 그에 필요한 사람과 자원이 자연스럽게 나타나기 마련임을 강조했다.

불확실한 공간을 향해 여행을 시작할 수 있을 만큼 자신의 비전을 믿는 것, 그리고 그에 필요한 자원들이 자연히 나타날 것이라고 믿는 것은 대단히 어려운 일일 수도 있다. 그러나 우리가 우리의 비전을 추진할 수 있을 만큼 자신에 대한 충분한 신뢰와 믿음을 갖고 있다는 것이야말로 다른 사람들로 하여금 그 비전이 투자할 만한 가치가 있다는 것을 깨닫게 하는 열쇠이다. 우리의 메시지는 도덕적 성실성과 훌륭한 목적으로 가득 차 있어야 한다. 그러나 메시지를 전달하는 것은 우리의 말이 아니라 우리의 행동인 것도 명심해야 할 것이다.

우리가 가진 자원을 넘어서는 비전을 추구하는 것은 우리의 비전, 믿음, 그리고 도덕적 성실성에 대한 시험이다. 한 번은 프라할라드(C. K. Prahalad) 교수와 함께 42개 경영대학원 학장을 대상으로 전략적 계획에 대한 워크숍을 개최했었다. 학장들은 만만치 않은 청중들이었다. 그들은 우리의 '이론들'을 거의 들으려 하지 않고 자신들의 독자적인 전략적 계획을 수행하고 싶어 했다.

우리는 그들이 자신들의 전략적 계획을 준비하게 하고 몇 마디 피드백을 해주었다. 프라할라드는 많은 그룹들을 계속 관찰하면서 그 결과를 검토했다. 학장들은 자신들이 갖고 있는 자원들을 검토하고 목적을 분명히 한 다음 앞으로의 계획에 따라 자원을 분배했다.

프라할라드는 그들이 아무리 잘해도 평균정도 수준밖에는 안 될 것이라고 말했다. 왜냐하면 그들은 현재 보유하고 있는 자원으로 미래를 결정했기 때문이라는 게 그의 이유였다. 그들은 계획은 갖고 있지만 비전을 갖지 못했다는 것이다. 만약 비전이 있다면 그들은 현재 갖고 있는 자원 이상의 계획을 세울 수 있을 것이라는 설명을 덧붙였다.

그의 설명은 학장들을 격분시켰다. 그들은 강력하게 부인했다. 그들은 프라할라드가 제시하는 방법이 얼마나 비현실적인지를 지적했고, 비현실적 상황을 만드는 여러 가지 가정들을 덧붙였다. 프라할라드와 나는 잠시 그들의 이야기를 경청했다. 그런 다음 나는 그들에게 지난 10년간 변화를 추진해온 경영대학원의 이름을 말해보라고 했다. 그들은 몇 개의 학교를 거명했다. 우리는 그중 하나를 선택하여 그 학교의 초기 상태가 얼마나 형편없었는지를 분석했다. 또한 이 학교의 학장이 현재의 수준으로 변화시키기 위해 벌인 일들이 얼마나 생소하고 위험부담이 큰 것이었는지를 밝혔다. 차츰 비난의 목소리가 잦아들었고, 그들은 프라할라드의 말에 주의를 기울이기 시작했다.

아마 비슷한 상황을 접한다면 우리들 대부분도 이와 똑같은 반응을 보였을 것이다. 물론 확실한 세계(zone of certainity)에 머무는 것이 훨씬 쉽고 안전하다. 특히 우리가 점진적 죽음의 딜레마라는 고통 속에 빠져 있을 때는 더욱더 확실한 세계에 머물고 싶을지도 모른다. 그러나 도전은 우리가 근원적 변화를 시도할 때 생겨난다. 그리고 근원적 변화의 시도를 심각하게 고려하기 위해서는 극단의 절망과 좌절에 이르러야만 한다.

근원적 변화를 착수하고 새로운 미래를 맞이하는 것, 이를 위해 우리는 신념을 가지고 기꺼이 길을 잃어야 한다. 이런 신념이 끈기와 어우러질 때, 우리는 비로소 우리의 비전을 향한 다리를 만들어나갈 수 있을 것이다. 그리고 그 새로운 비전이 눈앞에 보이기 시작하는 때는 우리가 근원적 변화의 한 가운데를 지나고 있는 바로 그 순간이 될 것이다. 우리가 실제로 우리의 비전을 볼 수 있을 때, 우리는 비로소 그것을 이루려 기꺼이 노력할 것이다.

반성과 토론

🍃 변화를 향한 개인적 단계

1. 사람들은 불확실성으로 가득한 영웅의 여행을 다녀온 후 마치 모든 결과와 그곳에 이르는 단계를 알고 있는 것처럼 이야기하게 된다. 그러나 이 같은 설명은 실제로 일어난 것을 왜곡하는 것으로 이를 듣는 사람들이 합리적 계획모델에 지나치게 의존하도록 만들 수 있다. 영웅의 여행은 실제로 어떻게 전개되며 '다리를 놓아가면서 다리 건너기'가 의미하는 바가 무엇인지를 설명하라. 자신의 경험에서 있은 예를 통해 설명하라.

2. 잘못된 지도를 갖고 있으면서도 본대에 합류할 수 있었던 정찰부대의 이야기가 자신에게 의미하는 바는 무엇인가?

3. 이 책의 대부분은 변화를 추구하는 것과 관련된 것이다. 다음 주장이 시사하는 의미가 있다면 무엇이겠는가?

   불확실한 공간을 향해 여행을 시작할 수 있을 만큼 자신의 비전을 믿는 것, 그리고 그에 필요한 자원들이 자연히 나타날 것이라고 믿는 것은 대단히 어려운 일일 수도 있다. 그러나 우리가 우리의 비전을 추진할 수 있을 만큼 자신에 대한 충분한 신뢰와 믿음을 갖고 있다는 것이야말로 다른 사람들로 하여금 그 비전이 투자할 만한 가치가 있다는 것을 깨닫게 하는 열쇠이다. 우리의 메시지는 도덕적 성실성과 훌륭한 목적으로 가득 차 있어야 한다. 그러나 메시지를 전달하는 것은 우리의 말이 아니라 우리의 행동인 것도 명심해야 할 것이다.

4. 자신의 삶 가운데 '다리를 놓아 가면서 다리 건너기'에 해당하는 경험이 있다면 이를 설명하라.

🍃 변화를 향한 조직적 단계

1. '다리를 놓아 가면서 다리 건너기'는 조직이 불확실성 아래 어떤 일을 진행하는 중간에도 배울 수 있다는 것을 의미한다. 이 같은 과정이 실제 일어나는 것을 관찰한 적이 있는가? 왜 이 같은 일이 자주 일어나지 않는 걸까?

2. 자신이 속한 조직에서 조직원들이 9장에 소개된 경영대학원 학장들과 비슷하게 행동한 경우가 있었는가? 구체적으로 설명하라.

3. 자신이 속한 조직이 비전을 어떻게 모델화하면 문제를 해결할 수 있는지 설명하라.

4. 정찰대의 이야기에서처럼 커다란 조직 내 소그룹이 방향을 잃어버릴 수 있는가? 만약 그렇다면 리더가 문제해결을 위해 정찰대 이야기에서 얻을 수 있는 교훈은 무엇인가?

3부

조직의 변화

10. 왜 변화를 거부하는가

    조직은 집단들의 집합체(a coalition of coalitions)이다. 가령 초등학교라는 조직 안에는 학생, 교사, 행정직원, 이사회, 교육위원회, 시정부, 주정부, 연방정부, 납세자, 기타 단체들로 구성된 네트워크가 있다. 또한 이들 각각의 그룹은 좀 더 세부적인 집단으로 나뉘거나, 아니면 특정의 이해관계를 추구하기 위해 일시적으로 여러 개의 집단이 하나로 합쳐지기도 한다. 이렇게 구성된 전체 시스템은 변화와 발전(evolving and changing)을 끊임없이 계속한다.

    때때로 사물은 겉으로 보이는 것이 전부가 아닐 수도 있다. 조직은 대외적으로 공표되는 공식적인 목적을 갖기 마련이다. 이것은 조직이 발간한 공식적인 문서에 잘 나타난다. 가령 학교의 목적은 학생들을 교육하는 것이다. 제조업체의 목적은 품질 좋은 제품을 만들어 그것을 필요로 하는 사람들에게 공급하는 것이다. 병원의 목적은 환자들에게 품질 좋은 의료서비스를 제공하는 것이다. 그러나 이런 공개된 목적의 이면에는 종종 이와 상반되기도 하는 운영상의 목적(operative goals)이 있다.

운영상의 목적은 대개 해당 조직의 지배적 집단의 이해관계와 부합된다. 따라서 우리는 공립학교가 실상은 학생들의 편의를 위해서라기보다는 교직원 노조나 교육위원회의 이해관계가 우선시되어 계속 존속하는 경우를 흔히 볼 수 있다. 제조업체에서는 CEO의 개인적 이해관계가 우선하고 병원에서도 의사들의 이해관계가 우선시 된다.

흔히 고객은 왕인 것처럼 공공연하게 떠받들어지지만 사실은 그 조직에서 가장 영향력을 갖지 못하는 경우가 많다. 가령 학부모들은 견고한 보호막에 둘러싸인 공립학교의 관료주의적인 학교운영 시스템에 영향을 줄 수 있는 전문지식이나 시간, 기술적 능력이 부족하다. 고객들도 자신이 원하는 최상의 제품이나 서비스를 받는 데에 마찬가지의 어려움을 겪고 있으며, 환자들도 양질의 의료서비스를 얻어내는 데는 무기력할 수밖에 없는 경우가 많다.

집단과 변화를 위한 압력

몇 년 전 자기 기업을 극적으로 변화시킨 한 경영자가 미시간 대학교 경영대학원(University of Michigan Business School) 교수 모임에 연사로 초대된 적이 있다. 그는 경쟁이 치열해지고 있는 경영환경에 대해 설명하고 기업의 경쟁력을 유지하기 위해서는 혁신적인 조직개선이 끊임없이 이루어져야 한다고 강조했다. 자신을 포함한 경영진이 회사의 제품과 서비스의 질을 혁신적으로 개선시키기 위해 바친 희생과 그러한 노력을 통해 회사의 수익성을 크게 높일 수 있었다는 것을 피력했다.

그의 강연이 끝난 후 우리는 몇 개의 소그룹으로 나누어 그의 경험담을 우리 대학원에 적용시킬 수 있을지 토론했다. 내가 속한 그룹에서는 그의 강연내용이 적절하지 못하다는 쪽으로 의견이 모아졌다. 그는 기업의 경영자인데 반해 우리는 경영대학원을 운영해야 하는 입장이고, 그 차이는 대단히 큰 것이었다. 사실 우수한 경영대학원을 만드는 공식은 간단하다. 학장은 전 세계에서 가장 유능한 교수와 연구 인력을 고용하고 또 그들의 연구를 지원하기 위한 연구기금을 가급적 많이 모금하기만 하면 된다. 교수들과 연구원들은 이런 풍부한 재정지원을 기반으로 훌륭한 연구논문을 계속 발표한다. 결과적으로 학교는 명성을 얻게 되고 이는 다시 보다 좋은 인적자원과 보다 많은 연구기금을 끌어오도록 만드는 순환과정을 만들어낸다.

이런 공식은 매우 건전할 뿐만 아니라 신성한 것으로 인식되고 있었다. 그것은 심지어 궁극적인 진리로 여겨지기도 했다. 오직 이단자들만이 감히 여기에 의문을 제기하는 것으로, 누군가 여기에 의문을 갖는다면 그는 이단자이고 그의 말에 귀 기울일 일고의 가치도 없다는 것으로 여겨졌다. 다시 말하지만 그 논리는 건전하고 신성할 뿐 아니라 크리스 아지리스(Chris Argyris, 1976, 논문 p16)가 '셀프실링(Self-Sealing)'이라고 부른, 스스로 자기 결함을 메꾸어가는 성질의 것이었다. 다시 말해 그것은 결코 도전받을 수도, 논의될 수도, 혹은 시험될 수도 없는 그런 성질의 것이었다.

모든 조직 안에는 그 조직을 실질적으로 지배하는 집단이 있기 마련이고 이 집단은 신성불가침의 셀프실링 모델(self-sealing model)을 갖고 있다. 그 모델은 지배집단의 현재의 행동을 정당화시키고 있기 때문에 일반적인 믿음의 양식 중에서도 가장 신성불가침한 것을 대표한다고 말할 수 있다. 결과적으로 그것은 현재의 균형 상태를 정당화시키고, 변혁을 위한 노력보다는 점진적 변화에 안주하도록 우리를 제한한다.

타의적 변화

　몇 년 전 『비즈니스 위크(Business Week)』는 경영대학원들을 평가하는 새로운 접근방법을 도입했다. 그것은 경영대학원을 고객의 시각에서 평가하겠다는 것이었다. 잡지사는 이를 위해 최근에 경영대학원 과정을 마친 졸업생들과 기업의 채용담당자들을 대상으로 여론조사를 실시했다. 그 조사는 대학원의 학문적 연구 성과를 측정하는 기존의 것과는 전혀 다른 것이었다. 잡지사가 중요하게 생각한 것은 경영대학원의 '교육의 질'과 취업대상자로서의 '졸업생의 자질'이었다.

　조사결과는 매우 놀라웠다. 지금까지 명문대학으로 알려졌던 상위(top) 학교들의 순위가 완전히 바뀌었던 것이다. 이들 중 몇몇 학교는 심지어 상위 20위에도 들지 못했고, 오히려 잘 알려지지 않은 몇몇 학교가 놀랍게도 상위에 랭크되었다.

　발표가 있은 다음 얼마 지나지 않아 나는 20위권 밖으로 밀려난 한 '명문대학' 학장을 만난 적이 있다. 그는 그 발표 이후 엄청난 곤경에 빠졌다고 하소연을 했다. 총장으로부터 답변하기 어려운 질책이 쏟아졌고, 기부금 중단통지가 밀려들었으며, 학생들의 격분도 만만치 않다고 했다. 그 학장은 잡지사의 여론조사는 정당치 못했으며 그 방법론도 잘못된 것이라고 비난했다. 몇 개월 후 그는 사직했다.

　『비즈니스 위크』의 조사결과는 미시간 경영대학원의 학과장 모임에서도 논의되었다. 미시간의 순위는 6위였다. 기업의 채용담당자들은 우리에게 후한 점수를 주었지만 정작 우리 학교 졸업생들의 평가에서 점수를 잃었던 것이다. 회의가 계속되는 동안 누군가가 학생들이 정말로 원하는 것은 단지 직장에 취직하는 것이므로 능력이 뛰어난 취업담당자를 고용해야 한다는 주장을 폈다. 다른 몇몇 학과장들도 그 의견에 공감을 표했다.

그러나 나는 다른 견해를 제시했다. 졸업생들의 부정적인 평가에는 보다 깊은 불만이 내재되어 있음을 피력했다. "그들은 학교가 학생들을 위한 학습공동체(learning community)가 되지 못한 것에 반발하고 있는 것이다. 그들은 학교를 공장으로 그리고 자신들을 생산라인의 한 부품으로 느끼고 있다. 그들은 학교라는 조직 내에서 자신들은 필요악(necessary evil)과 같은 존재일 뿐이라고 느끼고 있다. 그들은 자기들의 등록금이 단지 교수들(가장 큰 영향력 집단)의 연구와 저술활동을 위해 필요한, 그것도 교수 개인의 영예와 보상을 위한 활동을 위해 필요한 자금원으로 쓰이고 있다고 느끼고 있다. 근본적으로 학생들은 존중의 대상이 아니라 귀찮은 존재로 전략해버린 것이다. 교수집단을 위한 운영상의 목적이 은연중에 교수들로 하여금 학생들에게 되도록이면 적은 시간을 할애하게 하는 결과를 낳은 것이다."

나는 계속해서 나의 논지를 펴나갔다. "사람들은 타인들이 자신에 대해 어떤 감정을 갖고 있는지 쉽게 알아차리는 법이다. 당연히 받아야 할 대우를 못 받았을 때 사람이 화가 나는 것은 당연하다. 학생들이 요구하는 것은 학교시스템의 근본적인 변화이다. 그들은 근원적 변화를 원하고 있다. 그들은 자신들이 생산라인의 부품이 아니라 교육공동체(educational community)의 학생으로 대접받고 싶은 것이다. 그들은 그들의 요구에 부합되는 시스템을 원하고 있다. 그들은 우리들에게 학교시스템의 근원적 변화를 요구하고 있다."

잠시 침묵이 흘렀다. 그러나 회의는 다시 졸업생 취업알선 부서에 유능한 담당자를 고용하는 문제로 돌아갔다. 한 시스템이 근원적 변화를 시도해야 하는 도전에 직면하게 되면 각 개인들은 대개의 경우 다른 시나리오를 만들어 문제를 회피한다. 그것은 대개 안이한 임시방편의 시나리오일 뿐이다. 그리고 그것이야말로 점진적 죽음의 길 위에 일찍 접어드는 것을 의미한다.

2년 후에 『비즈니스 위크』는 다시 똑같은 여론조사를 했다. 미시간은 6위에서 7위로 떨어졌다. 겉으로 보면 한 단계 정도의 하락은 큰 변화도 아니니까 문제가 되지 않을 수도 있다. 그러나 조사 결과에는 무시할 수 없는 중요한 변화가 한 가지 있었다. 지난번 조사에서 예상외로 형편없이 낮은 점수를 받았던 한 학교가 근원적 변화를 위한 노력에 과감한 투자를 함으로써 이번 조사에서는 1위에 랭크된 것이다.

미시간 경영대학원은 도전에 직면했다. 앞으로 2년 동안 다른 열 개의 학교들이 그들의 교육과정에 근원적 변화를 감행하기로 결정한다면 어떻게 될까? 이것은 우리 학교로서는 어려운 질문이었다. 만약 우리의 교육과정에 대등한 정도의 변화를 감행하지 못한다면 우리는 랭킹이 더욱 크게 떨어지는 위험을 감수해야 할 것이다. 그리고 그 충격은 대단히 클 것이다.

다른 경영대학원들도 그러했겠지만, 미시간 경영대학원은 학교의 근간이 흔들리는 위기상황에 직면하게 되었다. 이러한 위기의식은 우리로 하여금 근원적 변화를 감행해야만 한다는 결단을 내리게 했다.

그 결과 교과과정(curriculum)과 그밖에 교육과정과 관련된 모든 사항들이 재조율되었다. 교수들은 그동안 누렸던 자유시간의 많은 부분을 포기해야 했고 시간활용 방법도 바꿔야 했다. 그것은 엄청난 스트레스가 따르는 작업이었다. 실험적인 프로세스와 프로그램들이 만들어졌다. 불확실한 결과를 담보로 한 전략들, 그리고 이것들이 주는 중압감 속에서 어려운 결정들이 이루어져야 했다. 이 과정에서 수시로 치열한 논쟁이 벌어졌다. 우리는 거의 매일 회의에 참석하는 것처럼 느껴졌다. 교수들은 비록 불가능한 것은 아닐지라도, 자신들의 책임을 완수한다는 것이 얼마나 어려운 일인지를 깨닫게 되었다. 치열한 논쟁이 벌어졌던 어느 회의에서 누군가 나에게 종이쪽지를 건넸다. 거기에는 "변화가 모든 것을 삼켜버리는군(Change sucks)!"이라고 적혀 있었다. 그의 좌절감을 표현하고 있는 이 짧은 문장은 하나의 중요한 포인트를 담고 있다. 무엇인가? 시스템 전체의 완벽한 근원적 변화는 모든 사람의 희생과 고통을 의미한다는 사실이다. 근원적 변화는 또한 실제로 전쟁에 참가하는 것을 의미한다. 그것은 결코 즐거운 일은 아니다.

어쨌든 우리가 실시한 많은 실험들은 성공의 열매를 보이기 시작했고, 우리는 우리의 지난 노력들이 자랑스럽게 느껴졌다. 긍정적인 결과를 지켜보면서 우리는 개인적 성취감과 더불어 학교에 대한 자부심도 느끼게 되었다. 우리는 자연스럽게 잡지사의 다음번 조사결과는 매우 만족스러울 것이라고 기대했으며 실제로 우리의 위대한 노력은 결실을 맺었다. 지난번의 7위에서 5위로 두 계단이 상승된 것이다. 물론 한 잡지의 여론조사에서 순위가 올랐다는 사실이 우리가 그동안 들인 노력의 보상으로는 대단치 않은 것으로 보일 수도 있다. 그러나 우리의 노력과 그 결과로 인해 중요한 변화가 벌어진 것이다. 두 번째 조사 이후 변화를 추진하지 않았던 많은 상위권 학교들이 이제 변화를 추진하지 않음으로써 직면하게 될 위험을 인식하게 된 것이다. 과거 경영대학원의 명성을 결정해온 신성불가침의 공식, 그 규칙이 완전히 바뀐 것이다.

주체적 변화

다시 말하지만 조직은 집단들의 집합체이다. 조직 내에서 지배적 영향력을 지닌 집단은 대개 근원적 변화를 감행하는 것에 관심이 없다. 그렇기 때문에 근원적 변화는 항상 그런 것은 아니지만 대개 타의적으로 추진되는 경우가 많다. 미래에도 뛰어난 경영대학원이 되기 위해서는 뛰어난 교수나 연구원의 확보가 여전히 중요한 과제가 될 것이다.

그러나 다른 요소들의 요구를 충족시켜야 하는 것 또한 중요한 과제가 될 것이다. 이것은 경영대학원들이 지금보다 더욱 광범위한 그리고 때로는 서로 상충될 수도 있는 다양한 요구들을 충족시켜야 함을 의미한다. 생존을 위한 경쟁과 동기부여는 더욱 치열해 질 것이다.

대학교를 비판하는 사람들은 앞에 논술된 이야기에 동감할 것이고 교수들의 행태에 비난의 손가락질을 보낼 것이다. 나 또한 의사나 변호사, 정치가, 사업가 등 다른 사람들에 대한 비평기사를 읽을 때면 비슷한 감정을 느끼곤 한다. 그러나 다른 사람에게 손가락질한다는 것은 누워 침 뱉기와 다를 바 없다. 왜 그런가? 경영대학원들의 이야기나 처음에 소개한 그 성공적인 기업경영자가 우리 대학의 교수모임에서 했던 이야기나 서로 다를 게 없기 때문이다. 또한 병원 관리자나, 공무원 또는 자원단체 지도자들이 하는 이야기도 대부분 대동소이한 이야기들이다. 이들 각자가 자신의 경험담만큼은 분명히 남의 것과는 다른 독특한 것이라고 여기겠지만, 근본적으로는 그 모든 것들이 더욱 치열해지고 험악해지는 경쟁 환경 속에서 생존하기 위한 이야기를 담고 있다. 우리 모두는 결국 근원적 변화를 감행할 것인가 아니면 점진적 죽음을 택할 것인가 그 진퇴양난의 딜레마에 직면해 있는 것이다.

반성과 토론

🍃 변화를 향한 개인적 단계

1. 조직을 지배하는 모임이 있을 때 나타나는 상황을 설명하라.
2. 조직을 지배하는 모임에 영향력을 행사하기 위한 전략을 설명하라.
3. 10장에 소개된 경영대학원의 이야기를 토대로 자신의 삶에서 발생한 문제를 해결하기 위한 전략을 소개하라.

🍃 변화를 향한 조직적 단계

1. 자신이 속한 조직에 주요 모임으로는 무엇이 있는가?
2. 자신이 속한 조직을 지배하는 모임이 무엇인지를 파악하고 조직이 이 모임의 이익을 위해 운영되는 예를 들어보라.
3. 자신이 속한 조직을 지배하는 모임의 이익을 위해 존중되는 논리가 있다면 무엇인가?

11. 문제의 근원을 찾아라

다운사이징(downsizing)에 직면하게 된 어느 회사에 대한 이야기이다. CEO는 다운사이징과 더불어 회사의 시스템에서 불필요한 업무도 없애야겠다고 생각했다. 그는 회사의 시스템에서 불필요한 업무를 제거하는 계획이 동반되지 않고서는 다운사이징은 남은 인력의 혹사를 초래하게 된다고 주장했다.

다운사이징 프로세스가 시작되면서 CEO는 직원들에게 자기의 의사를 분명히 밝혔다. 그는 불필요한 많은 업무들이 정리될 것임을 강조했다. 법적으로 어쩔 수 없는 업무, 윤리적 차원에서 필요한 업무, 또는 회사의 생존을 위해 절대적으로 필요한 업무 외에는 모든 업무들이 폐지되거나 단축될 것이라고 밝혔다.

직원들도 CEO의 의견을 수용했다. 모든 임직원들이 회사 시스템의 번거로운 업무절차들과 잡무들을 제거해야 한다는 사실에 동감했다.

그러나 이런 의견일치에도 일 년이 지나도록 없어진 업무는 별로 많지 않았다. 게다가 모든 사람들이 업무량이 오히려 늘었다고 이구동성으로 불평했다. 이유는 무엇일까?

암묵적 규범이 미치는 영향

조직문화(organizational culture)는 인위적으로 설계되지 않는다. 그것은 자연적으로 형성된다. 어떤 시점에서 조직문화는 특정의 바람직한 결과를 촉진하기도 하고 다른 행동을 억압하기도 한다. 앞의 예에서 CEO는 직원들에게 회사 시스템 내의 불필요한 업무를 없앨 것을 독려했다. 그는 공식적으로 회사에서 가장 강력한 권위를 지닌 CEO였고, 그의 전략은 적절한 것이었다. 모든 직원들이 그의 지시가 현명하고 바람직하다는 데에 동의했다. 그럼에도 일 년이 지난 후에 직원들은 오히려 더 많은 업무를 떠안고 있었다. CEO의 권위와 훌륭한 전략에도 변화가 일어나지 않은 것이다.

조직문화는 조엘 해리스(Joel Chandler Harris)가 말한 타르 베이비(Tar Baby, 진퇴양난의 상황)처럼 되는 경향을 보이기 쉽다. 조직문화는 유연성을 갖고 있긴 하지만, 접착성이 대단히 강해 한 번 뿌리내리면 좀처럼 바꾸기 어렵다. 겉으로 보기에는 분명히 합리적인 전략이라 해도 그것이 조직을 지배하고 있는 조직문화라고 하는 암묵적 규칙과 대립하게 되면 변화는 제대로 진행되지 못한다. 앞의 예에서도 조직 내 암묵적 규칙(organization's implicit governing rules)이 CEO의 명시적인 지시(explicit directive)를 압도한 것이다. 결국 시스템으로부터 불필요한 업무를 제거하는 데에는 보다 더 근원적인 차원의 변화가 필요했던 것이고, 그러한 근원적 변화는 CEO의 일방적 지시만으로는 불가능한 것이었다.

문제는 우리 내부에 있다

로버트 피어시그(Robert Pirsig)는 자기의 저서 『선(禪)과 모터사이클 정비의 예술(Zen and the Art of Motorcycle Maintenance)』에서 계급조직(hierarchy)의 개념을 언급하고 있다. 그는 계급조직의 구성요소들은 구성요소로서의 목적과 의미를 잃어버린 경우에도 구성요소로서 남아 있으려는 경향이 있음을 지적했다. 그 결과 많은 사람들은 자신의 삶을 무의미한 일을 하는 데 소진시킨다. 이것은 그 사람이 잘못되었기 때문이 아니라 시스템이 더 이상 생산적인 방향으로 작동하지 않기 때문이다. 문제는 그 잘못된 시스템이 가공할 위력을 지녔다는 것이라고 피어시그는 강조했다. 그리고 대부분의 사람들이 그 시스템을 변화시키는 데 책임을 지려 하지 않는 것이 문제라고 주장하고 있다.

실제의 문제가 어디에 존재하는가? 피어시그는 이렇게 통찰하고 있다.

> 그것이 시스템이라는 이유 때문에, 기존의 공장을 폐쇄한다거나, 관리체제에 대항하여 분규를 일으킨다거나, 또는 오토바이의 수리를 거부한다거나 하는 것들은 모두 원인이 아닌 결과만을 공격하는 셈이다. 결과만을 공격한다면 변화는 불가능하다. 진정한 시스템, 실재의 시스템은 바로 지금 우리 안에 있는 체계적 사고의 구조(construction of systematic thought), 이성(rationality), 그 자체이다. 공장이 폐쇄되었다 해도, 그 공장을 세우도록 한 우리의 이성이 여전히 그대로 있다면 언젠가는 그 이성이 또 하나의 다른 공장을 세울 것이다. 만약 혁명이 일어나 어떤 체제의 정부를 무너뜨린다 해도, 그런 정부를 만들어낸 사고체계의 원형이 그대로 남아 있다면, 그러한 사고체계가 다시 똑 같은 정부를 만들어낼 것이다. 시스템에 대한 논의는 수없이 많다. 그러나 제대로 이해하고 있는 사례는 찾기 힘들다.(p88)

문제는 '저 밖에 있는' 것이 아니라 우리 개개인의 내부에 있다. 우리가 불평하고 있는 그 '외부시스템(external system)'은 사실은 우리 개개인의 내부에 존재하고 있다. 계급조직이라는 개념은 바로 우리의 사고가 만들어낸 산물이다. 이성적 존재로서, 그리고 조직 시스템의 중요한 구성요소로서, 우리의 일상적 행위들이 기존 시스템의 구조를 계속해서 유지하고 전파시키고 있는 것이다.

우리는 오랜 조직생활을 통해서 어떻게 하면 일을 관례화하고 통제할 수 있는지, 그리고 어떻게 하면 계급조직의 균형을 유지할 수 있는지를 배워왔다. 우리는 계급조직의 문화를 창출하는 기술을 습득하긴 했지만, 이미 유용성을 잃어버린 낡은 조직구조를 바꾸는 기술은 전혀 습득하질 못했다. 최근 조직에 대한 많은 이론들이 비계층적 접근(nonhierarchical approaches)을 주창하고 있지만, 우리 안에 존재하는 '인식의 지도(cognitive maps)'는 여전히 낡은 조직문화를 유지하는 쪽으로 우리를 유도하고 있다.

한 번 조직구조를 지지하게 되면, 우리는 그것의 유지에 얽매이게 된다. 결국 우리는 변화라는 근본적인 해결책을 외면한 채 겉으로 드러난 문제에만 더욱 몰입하게 되는 것이다. 좋은 예가 있다. 『포천(Fortune)』이 선정한 500대 기업 중의 하나이기도 한 어느 회사가 자기 회사를 비난하는 사람들의 '뒷조사(go after)'를 위해 회사의 막강한 정치적 영향력을 행사하고 있다는 악성루머에 시달리고 있었다. 그 회사의 직원 한 사람이 마침 우리 대학원 야간반에 다니고 있었는데, 얼마 지나지 않아서, 그가 담당교수에게 흥미로운 이야기를 털어놓았다. 교수들 중에서 자기 회사에 대해 안 좋게 비평하는 사람이 있으면 이를 바로 보고하라는 지시를 받았다는 것이었다. 보고를 받게 되면 그 회사는 즉각적인 조치를 취할 작정이었다는 것이다.

나는 여기에서 흥미로운 사실을 발견했다. 외부환경이 강력하게 조직의 변화를 요구하고 있는 상황 속에서도 그 회사가 외부의 비난을 감시하는 것에 에너지나 자원을 투자할 수 있다는 사실이다. 그런 에너지의 낭비는 어리석은 일임에도, 실은 우리 대부분이 개인차원에서 벌이는 일들도 이것과 크게 다를 것이 없다. 우리는 변화가 필요하다는 외부의 비평에 귀 기울이기보다는 우리의 권위를 이용하여 오히려 그것을 차단하고 있다.

왜 변화가 이루어지지 않을까?

그런데 상황이 너무나 악화되어 더 이상 변화를 요구하는 목소리를 단속하거나 무시할 수 없게 된다면, 무슨 일이 벌어질 것인가? 그제야 변화를 지시한다 해도 소용없다. 왜일까? 낡은 시스템의 파괴에 대한 피어시그의 글을 통해 우리는 하나의 이유를 찾을 수 있다. 그것은 우리 내부에 있는 '무의식의 지도(unconscious map)'와 관련이 있다. 사실 우리는 모든 계급조직을 뜯어 없앨 수 있다. 그러나 그 계급조직은 다시 나타나게 될 것이다. 왜냐하면 우리가 겉으로는 무어라 말하든지 간에 실제 행동은 우리의 낡은 지도를 따르기 때문이다.

기업도 마찬가지이다. 다운사이징의 예를 살펴보기로 하자. 어떤 회사가 직원의 4분의 1을 감원했다고 하자. 초기에는 적자가 줄어들거나 이익이 늘어나는 것처럼 보일 수 있다. 그러나 시간이 지나면서 과거의 똑같은 문제들이 다시 나타나고 또다시 감원이 이루어진다. 얼마 지나지 않아 조직의 시스템은 시대에 뒤떨어지게 되고 결국 조직은 사라지게 될 것이다. 왜일까? 문제의 근원인 그 낡은 지도(무의식의 지도)가 남아있는 사람들의 행동양식을 여전히 지배하고 있기 때문이다. 과거의 관행과 규칙이 여전히 남아있기 때문이다. 인원을 줄였지만, 부적절한 전략 계획이 여전히 적용되고 있고 판매나 자금조달 등도 여전히 잘못된 관행을 따르고 있다. 계급조직에 대한 피어시그의 설명처럼 최초의 관행(행동양식)이 우리 인식의 지도에 남아있고, 우리는 계속해서 그것을 사용하는 것이다.

예를 들면, 설사 다운사이징을 실시한다 해도, 실시 후에 남아있는 직원들은 이전의 업무관행으로 회귀하는 것이 보통이다. 물론 조직 내 어떤 시스템의 경우 단순히 감원만으로도 충분한 경우가 있을 수 있다. 그러나 조직의 모든 부분에 공통적으로 필요한 것은 보다 민감한 반응능력이다. 지금처럼 급변하는 환경 속에서 조직의 근본적인 구조를 형성하고 있는 조직문화가 변하지 않는다면, 다운사이징은 단기적인 임시방편에 불과할 뿐이다. 그것은 실재의 문제(real problem)를 다루는 것이 아니다. 실재의 문제는 계속해서 자기를 복제할 것이다.

앞의 예에서 CEO가 시스템의 불필요한 업무를 없애도록 지시한 것은 분명히 옳은 것이었다. 그러나 그는 회사를 변화시키는 데 실패했다. 그의 지시에도 조직을 지배하고 있는 관행과 규칙은 영향을 받지 않았기 때문이다. 근원적 변화는 문제를 인식하는 것 이상을 요구하고, 실제 행동으로 옮길 것을 요구한다. 그것은 문제 너머에 있는 것을 보고, 말썽의 실제 근본원인을 찾을 것을 요구한다. 실재의 문제는 종종 우리가 도저히 있을 것으로 생각하기 어려운 자기 자신의 내부에 존재한다. 근원적 변화는 조직문화 이면에 있는 이념의 가치평가를 요구한다. 이런 프로세스는 오직 누군가가 아무도 인정하거나 맞부딪치려 하지 않는 문제들을 과감히 밝히고자 하는 용기를 실행에 옮길 때만이 가능하다. 누군가 진정으로 신념을 가진, 용기를 지닌 사람이 있어야 한다는 것이다. 문화의 변화는 개인의 변화와 함께 시작된다. 자신의 무의식 속에 있는 지도를 변화시킬 때 우리는 비로소 변화의 추진자가 된다. 이런 일련의 프로세스는 궁극적으로 조직의 성공적인 변화에 앞서 우리자신의 힘을 되찾게 할 것이고 자기 자신의 조율과 임파워먼트를 가져다 줄 것이다.

반성과 토론

🌿 변화를 향한 개인적 단계

1. 피어시그의 인용문을 잠시 되새겨본 후 자신의 삶에서 적용 가능한 경우를 설명하라.

2. 자신이 변화의 필요성을 수긍하지 않고 계속되는 비난을 외면한 경우가 있는가?

3. '문화의 변화는 개인의 변화로부터 시작된다.'는 말이 의미하는 바를 구체적으로 설명하라.

🌿 변화를 향한 조직적 단계

1. 자신이 속한 조직에서 본문에 소개된 대대적 다운사이징을 추진한 사장의 예와 비슷한 경우가 있었으면 이를 설명하라.

2. "조직문화(organizational culture)는 인위적으로 설계되지 않는다. 그것은 자연적으로 형성된다. 어떤 시점에서 조직문화는 특정의 바람직한 결과를 촉진하기도 하고 다른 행동을 억압하기도 한다. 앞의 예에서 CEO는 직원들에게 회사 시스템내의 불필요한 업무를 없앨 것을 독려했다. 그는 공식적으로 회사에서 가장 강력한 권위를 지닌 CEO였고, 그의 전략은 적절한 것이었다. 모든 직원들이 그의 지시가 현명하고 바람직하다는 데에 동의했다. 그럼에도 일 년이 지난 후에 직원들은 오히려 더 많은 업무를 떠안고 있었다. CEO의 권위와 훌륭한 전략에도 변화가 일어나지 않은 것이다."
이 이야기를 듣고 자신이 속한 조직에서 각종 제도적 비제도적 규칙들이 어떻게 변화를 가로막고 있는지 설명하라.

3. "우리는 오랜 조직생활을 통해서 어떻게 하면 일을 관례화하고 통제할 수 있는지, 그리고 어떻게 하면 계급조직의 균형을 유지할 수 있는지를 배워왔다. 우리는 계급조직의 문화를 창출하는 기술을 습득하긴 했지만, 이미 유용성을 잃어버린 낡은 조직구조를 바꾸는 기술은 전혀 습득하질 못했다."
이 글이 의미하는 바를 설명하라.

4. "설사 다운사이징을 실시한다 해도, 실시 후에 남아있는 직원들은 이전의 업무관행으로 회귀하는 것이 보통이다." 자신이 속한 조직문화를 지배하고 있는 문제를 설명하라. 이 같은 문제를 해결하기 위해서는 어떤 조치가 필요하다고 생각하는가?

5. '질문 4'에 대한 자신의 답변은 자신에 대한 내용도 포함되고 있는가? 자신이 변화를 줄 수 있는 능력이 없는 사람으로 가정돼 있는가? 만약 그렇다면 자신이 영향력을 발휘할 수 있는 상황일 때 '질문 4'의 답변은 어떻게 바뀌겠는가?

12. 성공의 경험이 실패를 만들 수 있다

한 번은 어느 대기업에 근무하는 사람과 인터뷰를 했었다. 그는 자신이 처했던 문제와 그가 이룬 개인적 차원의 변혁에 대해 이야기해주었다. 그는 5년의 공과대학 과정을 4년 만에 졸업하고 엔지니어로서 지금의 직장에 곧바로 취직했다. 기술적 수행능력이 뛰어나고, 창의적이고, 실천지향의 적극적인 행동을 보여줌으로써 남들보다 빠르게 승진가도를 달렸다. 그러나 그는 지난번의 승진이후 여러 해를 힘들게 보내야 했다. 처음으로 그는 조직으로부터 심각하게 부정적인 평가를 받았다. 그의 아이디어와 제안들은 계속 거부됐고 승진에서도 누락되었다. 자신의 과거를 회상하면서 그는 다음과 같이 말했다.

도저히 이해할 수 없었다. 모든 것이 항상 변하고 있었음에도 결코 아무 일도 일어나지 않을 것처럼 보였다. 상사들은 언제나 빈둥거리며 떠들어댔다. 기술적으로 무엇이 바른 대답인가는 대수롭게 생각하질 않고 있었다. 내 생각에 그들은 항상 잘못된 결정을 내리고 있었다. 옳은 것을 주장하면 그들은 화를 내고 나의 말을 무시했다. 모든 것들이 갑자기 정치적이 되었다. 그들은 모든 일에서 다른 사람들이 어떻게 생각할지만을 걱정할 뿐이었다. 가령 자신이 칵테일파티에서 어떻게 보였는지 하는 것들에나 신경을 쓰고 있었다. 그런 것들이 내게는 정말이지 쓸데없는 짓거리들이었다.

이 사람은 바로 전형적인 경력 문제(career problem)에 직면했던 것이다. 고위 관리직으로 올라서면서부터 그는 자신의 기술적 모델이나 날카로운 전략들이 더 이상 통용되지 않는다는 것을 알았다. 오히려 이제는 개인적 친분관계 형성이나 정치적인 관계형성이 요구되었지만 그러한 것들은 그가 지금까지 옳다고 믿어온 모든 것과 상반된 것들이었다. 지금까지 그를 조정해온 인식의 지도가 그를 곤경에 빠뜨린 것이다. 그러다가 중대한 한 가지 사건이 일어났다. 자아를 찾는 과정에서 발생하는 중대한 사건들이 대부분 그렇듯이, 이 사건도 제삼자의 눈으로 보면 우스운 일일지도 모른다.

그에게는 상사로부터 자주 칭찬을 듣는 부하직원이 있었다. 상사는 자신이 아무리 일찍 출근을 하더라도 그 사람의 차가 이미 주차돼 있다고 늘 칭찬을 했다.

그는 상사로부터 유독 칭찬을 듣고 있는 그 부하직원의 사무실을 찾아갔다. 왜 그렇게 일찍 출근을 하느냐 묻자 그가 설명해주었다. "집에는 10대의 아이가 4명이 있는데 새벽부터 신문배달이니, 운동이니 하면서 법석을 떱니다. 우리 집 아침은 한마디로 난리가 아니죠. 그래서 아예 그것을 피해 아침 일찍 출근해버립니다. 출근해서는 업무시간이 될 때까지 책을 읽는다든지, 일기를 쓴다든지, 아니면 신문을 봅니다.

그리고 8시가 되면 그때부터 업무를 시작하는 거죠."

그는 부하직원의 사무실을 나오면서 자기 상사가 실제로는 조직에 대한 충성심과는 전혀 상관없는 행동을 보고 그 부하직원을 높이 평가했다는 것이 어이가 없었다. 그러나 잠시 후에 그는 웃기 시작했다. 인간의 인식(perception)과 현실(reality) 사이의 차이를 생각하니 웃음이 절로 나왔다. 그는 후에 "그 순간이 바로 내가 인식이라는 것을 발견하게 된 시점이었습니다. 그 이후 모든 것이 변하기 시작했죠."라고 말했다. 결국 그는 조직의 높은 단계 내에서는 좀 더 복잡한 방법을 통해 생각하고 행동해야 한다는 필요성을 인정하게 되었다. 그는 자기가 겪은 깨달음을 다음과 같이 적고 있다.

> 나는 악몽 같은 세월을 보냈다. 내 자신의 능력이 한계에 도달한 것이 아닌가도 생각했다. 그러나 포기하지 않았다. 결국 좌절과 고통은 나에게 다양한 관점을 고려할 수 있도록 만들어주었고, 결과적으로 긍정적인 작용을 한 셈이 되었다. 나는 기술적인 진실 외에도 다른 진실들이 존재한다는 것을 배우게 되었다.
>
> 나는 인식에 대한 새로운 개념과 긴 시간의 선들을 발견했다. 조직의 높은 단계에서 중요한 것은 사람들이 세상을 보는 방식이다. 그곳의 사람들은 세상을 조금씩 다르게 보고 있다. 기술적인 진실들은 유용하지 않으며 크게 중요하지도 않다. 그곳에서는 모든 것들이 더욱 빠르게 변화한다. 더 이상 외부 세계로부터 보호받을 수 없다. 모든 것이 복잡하고 사람들을 동참하게 하는 데 더 많은 시간이 걸린다. 나는 조금 더 깊이 관찰하고 좀 더 참기로 했다. 그것은 대단한 자기 조정 작업이었다. 그리고 모든 것들이 변하기 시작했다. 나는 이제 훨씬 성숙된 관리자가 되었다.

이 사람은 전형적인 개인적 변혁을 겪은 것이다. 새로운 관점을 갖는 순간부터 모든 것들이 다른 의미를 갖게 되었다. 자기 자신과 자신이 속한 세계를 보는 시각을 완전히 바꾼 것이다. 그것은 바로 근원적 변화였다.

역할과 패러다임

앞의 사례에서처럼 많은 사람들이 조직의 일원이 되면 실무자(individual contributor)로서 성공을 향해 자기 노력을 한다. 만약에 그것이 성공적일 경우 우리는 관리자의 위치까지 오를 수 있다. 이런 변화를 만들어가는 동안에, 우리는 종종 자신의 세계관과 자신의 패러다임을 변화시킬 것을 요구받게 된다. 나는 이것을 기술적 수행능력의 패러다임(technical competence paradigm)에서 정치적 타협의 패러다임(political transaction paradigm)으로의 전환이라고 부른다.

실무자와 기술적 수행능력의 패러다임

기술적 수행능력의 패러다임은 '표_조직생활의 두 가지 패러다임' 두 번째 줄에 잘 소개되어 있다. 이 표는 조직생활의 세 가지 기본 패러다임 중에서 두 가지를 설명하고 있다. (세 번째 패러다임은 제14장에서 설명하겠다.) 기술적 수행능력의 패러다임에 대한 제일 전제조건은 개인의 생존이다. 그렇다고 이것이 자신의 성공을 위해 다른 사람은 신경 쓸 필요가 없다는 것을 뜻하는 것은 아니다. 그것은 다만 궁극적으로 자기 자신은 자신이 돌봐야 한다는 것이며, 기본적으로 모든 의사결정은 이 전제조건에 따라 이루어진다는 의미이다. 이러한 제일 전제조건은 암묵적이지만 개인의 행동을 결정짓는 강력한 추진력을 갖고 있다.

실무자는 대개 조직의 본질을 기술적 생산 시스템으로 이해한다. 그

표 _ 조직생활의 두 가지 패러다임

	실무자-기술의 패러다임	관리자-타협의 패러다임
제일목적	개인의 생존	개인의 생존
조직의 본질	기술적 시스템	정치적 시스템
힘의 원천	기술적 수행능력	효과적인 교류
권위에 대한 근본생각	냉소적	조직상의 직급
선택된 소수에 대한 생각	합리적 대응	절충
계획에 대한 근본생각	합리적-전술적	합리적-전략적
의사소통 패턴	사실적	개념적
전략의 복잡성	단순	복잡
행동 패턴	관습적	관습적
이해의 용이성	용이	용이
패러다임의 원천	전문교육	관리적 차원의 인적교류

에게 힘의 궁극적 원천은 일을 정확히 수행할 수 있는 업무 수행능력이다. 개인의 신뢰성은 회계 원리와 같은 전문지식의 습득여부 또는 매출액과 같은 측정 가능한 목표의 달성여부 등에 달려있다.

실무자들은 경영관리에 대해 냉소적인 경우도 있다. 그들은 관리자들이 종종 발전을 막는 관료주의자들이라고 생각한다. 그들은 관리자들을 설득시키기 위해 논리적 대응, 사실(facts)의 제시, 그리고 그밖에 단순한 전략 등에 의존하는 경향이 있다. 결국 그들의 냉소주의는 더욱 커진다. 그러나 이런 방식으로는 변화를 이끌어내지 못하고 좌절감은 더욱 커지게 된다. 조직의 정치적 성향은 실무자들에게는 대단히 견디기 어려운 일이다.

실무자는 종종 논리적이고 전술적인 계획을 수립한다. 해당직종과 관련된 기술적 기준은 틀에 박힌 행동양식을 강조하게 된다. 이러한 기술적 수행능력의 패러다임은 전형적으로 전문교육(professional training)을 받는 동안 형성되며, 대개 입사초기에 받게 되는 기술교육을 받으면서 강화된다.

관리자와 정치적 타협의 패러다임

앞의 사례에서 얘기했던 엔지니어를 다시 생각해보자. 입사하고 나서 어느 시기까지 그는 기술적 수행능력의 패러다임을 통해 많은 성과를 거두었다. 많은 업무성과를 통해 그는 일찍이 관리자가 될 수 있었다. 그러나 그는 이후 관리자로서 많은 좌절을 겪었다. 관리자로서의 새로운 역할은 그에게 의식의 확대를 요구했다. 사물을 바라보는 시각과 존재 방식을 새롭게 할 것을 요구했다. 결국 그 엔지니어는 관리자로서 근원적 변화를 겪어야 했고, 이를 통해 정치적 타협의 패러다임을 체득할 수 있었다.

정치적 타협의 패러다임과 기술적 수행능력의 패러다임은 개인의 생존 또는 이기주의라는 기본전제를 갖는다는 점에서 근본적으로 서로 비슷하다. 또 어느 개인이 정치적 타협의 패러다임으로 전환된 후에도 그는 여전히 전문가로서의 생존에 관심을 기울인다. 그러나 그 외의 항목에서는 두 패러다임 사이에 많은 차이가 존재한다.

정치적 타협의 패러다임에서 보면, 조직은 기술적 시스템일 뿐만 아니라 정치적 시스템이기도 하다. 사람들은 끊임없는 협상의 프로세스 속에서 권력을 얻기도 하고 잃기도 하면서 서로의 자원을 계속해서 교환한다. 이 패러다임에서는 가장 효율적이고 경쟁력이 강하고 효과적인 타협을 하는 개인이나 집단이 가장 큰 권력을 갖게 됨을 인정한다. 여기에서 조직은 교환의 시스템(system of exchange)이다.

이 패러다임을 가지고 있는 사람이 변화를 추구하려 할 때는 먼저 논리적인 설득전략을 채택하여 사람들에게 변화의 필요성을 알린다. 이것이 실패할 경우, 이번에는 회유나 강제 등의 다양한 정치적 방법을 사용한다. 만약 조직 내 강력한 권한을 가진 인물과 협상을 해야 할 경우에는 기존관계를 해치지 않고 자신의 경력관리에도 해가 없도록 절충하는 것이 중요하다.

실무자가 학교 교육을 통해 기술적 수행능력의 패러다임을 배우는 것이라면, 관리자들은 자신의 비즈니스 경험을 통해 정치적 패러다임을 습득한다. 기술적 업무성과는 결국 그 실무자를 새로운 패러다임이 요구되는 곳으로 이끈다. 그곳에 도달했을 때 그가 정치적 타협의 패러다임이라는 전혀 다른 패러다임으로의 전환을 이루어낸다면 그는 성장과 성공을 계속해나갈 것이다.

정치적 성향이 강한 환경에서는 어떻게 하면 적절하고 효과적으로 대응할 수 있는가를 배우는 것이 대단히 중요하다. 실무자가 정치적 패러다임을 이해하고 습득한다는 것은 어려운 일일 수도 있다. 그것은 근원적 변화가 필요한 일이다.

반성과 토론

🍃 변화를 향한 개인적 단계

1. 저자와 인터뷰한 엔지니어로 본문에 소개된 사람은 탁월한 능력의 소유자였음에도 일이 잘 풀리지만은 않았다. "그가 점차 중간관리자층으로 진입함에 따라, 그는 자신을 지금의 위치에 올려놓는 데 결정적인 역할을 한 그동안의 전략이 더 이상 쓸모가 없다는 것을 알게 됐다." 그가 선택한 기술적 수행능력의 패러다임을 설명하라. 또 왜 그가 성공을 계속 이어갈 수 없었는지 설명하라.
2. 자신의 삶에서 비슷한 경우가 있었으면 이를 설명하라.
3. 자신의 경험을 통해 정치적 타협의 패러다임이 갖는 장점과 단점을 설명하라.

🍃 변화를 향한 조직적 단계

1. 자신이 속한 조직의 구성원들은 본문에 소개된 경험을 얼마나 자주 겪는가? 예를 들어 설명하라.
2. 자신이 속한 조직에서 예견되는 조직원들의 변화가 있는가?
3. 사람들이 개인적 패러다임의 변화를 겪을 때, 효율성이 떨어지면서 전체조직도 비용 상승을 경험하게 된다. 자신이 속한 조직은 이처럼 개인적 패러다임 변화를 이끌어내기 위해 어떤 방법을 이용하는가? 이 같은 방법을 보완해야 할 필요는 없는가?
4. 자신의 주위에는 본문에 소개된 엔지니어의 경우와 마찬가지로 개인적 차원에서 근원적 변화를 겪으면서 외로움이나 좌절감을 느끼는 사람이 있을 수 있다. 이 같은 사람을 본 적이 있다면 이를 설명하라. 그 사람을 돕기 위해 가능한 조치가 있다면 이를 설명하라.

13. 수행능력의 횡포

　조직에서 실무자의 기술적 수행능력을 판단할 때는 보통 다른 사람과 연계된 행동이 아니라 그만의 독자적인 능력을 가지고 판단하게 된다. 한 개인이 독특하고 창조적인 성과를 이루어내면 낼수록 그는 보다 큰 힘을 갖게 된다. 그리하여 기술적 패러다임이 한 개인에 의해 지나치게 발현되는 경우 소위 '수행능력의 횡포(Tyranny of Competence)'라고 부르는 부정적 상황을 초래할 수도 있다.

실무자와 수행능력의 횡포

　어린 시절, 테드 윌리엄스(Ted Williams)는 나의 영웅이었다. 그는 보스턴 레드삭스(Boston Red Sox)의 좌익수였고, 당대의 가장 뛰어난 타자들 중 한 사람이었다. 그는 또한 개인주의자였다. 그의 경력을 보면 그의 비순응적 태도를 나타내는 갖가지 행적이 가득했다. 홈구장(Fenway Park)

에서 담장 위의 비둘기들을 맞추어 떨어뜨렸는가 하면, 다른 선수들과는 달리 홈런을 친 후에 모자를 벗어 답례하는 법이 없었다. 또한 넥타이를 절대로 매지 않았고 기자들과 언제나 문제를 일으키는 등 자신만의 독특한 개성을 유지하려 했다.

테드의 개인주의는 그의 신비함을 오히려 더 깊게 했다. 내가 아직 어렸을 때 『스포츠 일러스트레이티드(Sports Illustrated)』에서 발간한 책에서 그에 관한 짧은 이야기를 읽었던 것이 기억난다. 그 내용은 대략 다음과 같다.

> 펜웨이파크의 더그아웃 뒤쪽 관람석에 하버드대학을 졸업했음직한(Harvard type) 관객 두 사람이 앉아 있었다. 그들은 맥주를 마시면서 테드 윌리엄스의 개인주의에 대해 이야기를 나누고 있었다. 테드가 눈에 거슬리는 행동을 하는데도 왜 아무런 제재가 따르지 않는가에 대해 나름대로의 주장을 펴고 있었다. 그때 두 사람 뒤에 앉아있던 노동자 차림(blue-collar type)의 한 관객이 끼어들었다. "당신들의 이야기는 핵심을 놓치고 있어요. 테드가 그런 행동을 할 수 있는 것은 모든 사람이 다 테드 같은 사람이 되기를 원하기 때문입니다. 솔직히 말해서 사람들은 자기 자신이 일을 너무나도 잘 하기 때문에, 상사에게 '지옥에나 가라!(go to hell)'라고 말해도 상사가 참을 수밖에 없는, 그런 사람이 되었으면 하고 내심 원한단 말입니다. 모든 사람들은 자기가 테드 윌리엄스였으면 하고 생각하는 겁니다."
>
> 하버드 타이프의 그 두 사람은 잠시 생각해보더니 서로를 쳐다보며 고개를 끄덕였다. 그리고 세 사람은 이내 같이 어울려 맥주를 마셨다.

어떤 조직이든 남달리 비상한 능력을 가지고 있어서 조직 내에서 특별한 영향력을 행사하는 사람이 있기 마련이다. 그는 중요한 서류들이 어디에 비치되어 있는지를 모두 기억하고 있는 사무보조원일 수도 있고, 특정한 컴퓨터 프로그램을 유일하게 다룰 수 있는 사람일 수도 있다. 아니면 제품을 파는 데 독특한 기술을 가진 영업사원일 수도 있다.

사람들이 이러한 수행능력을 갖는 것은 대단히 중요하다. 특히 앞장에서 언급했던 기술적 수행능력의 패러다임을 가진 실무자에게는 유일무이하고도 가장 중요한 것으로 생각되게 마련이다. 이런 유의 사람들은 종종 주장하곤 한다. "여기서 가장 중요한 것은 누가 일 처리를 가장 확실하게 하느냐이다." 물론 조직은 이러한 기술적 수행능력을 가진 사람을 절대적으로 필요로 한다. 그러나 이러한 관점이 논리적으로는 합당하지만, 몇 가지 부작용을 일으킬 수도 있음을 명심해야 한다.

이런 관점을 가지고 이야기를 더해보자. 수행능력은 종종 서류를 찾아낸다든지 혹은 영업이라든지 하는 과업의 완수와 관련이 있다. 주어진 업무를 완수하는 데 독특하고 뛰어난 기술을 갖고 있는 사람들은 흔히 다른 사람들은 그 일을 해낼 능력이 없다는 식의 표현을 서슴지 않는 경향이 있다. 그들은 이를 통해 자신의 막강한 영향력을 자랑하는 것이다. 직급이 낮은 계층에서는 조직이 사람들에게 그런 위치가 되도록 장려하고 조장하는 경향도 나타난다.

극단적인 경우, 기술적 수행능력의 패러다임은 수행능력의 횡포라는 것으로 변질된다. 힘을 가진 실무자 한 사람이 다른 사람들 위에 군림하면서 다른 사람들의 영향력을 약화시켜버린다. 업무 분위기는 망가지고 도덕적 윤리의식은 땅에 떨어진다. 협력은 경쟁으로, 나아가 악의적 행동으로까지 치닫고, 급기야는 은근한 사보타주(sabotage)로까지 이어진다. 상황이 이처럼 악화되는 데도 그 문제를 꺼내는 사람은 없다. 어찌어찌해서 문제가 겉으로 드러나더라도, 사람들은 동료들 간의 관계와 팀워크를 내세우며 문제를 외면하거나 중립을 지킨다.

수행능력의 중요성을 내세우는 주장은 강력한 영향력을 행사하면서 조직 내 문제가 되는 부분을 덮어버리거나 흐려버리게 만드는 경향이 있다. 대표적인 예가 조직 내에서 흔히 거론되는 다음과 같은 말이다. "메리가 없으면 우리는 살아남지 못할 것입니다. 그녀 외에는 아무도 그것을 팔지 못합니다. 그것은 우리 사업의 30%를 차지하는 일입니다." 이런 주장은 종종 너무나 엄연한 사실이기 때문에, 어느 누구도 조직의 가장 중요한 협동심이 사라졌다는 사실을 감히 지적하지 못한다. 사람들은 출근해서 일을 하고 있지만 거기에는 진정한 대화도, 책임감도, 협동심도 없다. 결국 점진적 죽음의 프로세스에 들어선 것이다.

어느 조직의 이야기를 해보자. 그 조직에는 대단히 뛰어난 기술적 수행능력을 가진 A라는 사람이 있었고 그에겐 많은 힘과 권한이 주어졌다. 그 결과 그의 기고만장한 많은 행동들은 조직의 분위기를 망가뜨리기 시작했다. 주변 동료들은 회사에 출근하는 것이 싫어지게 되었고, 가급적이면 그와의 접촉을 피하려고 했다. 직원들의 이런 좋지 않은 감정, 비합리성, 그리고 비효율성은 그 조직에 돈으로는 표시할 수 없는 막대한 손실을 초래했다. 마침내 상황이 최악으로 치달았고 직원들은 집단적으로 변화를 요구하기 시작했다. 이른바 '수행능력의 횡포'가 만들어낸 최악의 상황이었다. 결국 고위 경영자가 나서야 했다. 그는 이 상황의 당사자인 A를 불러서 주의를 주었다. A는 그러한 지적은 도무지 납득할 수 없는 것이고, 조직 내 그 누구보다도 뛰어나게 자기 업무를 수행하고 있음을 주장했다. 덧붙여서 사람들이 개인적이거나 정치적인 이유로 자기를 배척하고 있다고 주장했다.

A의 주장이 정확하게 맞다는 사실에 주목해야 한다. 그는 자신의 '업무(job)'를 완벽하게 처리해왔는데, 조직은 그를 개인적이거나 정치적 이유로 배척했던 것이다. 그런데 문제는 바로 '업무'라는 단어를 A가 어

떻게 정의하고 있느냐는 것이다. A가 말하는 그의 '업무'는 다른 사람과의 관계를 전혀 포함하지 않은 것이다. 조직 내에서의 관계, 다른 사람과의 융화, 또 정치적 프로세스들은 물리적인 물질들과 마찬가지로 엄연한 실재의 문제이다. 좋은 인간관계를 유지할 수 있도록 스스로를 다스리지 않는 것은 엄밀히 조직을 파괴하는 행동이다.

A는 결국 그 회사를 떠났다. 회사를 그만두면서도 그는 자신이 정당하지 못한 이유 때문에 (이것은 틀린 말이다.) 정치적으로 배척되었다고 (이것은 정확한 말이다.) 확신하고 있었다. 그가 회사를 떠나던 날, 회사에 남아있는 사람들은 복도에 나와 악수를 나누며 춤을 추고 "야호, 마녀는 죽었다.(Ding dong, the wicked witch is dead)"며 환호성을 질렀다. 그들은 그 '조직을 위해 없어서는 안 될 사람'이 실제로는 '없어도 되는 사람'임을 알게 되었다. CEO는 A가 떠나고 나서 조직의 생산성이 오히려 오르는 것을 보고 놀라워했다. 그들은 똑같은 실수를 다시는 범하지 않겠다고 다짐했다.

많은 조직들이 여전히 수행능력의 횡포를 보지 못하고 있다. 단지 똑똑하고 보다 능력 있는 사람들을 채용한다는 사실을 자랑으로 여기고 있는 어떤 회사를 알고 있다. 이 조직은 지금까지는 놀랄만한 성장을 이뤘다. 그러나 지금 이 조직에 필요한 것은 창업세대와는 별개의 또 다른 리더십이다. 이 회사에는 세상의 누구보다도 업무 수행능력이 뛰어난 직원들이 많다. 그러나 그들은 한 팀으로는 일하지 못한다. 그들은 팀워크라는 개념조차도 제대로 이해하지 못한다. 결국 그 기업은 곳곳에서 '수행능력의 횡포'의 고통을 겪고 있으며, 점진적 죽음의 길을 걷고 있다. 현명하고 성공적인 조직이란 탁월한 업무 수행능력을 가진 직원들을 많이 보유하면서도 단지 기술적 능력에 의해서만 직원들의 업적평가를 실시하지는 않는 조직이다.

나는 수많은 기업을 인수합병한 어느 기업가를 알고 있다. 그가 언젠가 들려준 얘기가 있다. 그는 어느 기업을 인수하게 되면 우선 그 기업에서 가장 중요하다고 알려진 사람들이 누구인지 알아본다고 했다. 만약 그 사람들이 팀으로서 일을 하는 사람들이 아니라면 가차 없이 갈아치운다고 했다. 만약 그들이 팀으로서 일을 하는 사람들이라면 팀 내의 다른 사람들도 해당업무를 충분히 수행할 수 있도록 훈련시키라고 지시한다고 했다. 그 기업가는 자신의 조직이 소위 '수행능력의 횡포'에 의해 희생자가 되는 것을 원치 않았던 것이다.

만일 당시에 테드 윌리엄스가 다른 팀으로 트레이드 되었다면, 나의 어린 마음은 커다란 상처를 입었을 것이다. 그러나 나는 지금 그의 타격왕 타이틀은 결국 자기 팀이 월드시리즈에 진출하는 것을 막은 대가가 아닌가 하고 생각한다. 몇 년 동안을 많은 사람들이 '밤비노의 저주(Curse of the Bambino)'*에 대해 얘기하곤 했다. 사람들은 보스턴이 베이브 루스를 타 구단에 트레이드했기 때문에 저주를 받아 월드시리즈에서 우승을 못하는 것이라고 믿고 있다. 그러나 기술적 수행능력을 지나치게 높이 평가함으로써 오히려 조직을 실패로 이끄는 더 큰 화를 자초하는 것이야말로 진짜 저주가 아닐까?

---

* 역주: 밤비노는 베이브 루스(Babe Ruth)의 애칭이다.

반성과 토론

🍃 변화를 향한 개인적 단계

1. 기술적 수행능력 패러다임이 지닌 장점을 설명하라.
2. 기술적 수행능력 패러다임의 단점을 설명하라.
3. 자신이 조직에서 권한이나 영향력을 확대하기 위해 취하는 가정들을 설명하라.

🍃 변화를 향한 조직적 단계

1. 조직에는 기술적 수행능력을 확보하고 있는 사람들이 필요하다. 자신이 속한 조직은 이 같은 사람들을 확보하기 위해 어떤 방법을 이용하는가?
2. 다음 글을 읽고 느낀 바를 설명하라.

   극단적인 경우, 기술적 수행능력의 패러다임은 수행능력의 횡포라는 것으로 변질된다. 힘을 가진 실무자 한 사람이 다른 사람들 위에 군림하면서 다른 사람들의 영향력을 약화시켜버린다. 업무 분위기는 망가지고 도덕적 윤리의식은 땅에 떨어진다. 협력은 경쟁으로, 나아가서는 악의적 행동으로까지 치닫고, 급기야는 은근한 사보타주로까지 이어진다. 상황이 이처럼 악화되는 데도 그 문제를 꺼내는 사람은 없다. 어찌어찌해서 문제가 겉으로 드러나더라도, 사람들은 동료들 간의 관계와 팀워크를 내세우며 문제를 외면하거나 중립을 지킨다.

3. "어느 조직의 이야기를 해보자. 그 조직에는 대단히 뛰어난 기술적 수행능력을 가신 A라는 사람이 있었고 그에겐 높은 임금 권한이 수여졌다. 그 결과 그의 기고만장한 많은 행동들은 조직의 분위기를 망가뜨리기 시작했다. 주변 동료들은 회사에 출근하는 것이 싫어지게 되었고, 가급적이면 그와의 접촉을 피하려고 했다. 직원들의 이런 좋지 않은 감정, 비합리성, 그리고 비효율성은 그 조직에 돈으로는 표시할 수 없는 막대한 손실을 초래했다." 조직이 이처럼 나쁜 상황에 빠져있는데도 구성원들이 특별한 조치를 취하지 않는 이유는 무엇인가?
4. 다음 전략을 읽고 찬성론과 반대론을 펼쳐보라.

나는 수많은 기업을 인수합병한 어느 기업가를 알고 있다. 그가 언젠가 들려 준 얘기가 있다. 그는 어느 기업을 인수하게 되면 우선 그 기업에서 가장 중요하다고 알려진 사람들이 누구인지 알아본다고 했다. 만약 그 사람들이 팀으로서 일을 하는 사람들이 아니라면 가차 없이 갈아치운다고 했다. 만약 그들이 팀으로서 일을 하는 사람들이라면 팀 내의 다른 사람들도 해당업무를 충분히 수행할 수 있도록 훈련시키라고 지시한다고 했다. 그 기업가는 자신의 조직이 소위 '수행능력의 횡포'에 의해 희생자가 되는 것을 원치 않았던 것이다.

14. 주체적 리더

몇 년 전 어느 경영대학원으로부터 리더십과 비전, 변화를 다루는 새로운 MBA 프로그램의 설계를 요청받은 적이 있었다. 프로그램을 설계하면서 나는 색다른 접근을 시도했다. 우선 수업의 반을 사례연구에 집중하기로 했다. 소개될 사례들은 최근 극적인 조직변혁(dramatic organizational transformation)을 이룬 것들로 채워졌다. 각 조직의 변혁을 주도한 리더들을 초빙하여 실제의 경험담을 발표하도록 했다. 나머지 반은 변혁적 리더들의 조직 변화를 위한 노력을 다룬 영화를 활용하기로 했다. 학생들은 집에서 영화를 보고, 수업 시간에는 변혁에 대해 토론을 하게 된다.

학생들은 실제로 변화를 주도했던 기업의 리더들과 대면하여 질의응답을 할 수 있다는 사실에 흥분해 했다. 그러나 그 리더들의 강연은 종종 영감을 주기는 했지만, 수업의 절반을 할애할 만큼의 가치가 있다고 볼 수는 없었다. 그보다는 오히려 영화가 더 교훈적이었다. 경영자들의 강의에서 마찰, 대립, 실패, 혹은 실수는 흔히 생략되기 일쑤였다. 경영자들의 사례들은 회사의 홍보 목적을 위하여 각색한 경우가 많았다. 반면에, 영화의 경우 일반적인 사례연구에서는 쉽게 찾아볼 수 없는 인간 행동의 중요한 흐름을 알 수 있게 했다.

처음 다루었던 영화는 「도전(Brubaker)」이었다. 그것은 미국 남부의 한 부패한 감옥에서 변화를 일으키고자 노력한 브루베이커 교도소장의 이야기를 다룬 영화였다. 브루베이커는 감옥 안팎에 존재하는 부조리를 타파하기 위하여 근원적 변화를 시도했다. 그러나 그의 노력은 기존의 부조리에 기생하던 많은 정치적 집단에 위협이 되었다. 그의 정화노력은 갈수록 많은 저항을 불러일으켰으며 주지사마저도 그에게 중단의 압력을 가했다.

브루베이커는 주지사 사무실에서 일하는 릴리언(Lillian)이라는 동조자를 만나게 된다. 변화를 둘러싼 갈등과 논쟁이 절정에 달했을 때, 그녀는 브루베이커에게 전화를 걸어 한 걸음 물러서서 타협할 것을 충고했다. 그가 현실을 인정하고 절충과 타협이라는 실용적 자세를 견지한다면 감옥의 물리적 상황을 개선하는 데 필요한 재정지원은 얻을 수 있다는 것이었다. 브루베이커는 그녀에게 대답했다. "감옥을 새로 페인트 칠하는 것은 소장이 새로 부임하면 누구나 할 수 있는 일입니다. 그러나 교도소의 시스템은 별다른 변화를 겪지 않지요." 그는 근원적 변화를 추진할 때 전략은 상황에 따라 바꿀 수 있지만 근본적인 원칙을 바꿀 수는 없다고 반박했다. 이후 브루베이커는 물의를 빚게 될, 그러나 교도소의 시스템에 근원적 변화를 일으키게 될, 일련의 조치를 감행했고 결국 해고당해야 했다.

MBA과정에서 이 사례를 가지고 토론을 할 때면 학생들은 언제나 브루베이커가 실패했다는 것으로 결론지었다. 릴리언의 말을 들었어야 했다는 것이다. 학생들 사이의 토론이 끝나게 되면, 나는 브루베이커가 떠난 후에 수감자들이 그가 무엇을 시도하고자 했던 것인지를 알게 되었고 주정부를 상대로 소송을 제기했다는 점을 지적해준다. 법원은 해당 감옥을 폐쇄하든가 아니면 개선하라는 명령을 내렸다. 그렇다면 브루베이커가 성공한 것이 아닌가? 그런데 학생들은 대부분 그렇게 생각하질 않는다. 그가 해고를 당한 이상, 사회의 통념상으로 볼 때 실패했다는 것이다. 조직의 변화 문제를 다루는 데 있어, 릴리언과 브루베이커의 상반된 관점들은 좀 더 생각해볼만한 가치가 있다.

정치적 패러다임과 변혁의 패러다임

릴리언과 브루베이커는 각각 조직과 변화에 대한 자신들만의 견해를 갖고 있었다. 릴리언의 견해는 대부분의 관리자들이 갖는 견해이기도 하다. 그것은 정치적 타협의 패러다임이다. (이 패러다임은 앞에서 간략하게 소개한 바 있는데 앞으로 좀 더 자세히 다루어질 것이다.)

브루베이커 또한 조직과 변혁에 관한 자신만의 견해를 가지고 있었는데, 그것은 바로 변혁의 패러다임이었다. 이러한 패러다임을 가지고 있는 관리자들을 찾아보기란 매우 힘들다. 흥미롭게도, 학기동안 관찰한 변혁적 리더들의 행동양식은 한결같이 브루베이커의 논리를 따른 것을 볼 수 있었다. 이제 이 두 가지 세계관의 차이점들을 살펴보기로 하자. (표_조직생활의 세 가지 패러다임 참조)

각각의 패러다임은 서로 별개의 것들이 아니다. 각각의 패러다임은 전 단계의 것들을 수용한다. 릴리언의 패러다임이 그 예이다. 그녀가 갖고 있는 원칙의 기본전제는 개인의 생존이었다. 자신의 자리를 지키

표 _ 조직생활의 세 가지 패러다임

	실무자-기술의 패러다임	관리자-타협의 패러다임	리더-변혁의 패러다임
제일목적	개인의 생존	개인의 생존	비전의 실현
조직의 본질	기술적 시스템	정치적 시스템	도덕적 시스템
힘의 원천	기술적 수행능력	효과적인 교류	중심 가치 (core values)
신뢰의 원천	기술적 기준	조직상의 직급	정직한 행동
권위에 대한 근본생각	냉소적	반응적	자기권위화
선택된 소수에 대한 생각	합리적 대응	절충	복잡 대응
계획에 대한 근본생각	합리적-전술적	합리적-전략적	행동을 통한 학습
의사소통 패턴	사실적	개념적	상징적
전략의 복잡성	단순	복잡	매우 복잡
행동 패턴	관습적	관습적	비관습적
이해의 용이성	용이	용이	거의 불가
패러다임의 원천	전문교육	관리적 차원의 인적교류	자신의 재창조

고 경력을 이어나가려면 권력을 가진 사람들과 타협이 필요하다고 믿었다. 12장에 나온 실무자로서의 그 엔지니어와는 달리 릴리언은 조직을 기술적 시스템뿐만 아니라 동시에 정치적 시스템으로도 보았다. 따라서 그녀가 기술의 패러다임을 이해하는 것은 어렵지 않았다.

타협의 패러다임이 암시하는 것은 조직이란 정치적 이해관계의 모임이라는 것이다. "모든 사람이 안건과 일련의 욕구를 가지고 있으며, 또 모두가 다양한 자원을 서로 교환하는 일련의 거래에 참여하고 있다. 가장 효과적인 거래를 한 사람에게 힘이 주어진다. 이런 관점에서 보면 고위직급으로 계속 승진해 올라가는 것이 중요하다. 고위직급으로 오를수록 책임져야 할 임무와 보상도 늘어난다." 이러한 마음자세를 갖게 되면 흔히 권력을 가진 사람들에게 대단히 민감해지는 경향이 있다. 권력을 가진 사람들 사이에 대립이 생길 때는 정치적 타협의 패러다임을 가진 사람들은 외교적인 언행을 취하며 타협과 절충을 통해 문제를 해결하려 한다. 그들의 계획과정은 논리적이고 전략적이다. 또한 의사소통의 방식도 전략적이다.

타협의 패러다임은 업무와 관련되어 사람들과 교류해가는 사이에 형성된다. 조직은 흔히 비공식적으로 이러한 패러다임을 조직원들에게 가르치기 마련이다. 앞에서 얘기했던 엔지니어의 경우를 살펴보자. 그가 힘들어했던 것은 조직에서 살아남기 위한 노력과 더불어 타협의 패러다임이 갖는 복잡성과 미묘함을 배워나가야 했기 때문이었다.

브루베이커의 행동은 좀 더 복잡하고 암묵적인 기본가정들을 반영한다. 이 기본가정들은 대부분의 변혁적 리더들이 갖고 있는 것이다. 변혁의 패러다임이 갖는 첫 번째 기본 가정은 가장 급진적이고 가장 이해하기가 어려운 것이다. 개인의 생존보다는 어떠한 비용을 감수하고서라도 비전의 실현을 중요하게 여긴다는 것이 바로 그것이다. 조직 내 비전이 살아남을 수만 있다면, 리더는 해고를 당하거나, 암살을 당하거나, 또는 치욕을 겪는 것 등은 아무 문제가 되지 않는다. 비전 자체가 개인의 생존보다 훨씬 더 중요하기 때문이다.

변혁의 패러다임 아래에서는, 조직은 기술적 또는 정치적 시스템으로 뿐만 아니라 도덕적인 시스템으로도 간주된다. 거기에는 특정 집단의 정치적 이해관계보다 원칙과 가치가 더 강력한 힘을 갖는다.

변혁적 리더는 행동 계획을 세우고, 조직원들을 움직이게 하며, 또 시스템의 핵심가치를 조직원들에게 역설함으로써 막강한 영향력을 발휘한다. 신뢰의 원천은 정직한 행동이다. 리더는 자신의 신념에 따라 말하고 행동해야 한다. 모든 행동은 비전으로 조율되어야 한다. 만약이 과정에서 실패한다면 비전은 위선적인 것으로 전락한다. 비전을 평가할 때 사람들은 리더의 행동을 주시한다. 사람들은 리더의 자기 수양과 책임감의 부족을 쉽게 알아차린다. 리더의 말이 그저 껍데기뿐이란 것을 알게 되었을 때, 사람들은 그의 말을 무시하기 시작하고 이는 비전의 소멸로 이어진다.

리더는 스스로 권위를 창출해내는(self-authorizing) 사람이다. 조직 속에 묻혀버리는 관리자와는 달리 리더는 조직의 외적 경계선과 제약조건을 이해하고 있지만 새로운 길을 선택하는 사람이다. 리더는 모든 구속으로부터 벗어나, 조직 시스템을 결정짓는 내외부적 역학구조와 자신의 자아에 대한 깊은 내면적 성찰을 통해 변혁적 관점을 스스로 터득한다. 정치적 타협의 패러다임이라는 울타리 속에 갇혀있는 사람으로서는 리더가 조직의 시스템을 파악하는 관점을 도저히 이해할 수 없다. 그렇기 때문에 갈등과 반발이 생겼을 때에 리더는 흔히 위험과 경이로움으로 가득 차 있는 일련의 복잡한 대응전략을 구사한다.

변혁의 패러다임은 이른바 논리적 계획 프로세스(rational planning process)를 초월한다. 그것은 논리적 계획으로는 다룰 수 없는, 보다 근원적인 변화―미지의 영역으로의 탐험, 새로운 방법론의 채택, 새로운 목표의 달성 등―를 다루게 된다. 그러나 이러한 근원적 변화라는 목적을 달성하기 위한 수단은 구체화될 수는 없다. 그것은 오직 위험이 따르는, 행동을 통한 학습(action-learning)과정의 한 부분으로서만 습득되는 것이다.

비전의 전파를 촉진시키기 위해 변혁적 리더는 흔히 상징적으로 의사전달을 하곤 한다. 그것은 그를 따르는 사람들에게 생생한 정신적 이미지를 만들어낸다. 그 이미지는 특정의 지시사항이 아니라 총체적인

가이드라인을 제공하는 것이다.

비전을 전파하는 과정에서 리더는 인습에 얽매이지 않는 행동을 끊임없이 보여준다. 리더가 보여주는 행동은 흔히 예상을 뛰어넘는 것들이며, 이기주의의 법칙(rules of self-interest)이라는 상식을 뛰어넘는 것들이다. 그렇기 때문에 변혁적 리더는 일반인들이 이해하기는 어려운 사람이다. 타협의 패러다임이 조직 속에 파묻히는 데에서 생겨난다면, 변혁의 패러다임은 조직을 초월하는 데에서 생겨난다. 변혁의 프로세스는 영웅의 여행 즉, 개인의 근원적 변화를 포함하고 있다. 이를 통해 리더는 스스로 임파워되고 사람들을 임파워시키게 된다.

변혁 패러다임의 출현

릴리언과 브루베이커는 두 개의 서로 다른 세계관을 대표한다. 그들은 조직에서 영향력을 행사했다는 점에서 관리자였으며 리더였다. 그러나 브루베이커는 변혁의 세계관을 가진 리더였다. 그는 정치적 관점과 타협의 관점을 모두 이해한 사람이었다.

근원적 변화를 이끄는 리더들이 자신의 조직을 변혁시킬 때에, 그들은 지속적인 마찰과 불협화음을 만들어내곤 한다. 이것은 대개 조직과 그 시스템을 이해하는 데 있어 전통적인 타협의 관점보다 훨씬 복잡한 이해를 필요로 한다. 릴리언의 타협적 세계관은 이해하기가 쉽다. 그러나 브루베이커의 변혁적 세계관을 이해하는 것은 어렵다. 왜일까?

앞서 얘기했던, 기술의 패러다임으로부터 타협의 패러다임으로 전환했던 엔지니어의 예를 다시 살펴보자. 그는 행동의 양식을 재조율함으로써 새로운 패러다임으로 진입할 수 있었다. 기술의 패러다임이 그를 좌절로 몰고 갔고 그것은 그의 고통스러운 탈바꿈을 이끌었다.

이런 의미에서 보면, 조직은 기술의 패러다임과 타협의 패러다임을 길러내는 일종의 양육기(incubator)라 할 수 있다. 우리의 교육 시스템과 조직에서의 경력은 자연스럽게 우리로 하여금 기술의 패러다임과 타협의 패러다임에 접하도록 만든다. 또한 우리는 사회생활을 통하여 이러한 두 패러다임이 유용하다는 믿음을 굳혀나간다.

타협의 패러다임과 마찬가지로 변혁의 패러다임도 개인적인 근원적 변화를 통해 도달된다. 변혁의 패러다임을 진정한 자기 것으로 만들기 위해서 리더는, 조직의 강력한 기대로부터 자유로워야 하며, 자기의 신념으로 조직을 바라보아야만 한다. 나아가 조직을 구하기 위한 일을 하는 데에 있어 리더는 어떠한 처벌도 기꺼이 감수할 수 있다는 신념과 애정이 있어야 한다. 이것은 결코 흔한 일은 아니다. 변혁의 패러다임을 체득한다는 것에는 개인의 변화를 포함하고 있다. 외국지사에 파견되는 경우처럼 가끔은 조직을 떠나 홀로 활동해야만 하는 경우가 생긴다. 또는 변혁의 과정에서 경력에 심각한 타격을 받게 되거나 심각한 병에 걸릴 수도 있다. 그러한 상황에 처해지면 사람들은 영웅의 여행을 시작하게 된다. 그들은 스스로를 임파워시키고, 조직을 밖의 시각에서 보다 객관적으로 바라보는 것을 배우게 된다. 다시 조직에 돌아왔을 때, 그들은 기존의 시스템을 다른 시각으로 보게 된다. 그들은 더 이상 시스템에 종속되어 있다고 느끼지 않으며, 무엇이 받아들여질 것인가(what is acceptable)가 아니라 무엇이 옳은 것인가(what is right)를 기꺼이 추구하게 된다.

변혁 패러다임으로의 전환

주체적 리더들은 비전을 가지고 있고, 비전을 추구하는 사람들이다. 그들은 기술의 패러다임과 타협의 패러다임을 충분히 이해하고 있지만 한편 그것들을 초월하는 사람들이다. 그들은 또한 평범하지 않은 성향을 지니고 있다. 그들은 개인적 생존을 내면의 추진력으로 보지 않는다. 그들의 제일 목적은 비전의 실현이다. 리더와 그의 비전은 완전히 하나로 결합되어 있기 때문에, 비전이 살아있는 한, 그가 설혹 해고되거나 혹은 죽음을 당할지라도 개의치 않는다. 조직의 대의를 위하여 자기 한 사람이 희생되는 것은 얼마든지 받아들일 수 있다. 조직과 완벽하게 일체감을 형성한 리더는 비전 혹은 원칙을 위해 죽을 각오까지 되어있는 사람이다. 왜냐하면 자신의 비전과 원칙이 '옳다'는 것을 확신하기 때문이다.

많은 CEO를 포함하여 변혁의 관점을 온전하게 체득한 관리자들은 거의 없다. 그러나 비록 몇몇 안 되기는 하지만 우리는 조직 내 어떤 계층에서고 변혁의 체득자를 발견할 수 있다. 비전을 가지고 있고, 비전을 추구하는 사람들은 변혁적 리더로 알려져 있으며 도덕적 변혁의 패러다임(moral-transformational paradigm)을 따른다. 그들은 군대의 장군일 수도 있고, 기업의 중간관리자일 수도 있다. 혹은 고등학교 선생일 수도 있다.

변혁의 패러다임을 체득하는 과정에서 그 리더는 조직으로부터 독립적이 된다. 리더의 행동은 스스로 결정되고 스스로 권위가 부여된다. 그의 조직에 대한 애착은 두려움 때문이 아니라 자신의 선택이다. 도덕적 기준을 따르고 전체를 위해 옳은 것을 추구함으로써 리더의 행동과 추진력은 다른 사람에게 동기를 부여한다. 리더가 자기 자신의 개인적 실패나 해고 심지어 죽음까지도 무릅쓰면서 자기 비전에 대한 신념을 갖고 행동하기 때문에, 사람들 또한 기꺼이 개인적 위험을 감수하고 리더의 지시를 따르게 된다. '신념에 따라 말하고 행동하는(walking the walk and talking the talk)' 리더의 모습을 보면서 사람들 또한 조직전체의 대의를 위하여 어떤 위험도 개의치 않겠다는 영감을 얻게 된다. 리더가 이러한 권위의 궁극적 원천으로부터 에너지와 활력을 끌어내면서 조직의 변화는 성공적으로 이루어지는 것이다.

스스로 권위를 창출하는 사람은 흔치 않지만 간혹 보게 되는 사례는 극적인 경우가 많다. 결코 평범하지 않은 어느 중간관리자가 개발도상국의 지사로 두 차례 파견된 적이 있었다. (변혁의 패러다임으로 전환되기 위한 적절한 장소라 할 수 있다.) 지사근무를 마치고 본사로 돌아온 그는 곧 회사의 가장 신성불가침한 원칙들에 도전하기 시작했다. 그러한 행동이 대단히 위험스러운 것이라는 지적에 대해, 그는 이렇게 대답했다. "만약 회사가 나 같은 사람을 원하지 않는다면, 이 회사는 나를 가질 자격이 없습니다." 이 순간에 정상적인 논리는 뒤엎어진다. 자, 진정한 힘이 과연 어디에 있는지 알겠는가?

반성과 토론

🍃 변화를 향한 개인적 단계

1. 자신이 속한 조직의 리더가 보여주기를 희망하는 행동을 기술하라.
2. '질문 1'에 대한 답변은 정치적 타협의 패러다임에 속하는가? 아니면 변화의 패러다임에 속하는가?
3. 변혁의 패러다임에 속하는 요소들 중에 자신이 갖고 있지 못하다고 생각되는 가장 중요한 것은 무엇인가?
4. 자신이 알고 있는 사람 중에 변혁의 패러다임을 갖고 있는 사람을 설명하라.
5. 왜 변혁의 패러다임을 갖추고 있는 사람은 흔하지 않은가?
6. 어떻게 하면 자신이 좀 더 변화를 추구하는 사람이 될 수 있을까?

🍃 변화를 향한 조직적 단계

1. 본문에서 브루베이커는 "교도소장이 새로 부임하면 벽에 페인트칠 하는 일은 흔히 일어난답니다. 그러나 교도소의 시스템은 별다른 변화를 겪지 않지요."라고 말했다. 이 같은 말은 자신이 속한 조직에 어떤 시사점을 제공하는가?
2. 자신이 현재 일하고 있는 팀은 '비전이 있다.'라는 말에 어느 정도 공감하는가?
3. 자신이 속한 조직의 사장은 변혁의 패러다임을 어느 정도 따른다고 생각하는가?
4. 만약 자신이 속한 조직의 사장이 변혁의 패러다임을 따른다면 조직원들은 어떤 행동을 보일까?
5. 자신이 속한 조직에서 변혁의 패러다임을 따르는 사람이 많지 않다고 생각하는 이유를 기술하라.
6. 자신이 속한 조직에서 변화를 추구하는 리더들을 좀 더 많이 양성하기 위해 필요한 조치는 무엇인가?

4부

비전, 모험,
그리고
탁월함의 강조

15. 저항을 극복하라

조직이 변혁을 두려워하는 것은 당연하다. 조직의 구조나 프로세스는 균형을 추구하지 변화를 원하지는 않는다. 이제 제4부에서는 비전의 역할을 살펴보고 권한의 위임과 탁월함의 성취 과정에 내재된 위험에 대해 살펴보고자 한다. 우선 이번 장에서는 대기업의 중간관리자 계층들의 아직 개발되지 않은 잠재력에 대해 살펴보기로 한다.

동질성을 요구하는 압력

네일 센들바흐(Neil Sendlebach)는 포드자동차에서 경영자 교육을 담당하고 있는 아주 뛰어난 교육담당자이다. 지난 수년간 우리 두 사람은 포드사와 미시간 대학이 공동으로 개설한 '리더십, 교육, 그리고 개발 프로그램(LEAD ; Leadership, Education, and Development Program)'을 같이 맡아 기획하고 진행해왔다. 이 프로그램은 포드자동차에 근무하고 있는 약

3,000명의 중간관리자들의 사고를 개혁하기 위해 설계되었다. 이 프로그램은 관리자들이 그들의 조직 내에서 변화를 시도할 수 있도록 하고 그들이 보다 효과적으로 리더십을 발휘할 수 있도록 설계되었다. 이 프로그램 운영을 통해 나는 중간관리자들이 갖고 있는 잠재적 리더십에 대해 많은 것을 배울 수 있었다.

 LEAD 참가자들은 일주일동안 리더십과 조직의 변화에 대해 조사연구를 했다. 일주일의 교육이 끝나고 나서, 소속 조직으로 돌아가 자기 자신과 부서 그리고 조직을 평가하고, 조직 내에 중대한 변화를 일으키라는 도전과제가 주어졌다. 6개월 후 관리자들은 교육과정에 복귀해서 자신들의 변화노력과 그 속에서 부딪쳤던 장애들에 대해 보고서를 제출했다. 교육생들이 보고한 내용들을 통계적으로 분석해보면 이들은 크게 세 가지의 장애에 부딪치고 있는 것으로 나타났다.(Spreitzer and Quinn, 1996) 아마도 대부분의 대기업들 속에서는 이와 똑같은 장애물들이 발견될 것이다.

중간관리자들의 변화 노력을 막는 세 가지 장애

관료주의 문화

 관료주의 문화가 변화에 장애가 된다는 것은 여러 가지 예를 통해서 증명되고 있다. 여러 단계를 거쳐 이루어지는 의사결정, 윗사람의 지시를 통해서만 이루어지는 변화, 단기적 사고, 변화를 위한 경영진의 지원 부족, 제한적인 포상제도, 비전의 부재, 그리고 현상유지의 강조 등이 바로 그것이다. 이들 중 몇 가지를 살펴보자.

 LEAD 참가자들을 대상으로 한 인터뷰에서 상당수가 계급조직적인 경영구조가 미치는 영향에 대해 언급했다. 한 교육생은 "변화를 추진하기 위해선 적어도 다섯 명의 결재가 필요했다. 그러나 변화의 추진을 중단하는 데에는 단지 한 사람의 반대만으로도 충분했다."라고 말했다. 이와 비슷한 이야기로 대부분의 대기업에서는 변화가 CEO로부터 밑으로 지시되는, 상의하달식으로 이루어지는 것이 관례화되어 있다는 지적도 있었다. 변화는 언제나 CEO에 의해 추진되는 것이라는 인식이 뿌리 박혀 있는 것이다.

참가자들은 또한 그들의 조직에서는 변화가 오히려 위험스러울 수도 있다고 했다. "실패를 하면 불이익을 받게 된다."는 것이 일반적인 믿음이다. 그런데 그들은 "성공할 경우 불이익을 받을 수도 있다."고 말을 하고 있었다. 그것은 놀라지 않을 수 없는 말이었다. 나는 어찌된 상황인지 좀 더 조사했다.

실제로 몇몇 사람들은 변화를 성공적으로 수행해낸 데 대한 '보상'으로 더 많은 업무를 떠안게 되었다. 또 어떤 사람은 해당 부서에서 그의 역할이 너무나 커지면서 자신이 원하는 다른 부서로의 이동이나 승진이 어렵게 되었다. 거꾸로 동료나 상사로부터 비난의 소리를 듣거나 따돌림을 받는 경우도 있었다. 이것은 생산직 근로자들 세계에는 '평준화 현상(rate buster phenomenon)'이라고 불리는 개념과 비슷하다. 평준화 현상이란 작업조의 일원 중 한 사람이 다른 사람들보다 높은 생산속도를 보이게 되면(성공) 그 속도를 늦추도록 압력을 받게 되는(불이익) 상황을 말한다. 결국 생산성은 낮은 쪽에서 균형을 이루게 된다. 이런 현상은 사무직 근로자들 세계에서도 일어날 수 있다. 결론적으로 조직 전체에 걸쳐 사람들은 '성공 비용(cost of success)' 즉, 성공이 주는 불이익에 대하여 심각하게 고려하지 않을 수 없게 된다.

참가자들은 비전의 부재에 대해서도 우려를 표시했다. 그 불평은 회사전체 차원이 아닌 개인의 업무여건에 관련된 것이었다. 중간관리자

들은 종종 직속 상사들을 자기의 독창적 주관을 갖지 못한 정치적 기회
주의자들로 보는 경우가 있다. 어느 날은 품질을 강조하다가, 다음날은
비용을 강조하는 식이라는 것이다. 상사들이 보여주는 리더십의 기준
이 조령모개처럼 수시로 바뀐다면, 중간관리자들은 어떻게 부하직원들
을 위한 비전과 방침을 만들 수 있겠는가? 이처럼 혼란스런 상황이라
면, 무엇을 따라야 할지 모르는 것은 당연하다.

내부의 갈등

갈등은 세 가지 수준에서 나타난다. 첫째, 조직 내 부서 간 갈등이다.
이것은 전사적 시각이나 혁신적 관점의 형성을 저해한다. 둘째, 같은
직책을 놓고 승진경쟁을 벌이는 동료 간의 대립이다. 이 경우 변화를
시도하는 어떤 직원을 상사가 지원한다는 것이 갈등의 씨앗이 될 수 있
다. 마지막으로 부하직원들 사이의 갈등이다. 많은 관리자들은 부하직
원들의 갈등에 대해 뾰족한 방안을 찾지 못한다. 이러한 상황들이 비전
의 실현을 어렵게 만들고 있다.

부족한 개인시간

오늘날 많은 사람들이 시간에 쫓겨 살고 있다. 자꾸만 늘어가는 업무
와 마감 시한에 대한 중압감이 언제나 중간관리자들을 짓누르고 있다.
과거에는 두 사람이 하던 일을 지금은 한 사람이 하는 경우가 많아졌
다. 가족들을 위한 시간은 날이 갈수록 줄어든다. 중간관리자들은 이런
환경 속에서 무언가 새로운 것을 시도한다는 것은 너무나 부담스런 일
이라고 하소연하고 있다.

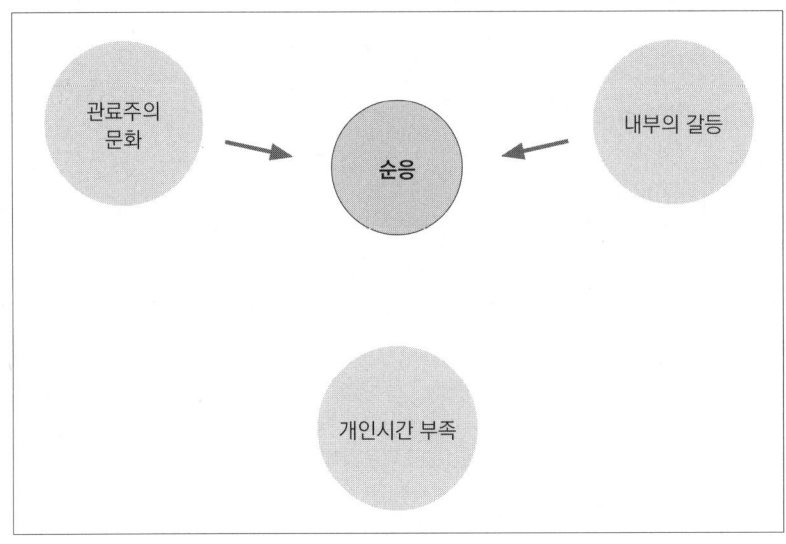

그림 _ 순응의 압력

세 가지 장애가 만들어내는 결과

관료주의 문화, 내부의 갈등, 그리고 부족한 개인시간은 대부분의 대기업들이 변화를 추진할 때 장애요인으로 작용한다. 그러나 이것은 결코 나쁜 의도에서 비롯되는 것이 아니고 조직의 활동과정에서 자연스럽게 생겨나는 것이다. 이들 장애요소로 말미암아 비록 CEO가 아무리 임파워먼트의 필요성을 강조하더라도, 대다수의 직원들은 자기들이 취해야 할 명확한 직장관을 갖게 된다. 그것은 다름 아닌 '순응하라', '긁어 부스럼 만들지 마라', '무사안일' 따위의 것이다. (그림_순응의 압력 참조) 이렇게 되면 조직은 중간관리자들의 리더십과 솔선수범을 바랄 수 없는 일종의 '장의사(funeral parlor)'로 전락한다. 중간관리자들은 마음속으로부터 '모든 분야에서 주위 환경에 순응하라.'는 강력한 지침을 받게 된다.

리더로서의 중간관리자

이들 세 가지 장애요소의 강도를 생각할 때, 큰 조직 내에서 중간관리자들이 리더십을 발휘할 수 있을 것인가? LEAD 프로그램은 이 질문에 대해 많은 가능성을 제공해주었다.

LEAD 프로그램을 설계할 때, 우리는 중간관리자층이 변화를 시도하면서 많은 장애물에 부딪칠 것으로 예상했었고, 결과적으로 우리는 중간관리자들에게 필요한 것은 새로운 기술이나 수행능력이 아니라는 결론을 얻었다. 실제로 그들은 기술과 수행능력은 이미 가지고 있었다. 다만 그것을 활용할 수 없었을 뿐이다. 그들에게 정말로 필요한 것은 새로운 세계관이었다. 그것이야말로 변화하는 조직 속에서 그들을 임파워된 리더로 이끌 수 있는 것이었다.

프로그램이 진행되는 동안, 우리는 참가자들이 세계의 정세, 회사의 상황, 그리고 중간관리자로서의 자기역할을 제대로 진단할 수 있도록 하는 일에 초점을 두었다. 조직이란 본래 균형을 유지하려는 보수성향을 지니고 있음을 살펴보았으며, 그것은 동시에 조직의 점진적 죽음이라는 딜레마를 초래한다는 것을 살펴보았다. 우리는 점진적 죽음이 가져다주는 막대한 비용 손실에 대해 장시간 토론하기도 했다. 우리는 참가자들에게 한 가지 사실을 강조했다. "CEO가 여러분 관리자들에게 보다 많은 힘을 주기 위해 요술방망이를 휘두를 일은 절대로 일어나지 않을 것이다. 임파워먼트는 조직으로부터 부여되는 것이 아니다. 여러분 스스로 자기를 임파워시켜야만 한다."

한편 세 가지 장애요소가 있었지만, 참가자들이 제출한 보고서 내용은 놀라운 것이었다. 많은 사람들이 근원적 변화를 이루는 데 성공했다. 대표적인 예가 포드 신용판매회사(Ford Credit)의 사례이다. 이 회사에서는 할부금융의 대출심사에 걸리는 기간을 1주일로 하고 있었다. 한 중간관리자가 우리의 프로그램에 참여한 후 그 1주일이라는 기간이 너무 길어 이를 줄여야겠다고 생각했다. 그녀는 심사의 결재라인을 단축시키는 과제를 설정하고 단독으로 이에 도전했다. 그 위치에 맞는 어떤 일을 해줄 것을 기대하여 조직이 부여한 기존의 자신의 위치를 스스로 재정의했고, 그녀는 상당한 위험을 무릅쓰고 자기의 과제를 밀고 나갔다. 결국 그녀는 대출심사에 소요되는 기간을 이틀로 줄이는 데 성공했다. 그녀는 여기에 만족하지 않고, 심사기간을 더욱 줄이는 일을 다시 시작했다.

이 사례는 특별한 것이 아니다. 이와 비슷한 예는 수도 없이 많다. 사실 교육기간 동안 너무나도 많은 근원적 변화가 추진되었다. 이에 고무된 포드사는 당시 자금 사정이 안 좋은 상황이었음에도 많은 비용을 부담해야 하는 이 프로그램을 계속해서 운영했다. 포드사의 투자는 놀라운 효과를 발휘했으며 이 프로그램은 임원진들이 뽑은 사내 최고 프로그램으로 선정되기도 했다.

개인의 임파워먼트 프로세스

LEAD 참가자들의 경험사례들을 연구함으로써 우리는 임파워먼트 사이클(cycle of empowerment)에 대해 많은 것을 알 수 있었다. LEAD는 프로그램 참가자들에게 새로운 경험을 제공했다. 프로그램은 참가자들에게 조직 내 자기 역할을 재정의하여(redefine) 이를 토대로 새로운 행동양식을 취할 수 있도록 이끌었다. 한 참가자는 "LEAD 프로그램은 내가 시도하려는 변화와 관련하여 나의 중심가치, 목표, 실현방법 등에 대하여 다시 생각할 수 있도록 해주었다. 나는 의식적인 노력을 통하여 내 자신의 패러다임을 볼 수 있었고, 나와 다른 사람들의 변화에 대한 기본입장을 확장시킬 수 있었다."고 말하기도 했다.

그림_임파워먼트 사이클

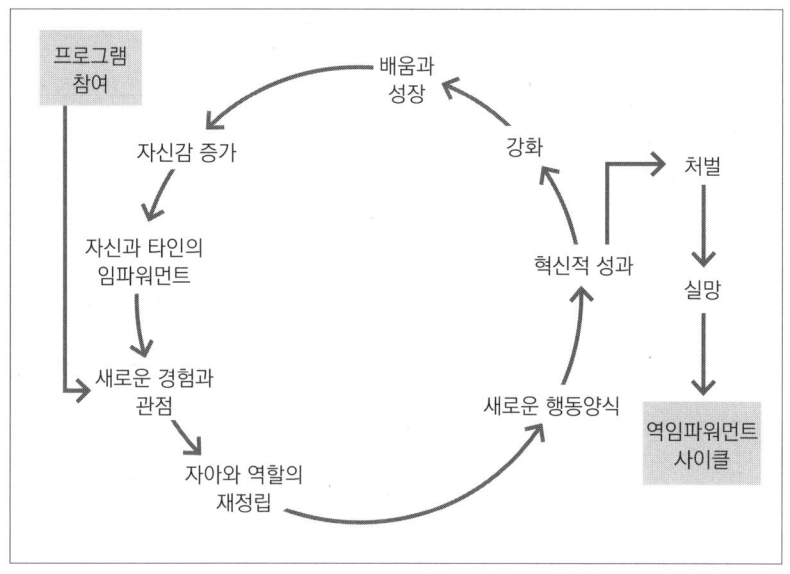

　자아의 재창조는 종종 혁신적인 변화를 가져다주었다. 이들 중간관리자들은 새로운 힘을 얻게 되었고, 그에 따라 더욱 많은 것을 배우고 그것들을 자신들의 새로운 경험에 반영할 수 있게 되었다. 그들은 조직에 대해 더욱 강한 소속감을 갖게 되었고, 조직을 위해 보다 헌신적으로 일하게 되었다. 프로그램은 참가자들의 관점을 보다 넓게 확장시켜주었고, 그들에게 새로운 개념을 개척하고 새로운 일을 시도할 수 있도록 독려했다. 많은 참가자들이 프로그램을 통해 자신감과 임파워먼트가 커졌다고 말했다. 이제 그들은 위험에 보다 적극적으로 도전할 수 있게 되었고, 새로운 아이디어를 과감히 실행할 수 있게 되었다. 나아가 그들은 부하직원들에게 임파워먼트를 불어넣을 수 있게 되었다.
　변화는 위험에 도전하는 것(risk taking)이고 실패의 가능성과 정면으로 부딪치는 것이다. 물론 위험에 도전하는 것이 불행하게도 안 좋은 결과를 낳을 수도 있다. LEAD 프로그램에서 보면, 참가자들이 추진한 대부분의 변화시도는 상사의 지지를 받았다. 그러나 약 3%의 참가자들은 자신들이 앞에 나서는 것 때문에 상사로부터 징계를 받아야 했다고 불평했다. 그들의 불평은 어쩌면 당연한 일이었다. 그들은 이렇게 자기들의 불만을 털어놓았다. "당신들의 프로그램은 사기이다. 조직은 결코 리더를 원하지 않는다. 조직은 다만 순응형 인간(conformist)을 원할 뿐이다." '그림_임파워먼트 사이클'의 우측 하단은 이러한 상황이 어떻게 중간관리자들의 임파워먼트를 가로막게 되는지, 역임파워먼트 사이클 (disempowering cycle)을 보여주고 있다.

그러나 전체적으로 보면, 대부분의 참가자들은 프로그램을 통해 자기 자신과 조직 내의 자기 역할에 대해 의미를 재정립하는 일련의 과정을 경험했음을 밝히고 있다. 그들은 이러한 일련의 과정은 깊은 성찰과 함께 시작되고, 그 성찰을 통해 새로운 관점을 얻게 된다고 말했다. 이러한 깨우침을 통해 그들은 위험에 도전하고 변화를 시도할 수 있는 용기와 방법 그리고 임파워먼트를 얻게 되고, 궁극적으로 이러한 모든 것들을 하나의 학습프로세스로 통합시키는 능력을 얻게 된다. 이 일련의 프로세스는 자기 자신의 지속적인 평가, 재창조, 재조율에 그 기반을 두고 있다고 하겠다.

변화추진 사례 유형

LEAD 참가자들의 보고서를 분석하면서 우리는 어떤 종류의 변화가 이루어질 수 있는지 궁금했다. 설문조사와 인터뷰를 통해 방대한 자료가 수집되었다. 이 자료들을 통계적으로 분석한 결과, 참가자들은 크게 다섯 가지 유형으로 변화를 추진한 것을 알 수 있었다.(Spreitzer and Quinn, 1996)

유형 1 : 관리 스타일의 변화

내가 처음 시도한 것은 나의 개인적인 리더십 스타일을 개선하자는 것이었다. 이를 위해 첫째, 부하직원들로부터의 피드백이나 그들의 아이디어를 더 존중하고 개방적 자세를 갖으려 노력했다. 둘째, 지도(coaching)와 꾸지람을 적절히 배분하여 균형을 이루도록 노력했다. 셋째, 부하직원이 자기분야의 전문가가 될 수 있도록 배려하고 그들의 의견을 존중하는 방법으로 되도록 많은 권한을 위임하고자 했다.

이런 유형에서 볼 수 있는 전형적인 행동의 변화는 관리 스타일의 변경 또는 부하직원의 고충에 보다 민감하게 반응하는 것 등이었다. 많은 사람들이 개방적 자세, 신뢰, 참여, 그리고 협력 등을 구축하기 위해 벌였던 노력들을 얘기했다. 그들은 새로운 마음가짐을 통해 남의 말을 보다 잘 경청하게 되었고, 부하에 대한 지도와 권한이양의 기술(delegating skills)을 향상시킬 수 있었다. 또한 고객지향, 시간관리, 품질, 생산성 및 안전 등의 이슈에 대해 보다 높은 관심을 가지게 되었다는 보고도 있었다. 그러나 이러한 유형의 변화들이 비록 개인의 외형, 행동스타일, 이슈에 대한 민감성 등에 커다란 변화를 가져오기는 했지만, 부서 혹은 조직차원에서의 변화에는 다음에 제시하게 될 다른 유형들에 비해 별로 언급할 만한 내용이 없었다.

유형 2 : 부서 내 1차적 변화

우리 부서는 생산성과 효율의 개선이 필요했다. 지금까지 여러 가지 방법을 도입하여 시스템을 측정하고자 했지만 모두 실패했었다. 우리의 업무내용이 본질적으로 변화가 심하고 표준화가 불가능한 속성을 가지고 있기 때문에,

측정 자체가 의미가 없다는 주장도 제기되어 왔다. 그래서 나는 총 근로시간을 기준으로 하는 지금까지의 측정방법 대신 부서의 시험 보고서의 총량을 기준으로 삼는 새로운 측정법을 개발하게 되었다. 시범적으로 시행했는데 결과가 매우 좋게 나타났다. 나는 새로운 측정기법과 그 시범시행 결과를 기술임원에게 보고했고 경영진은 적극적인 채택의사를 보여주었다.

이런 유형의 변화시도는 중간관리자 자신이 속해있는 부서나 팀 단계에서 적용될 수 있는 것이다. 업무협조, 정보 공유, 계획, 진척도 확인, 생산성 제고, 안전, 품질 그리고 고객만족 등의 분야에서 개선을 이루고자 하는 너무도 당연한 시도들이 이 유형에 해당된다. 자주 쓰이는 방법으로는 담당자 미팅, 조직개편, 업무절차의 변경, 새로운 평가방법의 채택, 업무 우선순위의 재조정 등이 있다. 이 유형의 변화들은 대개 모호성이 없는 명백하고 구체적인 문제를 다룬다. 변화의 정도도 조직의 기본 가정을 건드리는 급진적인 개선보다는 현상태의 점진적인 개선을 채택하는 것이 보통이다.

유형 3 : 조직의 1차적 변화

데이터베이스 관리자(DBA)의 임무는 데이터베이스가 하드웨어나 소프트웨어 상의 문제로 인해 잘못되는 것을 방지하고 또 사용자가 데이터를 효과적으로 이용할 수 있도록 지원하는 것이다. 데이터베이스 관리자들의 일은 응용 프로그래머들을 포함한 데이터 프로세싱 부서들에게 서비스를 제공하는 것이다. 내가 추진하고자 했던 변화는 데이터베이스 관리자들을 좀 더 고객지향적으로 바꾸고자 하는 것이었다. 우리는 고객의 요구에 좀 더 신속하게 대응할 수 있는 변화를 추구했지만 처음 얼마동안의 결과는 부정적이었다. 우리는 이에 굴하지 않고 계속 변화를 추구했고 이와 함께 데이터베이스 관리자들과 3개의 데이터 활용부서들 사이의 재조율 작업을 해나갔다. 이런 노력은 결국 효과를 발휘, 데이터베이스 관리자들은 대단히 고객지향적으로 바뀌었고, 업무협조도 매우 개선되었다.

이런 변화들은 명확하게 드러난 경우에 적용될 수 있기 때문에 유형 2의 변화들과 유사하다고 할 수 있다. 유형 2든 유형 3이든 상호교류의 변화 혹은 1차적 변화이다. 두 경우 모두 담당자 미팅, 조직개편, 업무절차의 변경, 새로운 평가방법, 우선순위의 재조정과 같이 비슷한 방법이 활용된다. 둘 사이에 차이가 있다면 유형 2는 부서나 팀을 대상으로 하는 반면 유형 3이 대상으로 하는 것은 보다 큰 조직이라는 점이다. 그것은 해당 관리자의 부서 경계를 넘어가는 것이므로 유형 3은 유형 2보다 더 광범위하게 이루어진다고 할 수 있다.

유형 4 : 업무단위의 2차적 변화

우리 부서는 분할된(인사관리, 교육관리, 고객관리 등) 정보를 각각 제공하는 세 개의 서로 다른 컴퓨터 시스템을 운영하고 있다. 부서의 조직은 컴퓨터 시스템에 따라 세 개의 독자적인 팀으로 이루어져 있었다. 나는 이것을 자동차생산이라는 본래의 업무에 초점을 둔 다섯 개의 그룹으로 재구성했다. 그것은 고객의 요구에 초점을 둔 체제였다. 각각 자기가 맡은 시스템에 대해서만 책임이 있던 과거와는 달리 새로운 체제에서는 모든 팀 멤버들이 차종별로 공통의 정보를 다루게 되고 시스템 사이에서 정보들의 균형조절과 점검 등에 더욱 주의를 기울이게 되었다. 그 결과 우리는 좀 더 일관성 있고 높은 양질의 정보를 제공할 수 있게 되었다.

이러한 변화도 유형 2의 변화와 같이 중간관리자의 담당부서 또는 팀을 대상으로 하고 있다. 그러나 유형 4의 변화는 변혁적 혹은 2차적 변화 즉, 근원적 변화라는 점에서 유형 2와는 다르다. 유형 2와 유형 4는 둘 다 조직의 재정비나, 새로운 전략의 채택, 신기술 및 새로운 절차 등을 포함할 수 있다. 그러나 유형 4의 변화는 그 범위가 훨씬 넓고, 현상에 대한 개념이나 틀을 재정립하는 것을 포함한다. 그런데 유형 4의 변화에서, 변화의 대상을 찾는 것이 애매한 경우가 많다. 결국 현재 진행되고 있는 일들의 기본 가정들까지도 변화의 대상이 된다.

그렇다면 1차적 변화와 2차적 변화 사이의 차이점은 무엇인가? 유형 3과 유형 4에서 제시된 컴퓨터 관련 부서의 예를 들어보자. 유형 4의 사례에서 보면 2차적 변화가 많아질수록 변화를 추진하는 일도 더욱 복잡하게 된다. 즉, 단지 고객별로 부서의 편성을 바꾸는 것(유형 3의 경우)이 아니라 업무의 본질까지도 바꿔야 하는 것이다. 즉 조직구조, 부서 간 관계 및 정보 등을 차종별로 다시 묶는 조율작업을 통해 완전히 다른 조직이 되는 것이다. 1차적 변화(유형 2와 유형 3)와는 달리 유형 4에서는 가장 기초적인 분야에서 시스템에 이르기까지 커다란 변화가 일어나는 것이다.

유형 5 : 조직의 2차적 변화

LEAD 프로그램에 참가한 지 얼마 안 되어 나는 내가 담당하고 있는 차종의 생산라인에서 작업의 복잡성을 줄이기로 결심했다. 이것은 고객의 선호도가 낮은 선택사양(option)을 과감히 버리는 것, 선호도가 높은 선택사양을 표준화시키는 것, 그리고 상호 관련된 선택사양들은 하나로 묶는 것을 통해 충분히 가능한 일이었다. 처음에는 사업부 내에서 반대의 목소리가 거셌지만, 다행스럽게도 내가 제시한 방향으로 생산라인을 재조정하라는 지침이 상부에서 내려졌다. 지금은 모든 계층과 부문에서 이러한 재조정 방안을 받아들이고 있다. 심지어 더 빨리 변화를 추진하라는 압력을 받고 있을 정도다.

유형 4의 변화와 마찬가지로 이 유형의 변화는 정상적으로 작동하고 있는 가정의 틀을 바꾸는 것과 다소 애매한 문제를 포함하고 있다. 다만 이런 유형의 변화는 유형 4에 비해 더 복잡하고, 변화의 대상도 다르다. 한편 유형 5는 유형 3과 마찬가지로 팀이나 부서, 심지어는 조직 전체를 변화의 대상으로 삼는다. 이 유형의 변화는 또한 많은 인원을 대상으로 하는 경향이 있다. 유형 5의 변화 사례의 경우를 보면, 고객의 니즈(needs)에 초점을 맞춘다든지, 중복되는 분야를 정리한다든지, 혹은 새로운 시장의 장악을 위해 전략을 수정한다든지 하는 과정에서 감원이 이루어지거나 심지어는 한 공장의 전체 과정이 없어질 수도 있다. 이렇듯 2차적 변화는 시스템 차원에서 이루어지는 만큼 내재된 위험도 다섯 유형의 변화 중에서 가장 크다고 할 수 있다.

LEAD 프로그램이 주는 교훈

LEAD 프로그램 참가자들이 겪었던 여러 가지 장애요인들을 볼 때, 그들이 시도한 변화의 종류와 깊이는 실로 대단한 것이었다. 참가자들의 26%가 부서 차원에서 변혁적 혹은 2차적 변화를 시도했으며, 34%는 조직차원에서 2차적 변화를 추진했다. 조직차원에서 1차적 혹은 점진적 변화를 추진한 참가자는 전체의 16%를 보였고, 21%는 부서 차원의 1차적 변화를 시도했다. 그리고 나머지 17%는 관리스타일의 변화를 추진했다. 이상의 예는 조직에 순응하라는 압력이 아무리 강력해도 중간관리자에게 적절한 자극과 격려가 주어지면 새로운 변화를 추구할 수 있다는 것을 잘 보여주는 것이다.

패러다임의 진화

　LEAD 프로그램의 결과 분석을 통해 우리는 많은 것을 배웠지만 그 중에서도 특히 흥미를 주는 한 가지 사실을 강조하고자 한다. 그것은 가장 위험 부담이 큰 변화(유형 5)를 시도했던 사람들에 대한 것이다. 프로그램에 참여하기 전에, 참가자들은 그들의 직장환경과 생활방식을 묻는 설문서를 작성했었다. 이 설문서의 분석 결과에 따르면 유형 5의 변화를 추진한 사람들은 한결같이 건강과 직장에 대한 만족감, 그리고 대인관계에서 높은 점수를 주었던 사람들이다. 이들은 또한 놀랍게도 참가자 중 가장 나이가 많은 그룹이었다. 이것은 그들이 직장에서 승진할 수 있는 한도까지 이르렀음에도, 여전히 긍정적인 시각을 유지하고 있다는 것을 보여준다. 그들은 지금까지 포드자동차에 충성을 다했고 보다 큰 기여를 하기 위해 열심히 일했다. 그들은 위험에 대한 보상을 생각하는 점에서도 다른 사람들과 구분되었다. 그들은 근원적 변화를 추진하는 것에 '정치적 위험'을 별로 생각하지 않으며, 회사에 깊은 애정을 가지고 있기 때문에, 그들은 '옳은 일을 하는 것'에 주저함이 없었던 것이다. 어떠한 이유에서든, 그들은 정치적 타협의 패러다임에서 보다 위험지향적(risk-oriented)이라 할 수 있는 변혁의 패러다임으로 진화되었다. 그들은 조직에 순응하라는 압력을 거부하고 기꺼이 근원적 변화를 택한 것이었다.

반성과 토론

🍃 변화를 향한 개인적 단계

1. 자신에게 동질성을 요구하는 압력이 있었는지 분석해보라.

2. '질문 1'에서 밝혀낸 압력이 현재 자신이 맡고 있는 일을 추진하는 데 어떻게 영향을 미치는가?

3. '그림_임파워먼트 사이클'에 소개된 임파워먼트 모델을 토대로 자신이 좀 더 강력한 추진력을 얻기 위해 필요한 것이 무엇인지를 설명하라.

🍃 변화를 향한 조직적 단계

1. "관료주의 문화, 내부의 갈등, 그리고 부족한 개인시간은 대부분의 큰 조직들이 변화를 추진할 때 장애요인으로 작용한다. 그러나 이것은 결코 나쁜 의도에서 비롯되는 것이 아니고 조직의 활동과정에서 자연스럽게 생겨나는 것이다. 이들 장애요소로 말미암아 비록 CEO가 아무리 임파워먼트의 필요성을 강조하더라도, 대다수의 직원들은 자기들이 취해야 할 명확한 직장관을 갖게 된다. 그것은 다름 아닌 '순응하라', '긁어 부스럼 만들지 마라', '무사안일' 따위의 것이다.(_순응의 압력' 참조)이렇게 되면 조직은 중간관리자들의 리더십과 솔선수범을 바랄 수 없는 일종의 '장의사(funeral parlor)'로 전락한다." 자신의 조직의 상황과 견주어 이 글의 옳고 그름을 평가하라.

2. 많은 리더십 훈련 프로그램이 실패로 끝나는 이유가 무엇인가?

3. 자신의 조직에서 조직원들에게 활력을 불어넣으려는 전략이 있다면 이는 본문에서 소개된 내용과 어떻게 다른가?

4. 자신의 조직에서 조직원들에게 활력을 불어넣을 수 있는 프로그램을 간략히 설명하라.

16. 관리자가 아니라 리더가 되라

지난 몇 년 동안 기업의 임원진들과 나누었던 얘기들 속에서 나는 그들 대부분이 실무자에서 관리자로의 변혁을 경험했다는 사실을 발견했다. 그들은 그런 변화를 인생에서의 중대한 사건으로 생각했다. 그러나 무엇보다 나의 흥미를 끈 것은 CEO를 포함한 대부분의 임원들이 또 다른 중요한 변혁의 가능성을 전혀 이해하지 못하고 있다는 점이다. 그들은 관리자에서 리더로의 변혁은 이해하지 못하고 있었던 것이다.

얼마 전 여러 중견기업의 CEO 그룹과 하루를 지낸 적이 있었다. 그날 프로그램 중에는 조직변화에 대한 사례발표 시간이 있었다. 한 사람이 앞으로 나왔고 그의 사장 재임시절의 사례를 소개했다. 그는 처음에는 회사의 최고책임자가 되었다는 사실에 무척 흐뭇했다고 한다. 그는 계속해서 사장 취임 직후의 활동들에 대해 설명하고 당시 그가 성취한 것에 얼마나 자부심을 느꼈는지를 설명했다. 그런데 어느 날 회사의 내부를 면밀하게 점검해보니 그의 기대와는 달리 직원들은 무기력하고 부정적이었으며 솔선수범의 자세가 전혀 보이지 않음을 알게 되었다. 문제의 원인을 파고 들어간 그는 놀랍게도 문제는 바로 자신에게 있다는 결론에 이르게 되었다. 그는 자기 자신이 리더가 아니라 단순히 관리자에 불과했다는 사실을 깨달은 것이다. '관리업무(management tasks)'는 아래 사람에게 위임하고 자기 자신은 조직문화의 변혁 같은, 보다 크고 장기적인 사안들을 추진해야 했던 것이다. 참가자들은 그의 말에 고객을 끄덕이면서 조직에서 리더십이 얼마나 중요한지에 대해 동의를 표시했다.

그러나 그 발표자가 자기가 취했던 위험으로 가득 찬 일련의 행동들을 설명하기 시작했을 때, 참가자들이 웅성거리기 시작했다. 그의 발표가 끝나자마자 사람들은 그래서 얻은 성과가 무엇이냐고 질문을 던지기 시작했다. 발표자는 결과에 대해서는 언급하지 않았던 것이다. 그는 6개월 단위로 경영성과를 기록한 그래프를 보여주었다. 첫 번째 그래프는 6개월간 지속적으로 하락하는 모습을 나타냈다. 두 번째 그래프는 상승추세를 보였고, 마지막 세 번째 그래프는 이제 기하급수적으로 급상승하는 모습을 보였다. 참석자들은 의심과 동조하기 어렵다는 심정을 표시했다. 그들은 그 회사가 놀라운 성과를 거둔 데에는 사장 자신의 변혁 이외의 다른 이유가 있다고 생각했다. 그 사장이 설명한 내용은 납득이 되지 않았던 것이다. 그것은 마치 그의 이야기가 사실이 아니어야만 한다는 것 같았다.

많은 사람들이 실무자에서 관리자로의 자기 변신을 이루지만, CEO들을 포함한 많은 사람들은 관리자에서 리더로의 변혁은 이루지 못한다. 그러한 실패 때문에 많은 CEO들이 변화를 위한 가장 강력한 지렛대가 무엇인지 그리고 조직 내 힘의 가장 궁극적인 원천이 무엇인지 이해하지 못하고 있다. 변화를 위한 가장 강력한 지렛대는 자기 자신이 변화 프로세스의 모델이 되어 타인들에게 보여주는 것이다. 이것은 조직의 최고 위치에 있는 사람들 스스로가 근원적 변화의 프로세스에 참여해야 한다는 것을 요구하고 있는 것이다.

CEO들의 리더십 행동

변혁적 패러다임의 필요성을 부정하고 그러한 부정을 합리화시키려는 경향은 하나의 중요한 질문을 던지게 만든다. "변혁적 행동이 과연 기업에 중요한 가치가 있는가?" 최근 900명의 CEO를 대상으로 실시한 조사에서 나와 스튜어트 하트(Stuart Hart)는 관리적 행동(transactional behavior)과 변혁적 행동(transformational behavior)에 대하여 또 이들이 근원적 변화와 어떻게 연관되는지를 연구했다.(Hart and Quinn, 1993)

우리가 내린 결론은 CEO들은 네 가지의 서로 대립되는 일반적 역할을 수행하도록 요구된다는 것이다. 이것을 '그림_리더십 : 대립되는 역할'의 모델로 설명하고자 한다. 이 모델에서는 조직(organization), 미래(future), 운영 시스템(operating system), 그리고 시장(market)이라는 네 개의 영역(domain)을 설정하고 있다. 이들 각각의 영역을 기초로, 이 모델은 모든 CEO들이 관심을 기울여야 하는 네 개의 요구사항을 제시하고 있다. 그것은 바로 사람의 필요성, 혁신의 필요성, 효율성의 필요성, 그리고 실적의 필요성이다. 그리고 이를 통해 CEO에게는 네 개의 역할 혹은 기대가 주어진다.

변혁 추진자로서의 역할

비전정립자로서의 CEO는 미래에 관심을 기울이고 최근에 나타나는 경향들을 주시하며 조직의 목적과 방향의 명확한 초점을 제시한다. 그

그림 _ 리더십 : 대립되는 역할

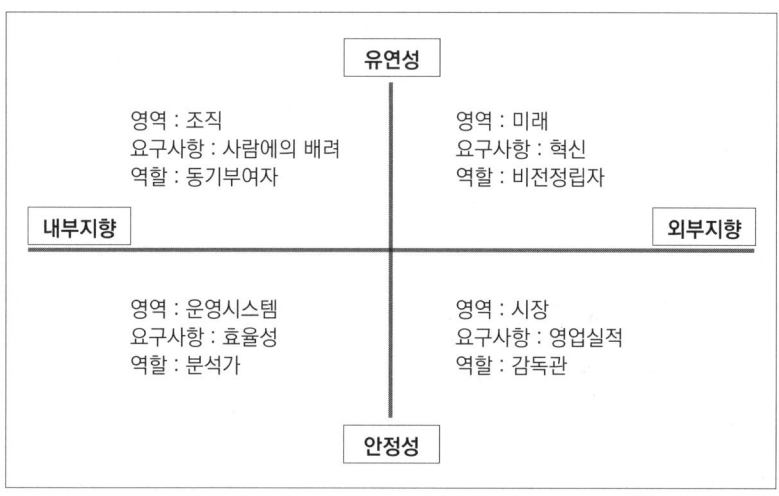

리고 기업이 장기적으로 나아가야 할 방향을 제시한다.

동기부여자로서의 CEO는 책임의식을 고취시키고, 회사의 가치관을 주지시키며, 직원들이 새로운 목표와 야망에 도전하도록 만들고, 또한 조직의 활기를 만들어낸다.

관리자로서의 역할

분석자로서 CEO는 회사운영의 효율성에 관심을 기울이고, 제안된 프로젝트를 평가하고, 그리고 갈등을 빚는 관점과 요구사항 등을 조정 통합한다.

감독관으로서의 CEO는 실적에 관심을 기울이고, 결과를 중시하며, 문제를 해결하고, 또한 실무단계의 의사결정에도 참여한다.

CEO와 기업의 성과

CEO의 역할과 회사의 성과와의 연계성을 보기 위하여 우리는 세 가지 차원에서 성과를 측정했다. 첫째 현재의 수익성을 나타내는 다양한 회계수치에 반영된 단기적 재무성과를 평가했다. 두 번째 시장 점유율과 판매 증가율, 신제품 개발 능력 등 경영성과의 측정을 포함하여 조직의 성장성과 미래의 위치를 평가했다. 마지막으로 조직의 효율성을 측정하는 것으로 비회계상의 성과 즉, 직원들의 만족도, 제품의 품질, 사회적 책임 등을 평가했다.

우리의 첫 번째 의문은 CEO는 과연 어떠한 역할을 하고 있을까? 하는 것이었다. 다음 내용을 읽기 전에 독자 스스로 이에 대한 답변을 생각해보는 것도 유익할 것이다. 앞에서 제시한 CEO로서의 네 가지 역할 중 실제로 보여주고 있는 역할의 순위는 어떻게 될 것인가?

독자들은 우리가 도출한 결과를 보고 놀랄지도 모른다. CEO들은 대단히 적극적인 리더들이라는 것이 일반적인 생각이기 때문이다. 우리의 결과는 놀랍게도 CEO들이 비전을 제시하고 직원들에게 동기를 부여하는 것과 같은 변혁적 리더로서의 행동보다는, 문제를 분석하고 업무완수를 독촉하는 것과 같은 관리적 행동에 더 많은 시간을 할애하는 것으로 나타났다. CEO들이 가장 즐겨하는 역할은 감독관으로서의 역할인 것으로 나타났으며, 그 다음이 분석가로서의 역할이었다. (두 가지 모두 관리자 역할이다.) 동기부여자나 비전정립자와 같은 역할(변혁추진자로서의 역할)은 별로 보이질 않았다.

다음으로 우리는 CEO의 역할과 세 가지 차원의 기업성과 사이의 연관성을 살펴보았다. 가장 많은 빈도수를 보여준 감독관으로서의 역할은 세 가지 차원 중 어느 차원의 기업성과와도 상관관계가 거의 없었다. 분석가로서의 역할은 영업실적과 조직효율에서는 도움이 되지만 단기적 재무성과 측면에서는 관련이 없었다. 비전정립자로서의 역할은 분석가로서의 역할과 비슷한 결과를 보였다. 마지막으로 동기부여자로서의 역할은 이들 세 가지 차원의 기업성과 모두와 높은 관련을 보여주었고, 특히 미래의 조직의 효율성에 강한 연관성을 보여주었다. 다만 단기적 재무성과와는 상대적으로 연관성이 적었다.

이러한 결과를 통해 우리는 마지막으로 질문을 던졌다. "그렇다면 모든 역할을 골고루 수행하는 CEO가 이 중 몇 가지만을 선택하는 사람보다 더 좋은 성과를 이끌어낼 수 있을까?" 이에 대한 대답은 그렇다는 것이다. 네 개의 서로 대립되는 역할을 골고루 수행하는 CEO가 모든 측면에서 가장 높은 성과를 거두는 것으로 조사되었다. 이런 결과는 기업의 규모나 경쟁환경 정도와 상관없이 나타났다.

이 결과는 앞서 소개했던 사례발표에 대한 CEO들의 회의적인 반응에 대해 하나의 단서를 제공한다. 일반적으로 사람들은 관리자로서의 역할 즉, 아랫사람들을 지휘 감독하는 일에 매력을 느끼게 마련이고, 현상유지를 원한다. 이것들은 정치적 타협의 패러다임과 높은 관련을 갖고 있다.

리더가 되기 위해서는 관리자의 역할로 돌아가려는 회귀의 유혹을 뿌리쳐야 한다. 이것은 우리가 관리의 패러다임에서 변혁의 패러다임으로 전환되지 않는 한 어려운 일이다. 관리의 패러다임에 빠져있는 한, 조직을 위한 일보다 자신을 위한 일에 더 관심을 갖게 된다. 우리는 어쩌면 분석가나 감독관이 되는 것을 더 선호하는지 모른다. 그러나 성공적인 리더가 될 수 있는 열쇠는 비전정립자, 동기부여자, 분석가, 감독관의 역할을 모두 수행하고 그것들을 내적으로 통합 조정할 수 있는 능력이다. 이것은 관리와 변혁의 패러다임을 모두 사용하는 것을 요구하는 것이다.

반성과 토론

🍃 변화를 향한 개인적 단계

1. 자신은 조직의 실무자에서 관리자로의 변화를 이루었다고 생각하는가? 만약 그렇다면 그 과정을 설명하라. 그렇지 않다면 그 이유가 무엇이라고 생각하는가?

2. 자신은 관리자에서 리더로의 변화를 이루었다고 생각하는가? 만약 그렇다면 그 과정을 설명하라. 그렇지 않다면 그 이유가 무엇이라고 생각하는가?

3. "참석자들은 의심과 동조하기 어렵다는 심정을 표시했다. 그들은 그 회사가 놀라운 성과를 거둔 데에는 사장 자신의 변혁 이외의 다른 이유가 있다고 생각했다. 그 사장이 설명한 내용은 납득이 되지 않았던 것이다. 그것은 마치 그의 이야기가 사실이 아니어야만 한다는 것 같았다." 성공한 회사 경영자가 제시한 성공비결은 왜 과거에는 얘기되지 못한 것이라고 생각하는가? 이 같은 이야기를 자신에게 적용시켜보라.

4. 본문을 통해 대부분의 경영자들이 관리자로서의 역할만을 수행한다는 것을 알게 됐다. 그러나 높은 성과를 이루기 위해서는 네 가지 역할 모두에서 높은 점수를 얻어야 한다는 것도 나타났다. 이 같은 결과에 대한 자신의 입장을 설명하라.

5. 본문에서의 분석은 기업 경영자를 대상으로 이루어졌다. 이 결과를 다른 분야에 적용시킬 수는 없는가? 기업의 중간 관리자, 팀장, 학교 선생님, 부모에도 적용시킬 수 있는가? 자기자신에 적용시켜볼 경우는 어떠한가?

6. 본문에서 다룬 네 가지 역할을 아래에 옮겨놓았다. 전체 역할에 소비한 비율의 합계를 100%로 하고 자신이 각자의 역할에 사용한 시간을 나타내보라.

비전 정립자 : 미래의 모습에 관심을 갖고 새롭게 나타나는 트랜드를 예의 주시한다. 또 목적이나 방향을 정립하려 노력하고 조직이 장기적으로 이르러야 할 곳을 찾기 위해 꾸준히 노력한다.

동기 부여자 : 기업의 가치를 강조하면서 조직원들이 책임감을 갖도록 한다. 또한 새로운 목표와 야망을 통해 조직원들을 자극하며 이들에게 흥미를 불어넣으려 한다.

분석가 : 조직의 효율성에 높은 관심을 갖는다. 제안된 프로젝트를 평가하고 서로 상반되는 전망이나 필요사항들을 조정한다.

감독관 : 업무의 완성도에 관심을 기울인다. 결과를 중시하고 문제를 해결하려 한다. 낮은 단계에서 이루어지는 의사결정에 영향력을 행사한다.

7. 문제 6의 각 항목에 대한 시간 배분을 앞으로 어떤 식으로 변화시킬 것인가? 이 같은 목표를 어떻게 이룰 생각인가?

🌿 변화를 향한 조직적 단계

1. 본문의 초반부에 나타난 경영자가 한 일에 대해 어떻게 생각하는가? 왜 그렇게 생각하는가?

2. 자신이 그 경영자와 비슷한 역할을 할 경우 자신이 속한 조직은 어떤 변화를 겪게 될까?

3. 자신이 속한 조직의 사장은 변화를 향한 개인적 단계 문제 6에서 나타난 각 항목에 어떻게 시간 배분을 한다고 생각하는가?

17. 위험은 왜 필요한가

 어느 회사의 CEO가 공장장에게 아주 중요한 신제품 개발을 지시했다. 그 신제품은 회사 경영전략의 핵심을 차지하고 있는 것이어서 그 제품의 성공적인 개발에 회사의 존망이 걸려 있었다.
 그 프로젝트를 전체적으로 검토하는 과정에서 공장 관리자들은 한 가지 문제에 부딪쳤다. 공장노조가 제품개발에 적극 협조할 테니까 대신 당시로서는 혁신적이라 할 수 있는 종신고용제를 요구한 것이다. 관리자들은 이 문제를 본사 인사팀에게 넘길 경우 부결되던가 아니면 복잡한 관료적 절차 때문에 많은 시간을 낭비하게 된다는 것을 알고 있었다. 또한 본사의 승인이 없이 일을 진행시킬 경우 사규에 의해 해고당할 수 있다는 사실도 알고 있었다. 고통스러운 논의 끝에 그들은 우선 노조의 요구를 들어주어 일을 진행시키기로 결정했다.
 제품개발은 대단히 성공적이었다. 얼마 후 본사 관계자들이 참석한 가운데 제품개발 과정에서 미처 처리되지 못한 문제를 처리하기 위한 회의가 열렸다. 회의는 처음에는 순조롭게 진행되었다. 그러나 노조의 역할을 다루게 되면서부터 문제점이 드러나기 시작했다. 임원진들은 그런 중요한 문제가 이제야 보고된 것에 대해 흥분했고 노조와의 합의 사항이 다른 사업장으로까지 확산되면 어떻게 할 것인가 하는 우려를 나타냈다. 공장관리자들은 언짢지 않을 수 없었다.

이 이야기는 조직 내에서 일어날 수 있는 중요한 딜레마를 보여준다. 공장관리자들이 임원진들에게 자신들의 입장을 제대로 설득하지 못했다면, 그들은 회사의 노사관계 정책에 큰 손상을 입혔다는 이유로 해직됐을 것이다. 반면에 노조의 요구를 들어주지 않아 제품개발에 실패했다면 회사는 재정적으로나 전략적으로 중대한 타격을 입었을 것이다.

조직은 순응하는 사람을 필요로 하기 마련이다. 전통적으로 규칙과 절차는 조직 내 균형과 예측을 보장하기 위해 만들어졌다. 이런 규칙과 절차는 중요하고, 그것을 시행하기 위해 많은 시간과 노력이 투자되곤 한다. 규칙은 조직을 묶어주며 협조를 가능하게 한다. 그러나 지금의 규칙과 절차들은 과거의 문제 해결을 위해 만들어진 것일 수도 있다. 과거의 규칙은 외부환경으로부터의 새로운 도전을 해결하는 데 오히려 장애가 될 수가 있다. 활력을 유지하기 위해 조직은 변화하는 외부환경의 요구에 능동적으로 대응해야 한다. 그러나 이것은 오직 몇몇의 사람들이 몇몇 심각한 위험에 과감히 맞설 때 가능한 일이다. 조직의 변화는 언제나 개인의 변화와 함께 시작된다.

1장에서 보았던 것처럼 어느 주정부의 변혁적 리더들은 모두 최소한 하나 이상의 규정이나 법을 위반했다. 이것은 다음과 같은 한 가지 낯선 개념을 함축하고 있다 - 생존을 위해 조직은, 조직을 위해서라면 위험을 무릅쓰고 죽음을 두려워하지 않는 리더를 필요로 한다. 대부분의 조직에서 그런 사람들을 찾는다는 것은 사실 매우 어렵다. 그러한 리더들은 비전을 지녔고 변혁의 패러다임을 따른다. 그들은 스스로 권위를 부여하고, 조직의 압력이 아니라 도덕적 원칙에 바탕을 둔, 인습에 얽매이지 않은 방법을 따른다.

위험에 도전하지 않는다면 일을 하고 있는 것이 아니다

15장에서 다루었던 포드자동차와 미시간 대학이 공동으로 실시한 LEAD 프로그램에 대해 좀 더 살펴보자. 당시 대부분의 참가자들은 초기에는 프로그램의 목적에 대해서 무척 냉소적이었다. 그들의 반응은 "우리 사장이 여기에서 무엇을 가르치고 있는지 알고나 있을까? 조직 안에서 내가 할 수 있는 일이란 아무것도 없다. 이 프로그램에 참가해야 할 사람은 내가 아니라 사장이다."라는 식으로 냉소적이었고 무기력했다. 그러나 프로그램이 진행되는 동안 그들의 태도는 점차 가능성의 탐색으로 바뀌었다. 태도가 바뀌면서 '일단 시작하자!(Just do it ; JDI)'라는 말이 생겨나더니 이내 모든 참가자들에게 퍼졌다.

몇 개의 차수가 계속되는 동안 새롭게 참가한 참가자들은 종종 프로그램 초기에 JDI에 대한 질문을 했고, 냉소적인 반응을 보이곤 했다. 그런 냉소적 반응을 보인 차수의 교육이 진행될 때 포드자동차의 한 임원이 방문했다. 그 임원과 함께 토론을 하는 동안, 새롭게 참가해서 아직 안정을 찾지 못하고 있는 참가자들은 JDI에 대한 그들의 냉소적 비판을 털어놓기 시작했다. 그들은 그런 식의 사고는 회사를 위해서도 오히려 위험하다고 주장했다. 잠시 생각에 잠겼던 임원은 자기 개인의 이야기를 들려주었다.

아직 젊었던 중간관리자 시절, 그는 상사로부터 헨리 포드 2세가 특정분야의 사업을 확장하려 하니까 그 사업의 타당성을 분석하라는 지시를 받았다. 그는 타당성 분석을 통해 좋지 않은 결과를 확인할 수 있었다. 분석된 자료는 그 계획은 잘못되었고 실행을 즉시 중지해야 한다는 것을 보여주고 있었다. 그는 결과를 직속상사에게 보고했으나 상사는 분석을 다시 하라는 것이었다. 그러나 또 다른 분석에서도 결과는 똑같았다. 그는 재분석 결과를 상사에게 보고하면서 만약 포드가 자신의 계획을 철회하지 않는다면 회사에 중대한 피해를 가져올 것이라고 덧붙였다. 그런데 여기서 이상한 일이 벌어졌다. 결재 라인에 있는 5단계의 임원들이 결재를 포기하고 그에게 직접 분석결과를 포드에게 보고하라고 하는 것이었다.

포드는 분석결과에 대해 다소 불만족한 표정이었고, 그에게 대답하기 아주 곤란한 몇 개의 질문을 던졌다. 그는 질문 하나 하나에 대해 명확히 답변했다. 마침내 포드는 그를 확신했고, 사업계획을 전면 철회했다.

여기서 그의 보고가 있은 다음에 그에게 어떠한 피드백도 없었다는 것은 상당히 흥미로운 일이다. 그는 자기 자신의 보고가 지금 자기의 경력을 망친 것인지 아닌지 알지 못했다. 몇 달 후에 그는 브라질로 발령을 받았다. 그는 '내가 결국 외지로 쫓겨난 것은 아닐까?' 하는 생각 속에서 몇 년을 보냈다. 그리고 몇 년 후 그는 포드 본사에서, 당시 그가 분석결과를 보고하던 자리에 동석했었던 사람을 우연히 만나게 되었다. 이런저런 얘기 중에 그가 이런 말을 하는 것이었다. "그날 당신의 보고가 끝나고 있었던 일은 아마 당신에게 무척 흥미로운 일일 겁니다. 당신이 나가고 나서 포드가 우리에게 이런 말을 했거든요. '우리에게 필요한 사람은 저와 같은 사람이요.'라고 말입니다."

여기까지 얘기한 임원은 잠시 생각에 잠기더니, 이윽고 계속 말을 이어갔다. "적어도 2년에 한 번은 자신의 일에 모험을 걸 필요가 있다. 그렇지 않다면 여러분은 일을 하고 있는 것이 아니다." 그의 말은 참가자들에게 강한 인상을 남겼다. 그는 계속 이어갔다. "JDI는 분명히 옳은 말이다. 그리고 또 하나 기억해야 할 문구가 있다." 그는 'JDI'라는 문구가 있는 곳으로 걸어가더니 이를 소리 내어 읽은 다음 그 옆에 'BDBS'라는 말을 쓰더니 이런 말을 하는 것이었다. "그러나 바보스런 행동은 하지 마라.(But don't be stupid.) 여러분이 모든 이슈에 대해 덤벼들 수는 없다. 여러분은 정말 중요한 이슈들을 가려내야만 한다. 희생할 가치가 있을 만큼 회사를 위해 진정으로 도움이 되는 것이라면, 그때 과감히 일어서야 한다."

개인을 위해서나 조직을 위해서나 변화는 중요하다. 우리는 흔히 우리가 직면한 심각한 문제에 대해서 아무것도 할 수 없다고 믿으려는 경향이 있지만, 시스템이 변화를 요구하고 따라서 우리가 그 시스템을 떠맡아야 하는 때가 있게 마련이다. 다시 말해 우리에게 '일단 시작하자.'가 필요한 때가 온다는 말이다.

우리가 변화를 시도하고자 결심할 때, 거기에는 아무런 보장도, 실패했을 때 우리를 보장해줄 보험 정책도 없다. 진정한 리더가 되는 길에는 언제나 실패에 대한 가능성이 따라 다니는 법이다. 그렇다 해도 자기들이 압력에 굴복할 때마다, 자신과 조직이 점진적 죽음을 향해 한 걸음 한 걸음 다가가는 것임을 이해하고 있기 때문에 리더들은 실패의 가능성에 대항한다. 그들은 위험을 기꺼이 받아들인다. 그들은 그것이 진정으로 옳은 일이라는 확신을 갖고 있기 때문이다. 그들은 조직을 위해서라면 죽음을 불사하고 위험에 부딪친다.

반성과 토론

🍃 변화를 향한 개인적 단계

1. 본문에서 헨리 포드 2세에 대항한 직원은 결국 잘한 것인가 그렇지 못한 것인가?

2. "적어도 2년에 한 번씩은 자신의 일에 모험을 걸 필요가 있다. 그렇지 않을 경우 그 사람은 일을 제대로 하지 않는 것과 다를 바 없다." 이 글이 의미하는 바는 무엇인가?

3. 자신이 일에 모험을 건 경우나 그와 비슷한 상황을 하나만 예로 들어보라.

4. 현재 자신이 일에 모험을 걸 필요가 있다면 어떤 조치들이 필요할까?

5. '질문 1에서 4'까지의 답변을 통해 자기 스스로에 대한 권한부여(self-authorization) 정도를 설명하라. 스스로가 다른 사람과 다르다고 생각되는가?

🍃 변화를 향한 조직적 단계

1. "우리가 변화를 시도하고자 결심할 때, 거기에는 아무런 보장도, 실패했을 때 우리를 보장해줄 보험 정책도 없다. 진정한 리더가 되는 길에는 언제나 실패에 대한 가능성이 따라 다니는 법이다." 자신이 속한 조직에서 리더십을 발휘했으나 결국 실패로 끝난 경우를 설명하라. 그에게는 어떤 일이 발생했는가?

2. "우리는 흔히 우리가 직면한 심각한 문제에 대해서 아무것도 할 수 없다고 믿으려는 경향이 있지만, 시스템이 변화를 요구하고 따라서 우리가 그 시스템을 떠맡아야 하는 때가 있게 마련이다. 다시 말해 우리에게 '일단 시작하자(just do it.)'가 필요한 때가 온다는 말이다." 자신이 속한 조직에서 아무도 나서지 않는 상황에도 한 구성원이 '일단 시작하자.'라고 주장한 경우가 있는가? 당시 상황과 그로 인한 결과를 설명하라.

18. 변혁의 사이클

　조직의 상부 그룹 사람들은 흔히 자신들을 최고경영팀이라고 부른다. 나는 지금까지 그렇게 불리는 많은 그룹들과 같이 일한 경험이 있다. 그러나 그들 중에서 진정한 의미에서 팀으로 일하는 그룹은 찾아보기 힘들었다. 나는 팀을 유능한 사람들이 열정을 통해 모인 집합체로 정의하고 있다. 팀의 구성원 개개인은 명확하게 정의된 역할을 가지고 있고, 공동의 활동 속에서 연결되고, 신뢰의 관계 속에서 단합되어 일하고, 그리고 개개인이 자기 훈련을 게을리 하지 않으며 팀 전체의 이익과 성공을 위하여 개인적 희생을 감내한다. 이러한 특성을 지닐 때 비로소 그 팀은 조직이 기대하고 있는 것 이상의 성과를 낼 수 있는 것이다. 하나로 통합된 전체는 전체를 구성하고 있는 부분들의 단순한 산술적 합보다 큰 법이다. 통합된 전체 속에는 높은 수준의 협력적 상호작용(cooperative interaction)이 일어난다.

이른바 최고경영팀이라는 사람들과 같이 일하면서 내가 흔히 보았던 것은 개인적인 이기주의, 분노, 불안감, 불신, 단결력의 부족, 끊임없는 정치적 견제 등이었다. 그런 그룹의 개개의 구성원들은 흔히 조직 내의 나머지 사람들에게 팀워크의 실천을 강조하곤 한다. 최고경영팀의 구성원들은 자신들이 마치 모두가 일치단결해서 일하는 것(singing from the same songbook)처럼 과장하기도 한다. 조직의 누구도 이런 주장에 감히 도전하지는 못하지만, 조직의 구성원들 대부분은 이런 말이 사실이 아니란 것을 안다. 경영자들이 보여주는 이기적이고 정치적인 행동은 조직원들 사이로 전해지고, 과장되어 소문처럼 퍼진다.

최고경영팀 내에 단결력이 부족할 때, 직원들이 그것을 알아차리는 것은 순식간이다. 그렇게 되면 사람들은 그 팀을 무성의하고 도덕적 성실성이 부족한 팀으로 보게 되고, 그러한 인식은 조직의 모든 계층의 사람들에게 경멸감을 심어준다. 결과적으로 조직 내에서는 작은 협동심이나 정열도 찾아볼 수 없게 된다. 그러한 불신의 분위기 속에서 사람들은 자신의 개인적 이익에만 신경을 쓰며 정치적인 제휴나 야합이 판을 친다. 이런 환경에서 팀워크는 거의 불가능하다.

이처럼 시너지(synergy)를 결여한 그룹이나 조직의 사례는 너무나도 많다. 그렇다면 과연 시너지란 실제로 가능한 일일까? 슐레진저(Schlesinger), 에클스(Eccles)와 게배로(Gabarro)(1983)는 이와 관련하여 비자카드의 CEO였던 디 호크(Dee Hock)의 흥미로운 말을 소개하고 있다.

> 그룹으로 행하는 많은 분야에서, 그룹의 성과가 개별 구성원의 재능을 합한 것 이상으로 발휘되는 신기한 현상을 목격할 수 있다. 이것은 교향악단, 발레, 연극, 스포츠, 그리고 또한 비즈니스에서도 일어난다. 이것을 인식하는 것은 쉽지만 막상 그것을 정의한다는 것은 불가능하다. 그것은 수수께끼이

다. 그런 효과는 엄청난 노력과 훈련, 그리고 협동이 없이는 불가능하다. 게다가 이들 중 어느 한 가지가 빠져도 불가능하다. 가끔 시종 일관 시너지를 만들어내는 그룹이 있을 수 있다. 그러나 그 시너지를 계속 유지할 수 있는 그룹은 거의 없다.(p486)

호크의 글에는 몇 가지 흥미로운 점이 있다. 첫째, 그룹이나 조직이 기대 이상의 성과를 낼 때가 있다는 것이다. 둘째, 이런 현상은 그러나 엄청난 노력을 필요로 하며 따라서 대단히 드문 일이라는 것이다. 지금의 안정적인 혹은 정상적인 수준의 성과를 보다 높은 수준으로 올리기 위해서는 반드시 변혁의 과정이 있어야 한다. 그리고 구성원 중 적어도 한 사람은 보다 높은 성과의 가능성을 인식하고 있어야 한다. 또한 누군가가 반드시 전체의 목표를 향하여 그룹을 리드하여야 한다. 이 변혁의 과정은 구성원들 개인의 엄청난 노력, 상호 의사소통, 훈련, 협동을 필요로 하고 거기에 더해서 어느 정도의 운도 따라주어야 한다. 세 번째 흥미로운 점은, 어떤 그룹이나 조직들이 시종 그들의 목표를 이룬다 하더라도, 그 노력의 수준을 계속해서 유지시키는 것은 대단히 어렵다는 점이다.

높은 수준의 성과를 계속 유지하기는 어렵다는 것 즉, 시너지를 계속 유지하기는 어렵다는 것을, 올스타 대표팀의 센터이기도 했던 보스턴 셀틱스(Boston Celtics)의 빌 러셀(Bill Russell)의 예를 통해 확인할 수 있다. 미국 프로농구 사상 가장 성공적인 구단 중에 하나로 꼽히는 보스턴 셀틱스에서 뛰고 있는 러셀이 이런 말을 했다. 경기를 하다보면 맞서 싸우고 있는 두 팀이 시너지의 관계(synergistic relationship)로 묶여지는 아주 특별한 경험을 하는 경우가 있다는 것이다. A팀의 분전이 상대인 B팀을 자극하여 B팀을 더욱 열심히 싸우게 만들고, 이는 다시 A팀을 자극시키면서 보다 높은 수준의 경기를 만들어간다는 것이다. 이때 맞서 싸우는 두 팀은 하나의 강력한 시스템을 형성하여 서로 상대 팀을 강화시켜 준다. 이럴 때 선수 개개인들이 받는 느낌은 대단한 것이다. 러셀의 말을 옮겨 보자.

> 그러한 특별한 상황에서는 아주 특이한 여러 가지 일들이 일어난다. 게임은 마치 경쟁의 불꽃으로 휩싸인다. 그런데도 어찌된 일인지 나는 경쟁의 느낌을 느끼지 못한다. 그것 자체로 하나의 마술이다. 나는 최대한의 노력을 끌어내고, 긴장은 최고조에 달한다. 그렇지만 어떤 것도 나를 놀라게 만들지는 못한다. 마치 느린 동작으로 경기를 하는 것 같다. 나는 다음 동작이 어떤 것이 될 것이고 어디서 다음번의 슛이 던져질지 거의 느낌으로 알고 있다. 상대 선수가 공을 바운드하기도 전에 나는 공이 갈 방향을 느낀다. 예감이 너무나도 뚜렷하기 때문에 우리 편 선수에게 "이봐! 공이 그리로 가고 있어!"하고 소리치고 싶을 정도이다. 나의 예감은 계속해서 맞아 떨어진다. 나는 우리 팀 선수들뿐만 아니라 상대 팀 선수들도 속속들이 다 알고 있는 느낌이다. 그들도 마찬가지일 것이다. 예전에도 감동을 받거나 즐거웠던 순간들이 많이 있었지만, 그 순간처럼 등줄기를 따라 짜릿한 전율이 흐르는 기분을 느낀 적은 한 번도 없었다.(Russell and Branch, 1979, p177)

러셀은 프로농구에서 활약하는 사람들 중에는 자기 팀의 다른 선수들이 보다 높은 성과를 올릴 수 있도록 격려해주는 천부적 재능을 가진 선수들이 있다고 믿었다. 그는 오스카 로버트슨(Oscar Robertson)이 가장 대표적인 예라고 말했다. 러셀의 말에 의하면 로버트슨은 그의 팀이 움직여야 할 때가 언제인지를 느낀다고 했다. 로버트슨은 경기장에 들어서서는, 상대 포인트 가드의 앞에 멈춰 서서, 공을 바닥에 힘껏 던지며 동료선수들에게 움직여야 할 시간이라고 소리친다. 그리고 상대팀을 이쪽저쪽으로 따돌리고 드디어 완벽한 점프 슛을 집어넣는다. 러셀은 그 다음 3분 동안 정신을 똑바로 차리지 않으면 상대 팀에게 처참하게 공략당할 것이라며 동료들을 추스른다.

리더십의 관점에서 볼 때, 이런 유추는 충분히 설득력이 있다. 존경받는 리더가 달인처럼 뛰어난 정보처리 능력을 통해 결정적 순간이 왔음을 포착하여 팀에게 기대되는 성과를 높여가기 시작한다. 리더는 동료들의 모든 노력을 지원하는 역할 모델을 제시하고 동료들은 이를 따른다. 그런데 로버트슨이 그처럼 훌륭하다면, 왜 자기 팀 동료들이 전체 경기시간 내내 최상의 능력을 발휘하도록 만들지 못했을까? 만나는 경영팀들마다 이런 질문을 던졌을 때, 그들은 언제나 웃을 뿐이다. 아마도 그런 기대는 비현실적이라고 생각하는 것 같다. 인간의 몸이 그렇게 높은 집중력을 45분 이상 지속할 수는 없다고 생각하는 것 같다.

그것은 사실이다. 탁월함을 언제까지고 유지할 수는 없다. 몇몇 팀들이 그것에 도달하는 방법을 터득한다 해도, 그 상태를 끊임없이 유지하지는 못한다. 탁월함은 반복적인 프로세스의 일부분이 아니라 하나의 역동적인 상태를 가리킨다. 우리는 단지 제한된 기간 동안은 탁월함을 유지하지만 이내 그것을 상실하기 마련이다. 게다가 과거에 최고의 상태에 도달할 수 있었던 그 프로세스를 똑같이 밟는다 해도 다시 최고의 상태에 도달하지는 못한다. 탁월함의 경지에 도달한다는 것은 매번 부딪치는 상황을 그때마다 정확히 분석하고 무엇이 옳은 것인지를 결정하는 것을 포함한다. 더 나아가 그것은 원활한 의사소통과 협력, 높은 의욕, 모험정신, 그리고 신뢰를 필요로 한다.

나는 이런 개념을 어느 자동차 공장의 최고경영팀과 나눈 적이 있었다. 토론이 진행되는 가운데 누군가 나의 얘기와 일맥상통하는 한 가지 특별한 점을 얘기했다. 그녀는 아홉 달 전에 있었던 일을 간단히 소개했다. 그 공장은 많은 노력 끝에 몇몇 항목에서 사상 최고의 월간 실적을 기록할 수 있었다. 모두들 기뻐했다. 그러한 상승세는 계속 유지되어 그 후 몇 달 동안 매달 신기록을 갱신했다. 그런데 갑자기 수치들이 떨어지기 시작했다. 팀원들이 그 원인을 파악하려 했지만 별다른 점을 발견할 수 없었다. 그런데 나의 이야기가 그들에게 새로운 관점을 제공했던 것이다. 그 결과, 그들은 좀 더 동태적이고 유기적인 방법으로 성과를 평가하기 시작했다.

최상의 성과 달성

대부분의 사람들은 성과의 비약적인 상승을 추구하면서 점진적 투자 전략(strategy of incremental investment)을 따르고 있다. 그러나 이러한 전략은 통하지 않는다. 탁월함의 세계는 충분한 능력을 갖고 있지 못한 사람은 들어갈 수가 없다. 그 입구에는 위험과 배움이라는 무시무시한 두 용사가 지키고 있으며, 그들을 통과할 수 있는 열쇠는 신념과 용기이다.

개인이든 그룹이든 혹은 조직이든 탁월함을 성취하기 위해서는 추종자들(외부든 내부든)의 요구를 완전히 혹은 그 이상으로 충족시켜야 한다는 사실에 주의를 충분히 기울여야 한다. 이것은 상당한 위험을 수반하는 일이다. 개인과 조직의 탁월함은 실험정신, 성찰, 그리고 평가를 요구한다. 그리고 이러한 것들은 학습과 성장으로 이어진다. 변화는 성장을 촉진시킨다. 변화로 인해 자아나 혹은 조직문화의 일부분이 포기되기도 하지만, 결국 변화는 새로운 자아나 새로운 조직문화의 생성을 가능케 하고 독려하는 것이다. 새로운 자아, 새로운 문화는 대개 시너지 관계로 우리를 인도하고, 그 결과 높은 성과를 이룰 수 있게 된다.

예를 들어보자. 몇 해 전에 포드자동차는 'Q1'이라 불리는 새로운 품질평가 프로그램을 도입했다. 이 프로그램의 기본 목표는 근원적 변화를 북돋는 데 있었고, 실제로 많은 공장에서 성공을 거두었다. Q1 상(償)을 수상하기 위해서는 각 공장은 엄격한 외부 심사원들이 실시하는 독립적인 시험을 통과해야만 했다. Q1 등급을 받는다는 것은 해당 공장이 다른 어느 공장들보다 더 높은 성과를 올렸으며 생산제품의 품질 면에서도 우수하다는 것을 입증하는 것이었다. 이런 등급을 받기 위해서는 각 공장은 조직 내 근원적 변화를 시도해야만 했다. 결과적으로 거의 모든 공장들이 이 등급을 받기 위해 새로운 공정과 절차를 도입했다. 공장의 관리자들은 모험을 시도한 다음 그 결과를 검증했다. 그들은 다리를 만들어가면서 다리를 건너야만 했다. 그들은 방법을 배워가면서 새로운 상태에 한 걸음씩 다가가야 했던 것이다.

어떤 공장이 마침내 Q1 등급을 받게 되면 성대한 축하행사가 열렸다. 성공한 공장의 리더들은 다른 공장이나 사업장에 강사로 초빙되었고, 자신들의 전략과 지혜를 나누는 시간을 가졌다. 나도 몇 번 이런 발표회에 참가한 적이 있었다. 내가 참석했던 발표회들은 매번 똑같은 상황이 연출되곤 했다.

발표회에서는 대개 초빙된 그 리더들이 자기들의 공장에 대한 일반적인 역사, 추진했던 전략, 그리고 그 결과 등을 발표한다. 그들이 이룩한 결과는 대부분 인상적이고 발표도중에 청중들은 여러 번 고개를 끄덕이곤 한다. 발표가 끝나고 질의응답 시간이 되면 청중들은 가장 궁금한 중대한 주제 즉, 어떻게 하면 우리 공장에서도 그런 성과를 만들 수 있는가에 대해 집중적인 질문을 퍼붓는다. 그런데 매번 이런 질문이 나올 때면, 발표자의 대답이 애매해지고 실험정신이라든가 조직학습 같은 추상적이고 안이한 개념들이 논해지기 시작한다. 이렇게 몇 분이 흘러가다 보면 으레 청중들 중 한사람이 벌떡 일어나서 짜증 섞인 어조로 이렇게 말한다. "그런 것 말고 구체적인 것은 뭐 없습니까? 내가 구체적으로 무엇을 해야 하는지, 또 언제 해야 하는지 말입니다." 이렇게 되면 이제 토론은 갈피를 못 잡고 엉망이 되어 버리고 만다.

언젠가 그런 소란스런 발표회가 끝난 후에, 나는 발표자에게 지금의 상황에 대한 그의 소감을 묻자 이렇게 대답했다. "그들은 제대로 이해하질 못하고 있습니다. 자신이 무엇을 해야 하는지 체크리스트를 달라고 하지만, 이것은 체크리스트에 관한 문제가 아닙니다. 이것은 내가 지금 어디에 있고, 어디로 가야 하는지를 이해하고, 그리고 그곳에 이르기 위한 노력의 착수에 관한 문제입니다. 그것은 바로 배움에 관한 것입니다. Q1 공장이 되는 열쇠는 자기 공장을 위한 자기만의 독특한 전략, 지금 당장을 위한 전략을 찾아내는 것입니다. 그리고 일단 그것을 찾았다면 이번에는 다시 미래에 적용될 수 있는 또 다른 전략을 찾아내는 일을 시작해야 합니다. 거기에는 딱히 비법이란 없습니다. 왜 그것을 이해하지 못하는지 답답합니다."

이것을 좀 더 설명해보자. 우선 우리는 새로운 관점을 찾는 것이 필요하다. 그런 다음 우리는 조직(혹은 자기 자신)에 대해 다시 정의를 내리는 작업을 시작해야 한다. 이 과정을 거치면서 우리는 서서히 자기만의 독특한 지도를 그릴 수 있게 된다. 이 지도는 조직이나 자기 자신의 삶에서 탁월함을 성취할 수 있는 길로 우리를 인도한다. 이것을 이해하는 것이 사람들에게는 왜 힘든 일인가? 그 이유는 그렇게 하는 것은 거의 이단에 가까운 것으로 보이기 때문이다. 어째서 그런가? 왜냐하면 그것이 조직은 끊임없이 변해야만 하는 동태적 존재라고 주장하고 있기 때문이다. 그것은 리더십이란 위험에 부딪치는 것이고, 끊임없이 배우는 것이고, 그리고 변화를 추구하는 것이라고 주장하고 있기 때문이다. 그것은 또한 불확실함을 껴안으라고, 신뢰를 쌓으라고, 그리고 믿음을 실천하라고 강조하고 있기 때문이다. 이러한 말들은 비즈니스의 세계에서 쓰이는 말들이 아니기 때문이다. 비스니스 세계의 언어는 균형의 유지라는 하나의 뚜렷한 성향을 가지고 있다. 원래 조직화한다 말은 체계화하는 것, 정돈하는 것, 균형을 유지하는 것을 의미한다. 이러한 성향을 따르자면, 관리자에게 요구되는 것은 단지 관례화(routinize)이다. 모험을 추구하는 것, 배우는 것, 혹은 창조하는 것은 필요 없다. 그들에게 요구되는 것은 통제와 경쟁일 뿐 신뢰와 협동은 필요치 않다.

그러나 실제로는 균형과 변화 모두 조직의 생명력을 유지하는 데 매우 중요하다. 훌륭한 경영자는 둘 다 이해해야 할뿐만 아니라 어떻게 그 둘을 동시에 이룰 수 있는지도 알아야 한다. 그러한 능력은 엄격한 규칙과 절차라는 목록에서 나오는 것이 아니다.

변혁의 사이클

내가 찾아낸 몇 가지 중요한 포인트 중 하나는 탁월함이란 것은 일종의 동태적 프로세스라는 것이다. 모든 행동 시스템은 몇 개의 하위시스템(subsystem)들로 구성되어 있다. 가령 하위시스템으로서 셀틱스와 그 상대팀은 시너지를 일으켜 최고의 수준에 도달한다. 그러나 이런 최고의 상태는 또 다른 하위시스템(가령 인간의 신체와 같은)의 한계 때문에 계속 유지될 수 없다. 자동차공장이 놀라운 수준의 성과를 보일 수 있지만, 결국 그것 또한 하락할 것이다. Q1 등급을 받은 포드자동차 공장의 관리자들은 결국 탁월함을 유지하기 위해서는 근원적 변화가 필요하고, 위험의 감수와 지속적인 배움이 변혁을 촉진시킨다는 결론에 도달했던 것이다. 이런 경험이 없는 사람들은 계속해서 발표회의 청중들처럼 좀 더 많은 체크리스트를 요구하는 것이다.

우리는 모든 시스템은 끊임없이 진화한다는 것을 이해할 필요가 있다. 이런 진화의 프로세스는 '변혁 사이클(transformational cycle)'로 설명될 수 있다. 이 변혁 사이클은 네 개의 단계로 나뉜다. 착수(initiation), 불확실(uncertainty), 변혁(transformation), 관례화(routinization)의 네 단계이다. 탁월함은 이 사이클의 한 시점에서 이루어진다.

모든 행동 시스템은 확장되고 성장해야 한다. 그렇지 않으면 위축되고 소멸의 상태에 빠지고 말 것이다. 건강함과 활력을 유지하기 위해서 시스템은 변혁 사이클을 끊임없이 반복하여야 한다. 여기서 시스템은 부부관계일 수도 있고, 길거리 농구팀일 수도 있으며, 또는 기업체일 수도 있다. 어쨌든 그 시스템들은 변혁 사이클의 여러 단계를 통해 순환을 계속할 때 비로소 건강함을 유지하게 된다.

그림 _ 변혁의 사이클

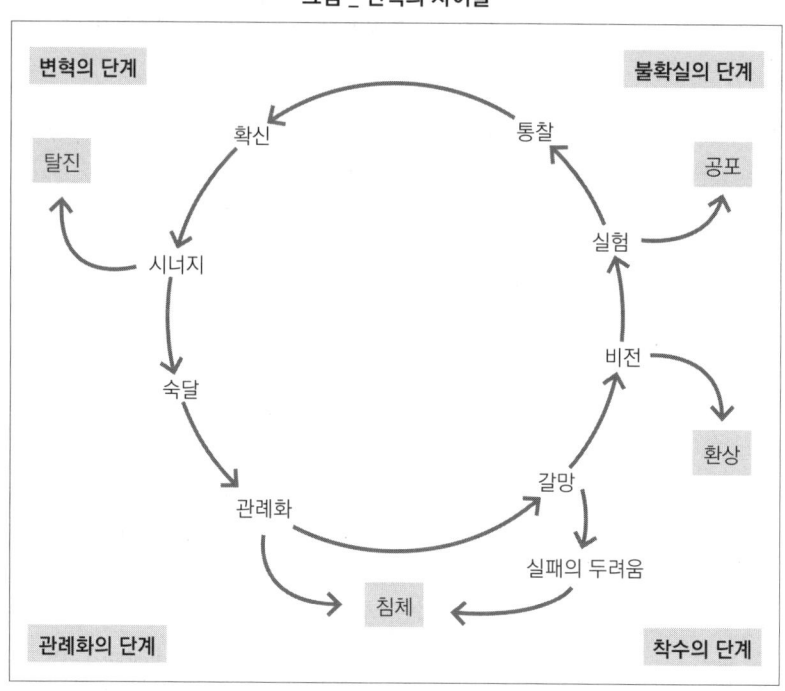

그러나 시스템이 순환의 상태를 유지한다는 것은 쉽지 않다. 순환과정에는 조직이나 개인이 자칫 빠지기 쉬운 네 개의 함정이 있기 때문이다. 환상(illusion), 공포(panic), 탈진(exhaustion), 그리고 침체(stagnation)라는 함정이 그것이다. 이들 각각의 함정은 우리를 점진적 죽음 혹은 경우에 따라 빠른 죽음으로 이끈다.('그림_변혁의 사이클' 참조)

그림을 보면 변혁 사이클의 오른쪽 아래에 착수의 단계가 있다. 변혁 사이클의 반복적인 순환은 한 개인이나 조직이 어떤 이유에서건 변화와 개선을 원할 때 비로소 시작된다. 우선 개인이나 조직은 비전을 세우고 나서 위험을 감수하면서 모험에 나서기 시작한다. 초기단계에서는 그 비전이 제대로 된 것인지 아니면 허황된 것인지 판단하는 것이 불가능한 경우가 많다. 이 단계에서 빠지기 쉬운 위험은 바로 현실화가 불가능한 비전을 가지고 씨름하는 일이다. 이런 상황이 발생하면 조직이나 개인은 환상(illusion)이나 자기기만(self-deception)의 함정에 사로잡히게 된다.

결과가 어떻게 될지 알 수 없는 상황에서도, 참가자들은 착수의 단계를 지나 불확실의 단계로 향하게 되는데, 여기서는 강력한 직관을 통한 실험을 시도하게 된다. 만약 이런 실험적 행동들이 계속해서 실패하게 되면 참가자들은 순환의 사이클에서 이탈되어 공포의 함정에 빠지게 된다. 반면에 참가자들이 이 단계에서 나타나는 불안감과 수많은 좌절을 이겨내고 실험을 계속 하게 되면, 비로소 창조적 통찰력을 얻게 되어 다음 단계인 변혁의 단계로 진입할 수 있다. 다시 말해, 직관적이고 실험적인 학습을 통해 문제의 요소들이 파악되고 재구성되면서 새로운 이론이나 새로운 패러다임이 출현하게 된다는 말이다.

이런 변혁 사이클이야말로 근원적 변화의 정수(essence)라고 할 수 있다. 새로운 패러다임의 획득은 과거에는 서로 모순된 관계에 있었던 시스템의 요소들을 하나로 통합시키면서 시너지를 일으킨다. 요소들의 관계가 변하는 것이다. 반항적이던 청소년들이 결국 통제를 포기해야 했던 부모와 대화를 하기 시작한다. 청혼을 거절했던 여자가 집요한 구혼자의 새로운 행동에 반응을 보이기 시작한다. 타격자세를 바꾼 야구선수가 안타를 날리기 시작하며 기업의 신제품이 날개 돋치듯 팔리기 시작한다.

위의 사이클의 변혁의 단계에서는 개인 또는 조직전체가 피로에 지친 나머지 사이클로부터 이탈될 수도 있다. 반대로 참가자들의 관계가 보다 안정적인 균형 상태를 이루거나 과업의 완벽한 처리단계에 도달됨에 따라 새로운 비전은 충분히 이해되어지고 관례화되는 단계로 진입할 수도 있다. 그런데 자칫하면 여기에서 다시 개인이나 조직이 사이클을 벗어나 침체의 함정에 빠져드는 경우가 생길 수 있다. 그 침체는 점진적 죽음으로 참가자들을 이끌 수도 있다. 근원적 변화가 계속되기 위해서는 변혁 사이클을 계속 순환하여야 한다. 끊임없이 자아와 조직을 재평가하고, 재창조하며, 재조율할 때 변화의 프로세스는 계속될 것이다.

반성과 토론

🍃 변화를 향한 개인적 단계

1. 자신의 경험에서 디 호크가 설명한 시너지효과를 본 경험 모두를 기술하라.

2. '질문 1'에 대한 답변을 통해 자신이 확신하는 시너지 효과에 대한 원칙을 설명하라.

3. "게다가 과거에 최고의 상태에 도달할 수 있었던 그 프로세스를 똑같이 밟는다 해도 다시 최고의 상태에 도달하지는 못한다. 탁월함의 경지에 도달한다는 것은 매번 부딪치는 상황을 그때마다 정확히 분석하고 무엇이 옳은 것인지를 결정하는 것을 포함한다." 이 같은 주장은 자신이 직면한 문제를 이해하는데 어떤 도움을 주는가? 또한 이 문제를 다른 방향에서 해결할 수 있는 데는 어떤 시사점을 제공하는가?

4. "대부분의 사람들은 성과의 비약적인 상승을 추구하면서 점진적 투자전략(strategy of incremental investment)을 따르고 있다. 그러나 이러한 전략은 통하지 않는다. 탁월함의 세계는 충분한 능력을 갖고 있지 못한 사람은 들어갈 수가 없다. 그 입구에는 위험과 배움이라는 무시무시한 두 용사가 지키고 있으며, 그들을 통과할 수 있는 열쇠는 신념과 용기이다." 이 주장이 나타내는 바를 자신의 삶에서 나타난 어려움에 적용시켜 설명하라.

5. '그림_변혁의 사이클'을 이용해 자신이 현재 어디에 위치해 있는지 설명하라. 자신에게 필요한 다음 조치로는 어떤 것들이 있는지 설명하라.

🍃 변화를 향한 조직적 단계

1. 자신이 속한 조직에 있는 팀 5개를 기술하라.

2. '질문 1'에서 제시된 팀 중 몇 개가 본문 시작부분에 설명된 팀의 정의에 맞는지 설명하라.

3. "내가 최고경영팀과 같이 일을 하면서 느낀 것은 각 구성원은 이기적이고, 쉽게 화를 잘 내며, 세밀하지 못하고, 믿을 수 없으며, 일관성이 부족하고, 정치적인 자세를 취하기 좋아한다는 것이다." 왜 이 같은 상황이 발생했는지를 분석하라.

4. 보통 사람들이 다음 주장을 이해하는 데 어려움을 겪는 이유를 기술하라.

"그들은 제대로 이해하질 못하고 있습니다. 자신이 무엇을 해야 하는지 체크리스트를 달라고 하지만, 이것은 체크리스트에 관한 문제가 아닙니다. 이것은 내가 지금 어디에 있고, 어디로 가야 하는지를 이해하고, 그리고 그곳에 이르기 위한 노력의 착수에 관한 문제입니다. 그것은 바로 배움에 관한 것입니다. Q1 공장이 되는 열쇠는 자기 공장을 위한 자기만의 독특한 전략, 지금 당장을 위한 전략을 찾아내는 것입니다. 그리고 일단 그것을 찾았다면 이번에는 다시 미래에 적용될 수 있는 또 다른 전략을 찾아내는 일을 시작해야 합니다. 거기에는 딱히 비법이란 없습니다. 왜 그것을 이해하지 못하는지 답답합니다."

5. 자신이 속한 조직에서 '그림_변혁의 사이클'의 각 단계에 맞는 문제를 설명하라. '그림_변혁의 사이클'은 다음 단계에 해결이 필요한 문제점들을 찾아내는 데 어떻게 도움이 되는가?

19. 탁월함은 일탈이다

한 번은 세계적인 대기업이 인수한 어느 작은 기업의 CEO와 대화를 나눈 적이 있었다. 그 기업은 혁신적이고 진취적이며 직급에 얽매이지 않는 경영관리 방식을 통해 업계 최고수준의 고수익을 누리고 있는 회사였다. 인수당시 그 CEO는 대기업의 회장에게 이런 독특한 조직풍토가 높은 경영성과의 비결임을 강조하면서 혹시 인수 후에 그러한 독특한 관리방식을 바꾸려 한다면 문제가 될 것이라고 우려를 표했다. 대기업의 회장은 그런 일은 없을 것이며, 만약 누군가 그렇게 하려고 하면 그것을 제지할 권한을 주겠다고 단단히 약속했다.

그러나 인수가 이루어진 후 몇 달이 지나지 않아 그의 우려는 현실로 나타났다. 이제는 모기업이 된 대기업의 직원들이 계속해서 업무에 간섭하며 자기들의 관리규정과 업무절차 등을 따를 것을 강요하는 것이었다. 계속해서 토론을 벌였지만 그 관료주의자들의 고집을 꺾을 수가 없었다. 결국 그 CEO는 대기업의 각 부서장들에게 일일이 전화를 걸어 대기업의 직원 누구든 자기 회사에 나타나 일을 간섭하려고 하면 당장 쫓아낼 테니 그리 알라고 최후통첩을 보냈다.

그의 조치는 대기업 회장의 지지에 힘입어 효과를 보았다. 쫓겨난 대기업 직원들은 분노에 차 있었지만 아무런 대응을 할 수 없었다. 자기들의 회장이 지원하고 있었고 게다가 그 CEO의 의지가 너무나 강력했기 때문이다.

그러나 새로운 문제가 서서히 다가오고 있었다. 그 CEO가 은퇴할 때가 다가오고 있었던 것이다. 그의 후계자는 대단히 능력 있는 임원이었다. CEO에게 그 임원이 CEO가 된 후에 상황이 어떻게 될 것으로 생각하느냐 물었었는데 그는 이렇게 대답을 했다. "그는 내가 뽑은 사람이다. 충분한 능력을 지녔고 잘 해낼 것으로 본다. 다만 그가 나처럼 강력하게 버텨낼 수 있을지 걱정이다. 대기업 사람들은 더욱 끈질기게 요구할 것이다. 그들은 우리 회사의 독특한 경영관리 방식을 말살하기 위해 온갖 방법을 동원할 것이다."

그 CEO는 자신의 조직이 성공적으로 변혁 사이클을 따라 순환하도록 이끈 리더였다. 그 회사는 위기 상황에서 최선을 다하고 있었고 그들을 탁월함으로 이끄는 근원적 변화를 계속 추구했다. 그들의 혁신적인 행동과 인습에 얽매이지 않는 방법들은 다른 경쟁사들로부터 그들을 두드러지게 만들었다. 그러한 위치에 오르기 위해서는 비전, 용기, 그리고 장애를 극복하기 위한 자기연마가 필요했다.

그러나 조직이 탁월함에 도달했다고 장애가 사라지는 것은 아니다. 정의에 따르자면, 탁월함이란 평범함(norm)으로부터 계속적인 일탈(逸脫)을 요구하는 것이다. 개인이나 조직이 남보다 탁월하게 되면 통상적인 행동으로 돌아가라는 압력을 받게 마련이다. 위의 CEO의 경우는 그 기업을 인수한 대기업의 직원들로부터 압력이 가해졌지만 압력의 원천은 다른 것이 될 수도 있다. 기준으로부터의 일탈은 언제나 순응을 요구하는 외부압력을 받게 되어 있다. 그러한 도전에 부딪쳐 그것을 극복하기 위해서는 개인 혹은 조직은 주체적으로 맞서지 않으면 안 된다. 다음의 사례를 살펴보자.

왜냐하면 이것이 옳은 일이니까

한 번은 내가 임파워먼트에 대한 강연을 하는 도중에 한 남자가 손을 들었다. 그는 어느 공장에서 왔다고 자신을 소개했다. 그 공장은 나도 잘 알고 있었다. 그 공장은 한때 대단히 저조한 작업효율과 계속되는 노사분규 때문에 진통을 겪으면서 모든 것이 악화일로로 치달았던 공장이다. 그런 와중에 완전한 개혁운동이 벌어졌다. 통제와 감시라는 전통적인 관리개념에서 벗어나 팀워크와 협동을 강조하기 시작했다. 거의 모든 방침과 절차가 마치 극적으로 바뀌었다. 엄청난 노력과 고통을 통해 결국 변화는 결실을 거두었다. 그 공장은 회사뿐만 아니라 업계전체의 공장들 중에서 최고의 성과를 내는 공장이 되었고, 그 성공담은 전국적인 화제가 되기도 했다.

그 사람은 자신의 공장의 성취와 그 탈바꿈에 기여했던 자기의 역할에 대해 매우 자부심을 느끼는 듯했다. 그런데 그날 그의 모습에는 피로한 기색이 엿보이기도 했다. 그는 내게 물었다. "회사가 혁신을 위한 직원들의 노력을 자꾸만 가로막는 상황에서 당신이라면 어떻게 사람들을 임파워시킬 수 있습니까?" 나는 그에게 좀 더 설명을 부탁했다. 그는 회사가 그들의 높은 성과에는 특별한 관심을 갖지 않으면서 오히려 종업원의 사기를 꺾고 있다고 주장했다. 좀 더 구체적인 사례를 부탁하자 그는 다음과 같은 이야기를 들려주었다.

지난주에 우리 작업장에는 중대한 위기가 있었습니다. 공장의 전 직원은 자발적으로 나서서 문제를 해결하는 데 전력을 다했습니다. 많은 사람들이 꼬박 서른 시간이 넘게 그 일에 매달려야만 했습니다. 그런 와중에 끼니를 거르다 보니 모두들 허기가 졌고, 이를 본 공장장이 우리를 위해 피자를 시켜주었습니다. 그 일이 있은 다음 일주일 후에, 나는 마침 공장장의 사무실에 있었는데, 본사 경리부 직원이 들어오더니 공장장한테 서류 하나를 내던지듯 주면서 이렇게 말하는 것이었습니다. "이 비용은 지급할 수 없습니다." 공장장은 그 서류를 집어 들고 들여다보더니, 얼굴이 붉어지는 것이었습니다. 그것은 지난번 피자를 샀던 영수증이었습니다. 공장장은 그것을 마구 구기더니 그 경리직원의 얼굴에 내던지는 것이었습니다. "두 가지 중 하나를 선택해라. 당장 지급하든가, 아니면 당신이 이걸 찢어 없애든가. 어쨌든 나는 두 번 다시 쳐다보기도 싫으니까."

그는 이것은 회사가 팀의 혁신적인 업무추진을 가로막는 많은 사례들 중 단지 하나의 작은 사례일 뿐이라고 강조했다. 그의 말이 끝났을 때 나는 그에게 그의 최초의 질문을 다시 한 번 상기시켰다. "당신이 내게 말하고 있는 것은 이런 얘기입니까? 당신은 당신의 공장을 회사 내 다른 공장들과는 확연히 구분되는 아주 혁신적이고 성공적인 공장으로 만들어냈다. 그런데 지금 당신의 공장이 회사의 통상적인 원칙과 규정을 준수하라는 압력을 받고 있다. 그것은 당신의 공장을 다시 보통의 평범한 공장으로 돌아가라는 것이나 다름없다. 회사는 자꾸만 당신의 공장을 다른 공장들과 같은 평범한 공장으로 만들기 위해 당신과 당신의 동료들을 지치게 만들고 있다. 이상이 바로 당신이 말하고자 하는 요지입니까?"

그는 내가 문제를 정확하게 이해했다고 말했다. 나는 그 문제에 대한 확실한 답은 그가 그의 노력을 중단하는 것이라고 얘기해주었다. 그에게 공장으로 돌아가 동료들에게 이제 그만 노력을 중단하고 포기하라고 전하고, 회사가 원하는 바대로 평범한 공장으로 돌아가라고 했다.

그는 나의 충고가 터무니없는 소리라고 말했다. 그래서 나는 그와 그의 동료들이 왜 그렇게까지 힘들게 최고의 공장을 지키려고 하는지 물었다. 그는 잠시 생각을 하더니 마침내 입을 열었다. "왜냐하면 그것은 옳은 일이기 때문이다.(Because it's the right thing to do.)"

내가 "당신은 당신이 하고 있는 일에 대단한 자부심을 갖고 있는 것 같다. 탁월함을 성취할 때 거기에는 대단히 높은 만족감이 따르기 마련이다. 거기에는 또한 대단히 큰 고통이 포함되어 있을지도 모른다. 매일 당신은 당신을 지치게 만드는 저항이나 장애에 부딪치고 있지 않은가, 라고 말하자 그는 고개를 끄덕이며 동의를 표했다.

나는 계속했다. "내 생각으로는 당신이 지금 확실히 해두지 않으면 안 될 것이 있다. 탁월함은 일탈의 모습을 갖고 있다. 만약 당신이 정상적 수준 이상의 성과를 이룬다면, 당신은 모든 기존의 통제시스템을 혼란케 하는 셈이다. 그렇게 되면 그들 제반의 시스템들이 바뀌게 되고 당신의 노력을 관례화시키려는 작업을 시작할 것이다. 다시 말해, 시스템들 스스로가 자체적인 조정을 통하여 당신을 평범함으로 끌어내리려 한다는 말이다. 탁월함을 성취하고 그것을 유지하는 방법은 평범함으로부터 벗어나는 것이다. 당신이 탁월함을 이룰 수 있는 것은 평범한 사람들이 원하지 않는 일을 하기 때문이다. 위험하고 고통이 따르는, 다른 사람들이 원하지 않는 길을 선택했기 때문에 당신은 탁월함을 성취한 것이다. 문제는 왜 고통스런 길을 굳이 원하느냐는 것이다. 그런데 당신은 이미 이 질문에 대해 대답을 했다. 당신이 그런 길을 걷고 있는 것은 그것이 옳기 때문이고 그것이 커다란 내적 만족감을 가져다주기 때문이다. 그것이 바로 열쇠이다. 그것은 또한 내가 당신에게 포기할 것을 제안했던 것에 대한 이유이기도 하다. 만약 포기하라는 내 말이 심각하게 고려되기 시작했다면, 그것은 이미 외부의 압력이 내적 만족감을 압도하기 시작한 것이다. 외부 압력은 결코 사라지지 않는 자연적인 프로세스임을 인식할 필요가 있다. 외부압력으로 말미암아 사람들은 내적 만족감과 외부 압력의 사이에서 이해득실을 따지게 된다. 그러나 대개의 경우 우리는 이런 종류의 고민을 통하여 오히려 변화를 저항하는 장애요소에 대항할 수 있는 힘을 얻게 되는 것이다."

내가 말을 끝내자 그 남자는 미소를 지으며 고개를 끄덕였다. 그는 다시 탁월함으로 가는 프로세스를 자기 안에 살려낼 수 있었다. 내가 한 일이 있다면 단지 그가 이미 알고 있는 내용을 상기시켜 준 것뿐이었다.

왕관을 쓴 자는 외롭다

탁월함의 지속적인 유지를 위해서는 대단히 높은 자기연마를 통해 위험을 두려워하지 않는 주체적 리더십이 요구된다. 대학에 다닐 때 고든 힝클리(Gordon Hinckly)의 리더십에 대한 강연을 들은 적이 있다. 당시 나는 리더십에 큰 관심을 갖고 있었다. 그러나 당시만 해도 나는 리더십이란 것이 권력을 획득하는 방법이라고 생각했었다. 그러나 힝클리의 강연은 리더십에 따르는 영광이라든지 드라마 같은 이야기가 아니었다. 강연의 제목은 '왕관을 쓴 자는 외롭다(Lonely is the head that wears the Crown)'였다.

그는 엄청난 책임을 져야만 하는 고통에 대해 열변을 토했다. 사실 우리들 대부분은 몸과 마음을 바쳐 남에게 봉사하는 길로 스스로 들어선 사람들이 겪어야 하는 고통에 대해서는 전혀 생각하지 못하고 있다.

그 고통은 사실 대단히 크고 괴로운 것이다. 비록 많은 경험은 아니지만, 내가 무언가에 도전하고 변혁적인 세계관을 받아들이려 시도했던 몇 번의 경험을 통해, 나는 리더십이 주는 외로움과 고통이 대단히 참기 어려운 일이라는 것을 알 수 있었다. 리더십은 단지 그것을 따르는 사람에게서 보이는 그런 것이 아니다.

그렇다면 왜 어떤 사람들은 기꺼이 고통을 감내하면서까지 변혁적 리더십을 추구하는 것일까? 그것은 그런 사람들은 리더십이 주는 고통보다 더욱 큰 고통은 잠재력의 상실이 주는 고통임을 터득했기 때문일 것이다. 그들은 탁월함에는 고통이 수반된다는 것을 이해하고 있다. 그러나 그들의 가치체계에는 이미 그것 외에 다른 대안의 선택은 존재하지 않는다. 그들은 탁월함을 추구하면서 근원적 변화를 지속적으로 이끌어 가는 주체적 리더들이다.

반성과 토론

🍃 변화를 향한 개인적 단계

다음 글을 읽고 자신 나름대로 해석해보라.

1. 탁월함은 일탈의 모습을 갖고 있다. 만약 당신이 정상적 수준 이상의 성과를 이룬다면, 당신은 모든 기존의 통제시스템을 혼란케 하는 셈이다. 그렇게 되면 그들 제반의 시스템들이 바뀌게 되고 당신의 노력을 관례화시키려는 작업을 시작할 것이다. 다시 말해, 시스템들 스스로가 자체적인 조정을 통하여 당신을 평범함(norm)으로 끌어내리려 한다는 말이다.

2. 탁월함을 성취하고 그것을 유지하는 방법은 평범함으로부터 벗어나는 것이다. 당신이 탁월함을 이룰 수 있는 것은 평범한 사람들이 원하지 않는 일을 하기 때문이다. 위험하고 고통이 따르는, 다른 사람들이 원하지 않는 길을 선택했기 때문에 당신은 탁월함을 성취한 것이다.

3. 문제는 왜 고통스런 길을 굳이 원하느냐는 것이다. 그런데 당신은 이미 이 질문에 대해 대답을 했다. 당신이 그런 길을 걷고 있는 것은 그것이 옳기 때문이고 그것이 커다란 내적 만족감을 가져다주기 때문이다. 그것이 바로 열쇠이다.

4. 그것은 또한 내가 당신에게 포기할 것을 제안했던 것에 대한 이유이기도 하다. 만약 포기하라는 내 말이 심각하게 고려되기 시작했다면, 그것은 이미 외부의 압력이 내적 만족감을 압도하기 시작한 것이다. 외부 압력은 결코 사라지지 않는 자연적인 프로세스임을 인식할 필요가 있다. 외부압력으로 말미암아 사람들은 내적 만족감과 외부 압력의 사이에서 이해득실을 따지게 된다. 그러나 대개의 경우 우리는 이런 종류의 고민을 통하여 오히려 변화를 저항하는 장애요소에 대항할 수 있는 힘을 얻게 되는 것이다.

🍃 변화를 향한 조직적 단계

1. 본문에 소개된 첫 번째 이야기에서 이제 막 퇴임하려는 사장은 조직 내에 있는 아직은 비관습적인 행동조차도 곧 평범한 것으로 굳어질 것이라고 내다봤다. 자신이

속한 조직에서 비관습적인 행동이 탁월함을 이끌어냈으나 곧 평범한 것이 되면서 이 같은 효과가 사라진 것이 있다면 이를 구체적으로 설명하라.

2. 본문에 소개된 최근 완벽한 변화를 겪은 공장 이야기에서 직원들은 왜 회사의 방침에 낙담하게 됐는지를 설명하라.

3. 자신이 탁월함에 이를 수 있는 과정을 추구하면서 좌절하게 된 상황이 있었다면 이를 설명하라.

4. 본문에 소개된 내용이 자신이 속한 조직에 주는 가장 중요한 의미는 무엇인가? 조직의 변화를 이끌 수 있는 내용을 조그만 종이에 메모한 후 이를 조직원들에게 연설하라.

20. 성역에 부딪쳐라

　오늘날 기업들 사이에는 신속한 대응, 복합기능 기업, 그리고 벽 없는 조직문화 등이 유행되고 있다. 그러나 이런 개념들은 지난 수세기동안 지배해온 계급주의적 관행에 정면으로 배치되는 것들이다. 조직이 응집력을 갖추고 높은 성과를 올리기 위해서는 근원적 변화가 있어야만 한다.
　이번 장에서는 『포천』이 선정한 500대 기업 중의 하나인 어느 기업이 추진한 근원적 변화 프로젝트와 그 프로세스를 촉진시킨 관리위원회(최고경영팀)에 대해 자세히 다루기로 하겠다. 이 최고경영팀은 몇 단계의 기능수행을 거쳐서 형성되고 진화되었다. 근원적 변화 프로젝트의 프로세스는 현재의 조직문화를 분석하고 바람직한 새로운 조직문화 프로필을 만드는 것으로 시작되었다. 그리고 그것은 새로운 조직문화를 실현시키기 위해 요구되는 개인적 행동변화 항목을 구체화하는 것으로 전개되었다. 이 프로젝트에 대한 직원 모두의 책임감을 통해 증진된 신뢰와 응집력은 그 최고경영팀으로 하여금 보다 높은 수준의 활동을 가능케 했다.

근원적 변화 프로젝트의 설계

전통적으로 이 회사는 서로 다른 제품 혹은 서비스를 고객에게 제공하는 여러 개의 사업본부로 이루어져 있었다. 사업본부들 사이에는 두꺼운 경계선이 그어져 있어서 사업본부장은 마치 독립된 왕국의 왕처럼 처신하여 왔다. 어느 날 CEO와 부사장이 회사의 장래를 논의하게 되었는데, 두 사람은 고객들이 특별한 노력을 들이지 않더라도 회사의 제품과 서비스 전체를 한꺼번에 접할 수 있어야겠다는 결론을 얻었다. 두 사람은 고객에게 언제나 활짝 열려 있는 창구가 있어야 한다고 생각했고, 이를 위해서는 고위 경영진으로 구성된 하나의 팀이 필수적이란 결론을 얻었다. 그리고 그 팀은 진정한 의미의 팀이 되어야 한다고 생각했다. 그 두 사람은 높은 성과를 낼 수 있는 팀과 높은 성과를 낼 수 있는 조직문화를 원했던 것이다.

그런데 회사의 모든 사람들이 그 새로운 비전에 찬성했음에도 실제로는 별다른 변화가 없었다. 특히 문제가 된 것은 지금까지 독립적인 방식으로 운영해오던 사업본부장이었다. 부사장은 빈번한 저항에 부딪쳤고, 답답함을 견디다 못해 나에게 자기들의 근원적 변화 프로젝트에 참여해줄 것을 요청했다.

몇몇 사람들을 인터뷰한 다음, 나는 이틀에 걸친 최고경영팀의 회의에 참석했다. 그들은 회사의 목적을 달성하고 싶어 하는 매우 명석하고 선한 사람들임에 틀림없었다. 당시 그들은 변화 프로세스 중에서 어느 곤란한 부분에 대해 논리적인 수순을 하나하나 밟아가던 중이었다. 그들이 논의하고 있던 것은 조직도상에서 부서조직 등 기구를 재배열하는 것 그리고 새로운 정책을 만드는 것이었다. 그런데, 내가 보기에 그들은 하나의 팀으로서 일하는 것 같지는 않았다.

회의가 거의 끝나갈 무렵, 우리는 팀 만들기(team-building) 프로세스를 논의하기 시작했고, 이를 위해 이틀 반에 걸친 팀 만들기 모임을 갖기로 합의했다. 나는 그 모임의 개요를 설명해주었다. "우리는 우선 우리 최고경영팀의 조직문화를 분석하게 될 것이다. 그런 다음 우리는 팀원들의 실제 행동을 분석하고 변화시키기 위한 몇 가지의 연습을 하게 될 것이다." 워크숍의 설명을 마치고, 우리는 진척상황을 점검하고 필요하다면 과제를 재조율하기 위한 일련의 후속 회의 스케줄도 작성했다.

조직문화 진단

인사본부장(그는 아주 뛰어난 변화추진자이기도 하다)이 팀 만들기 모임에 참석하여 나를 도와주었다. 첫째 날 아침, 경영팀은 다소 불안해보였다. 우리는 팀이 가지고 있는 현재의 문화와 바람직하다고 생각되는 문화를 분석하는 비교적 간단한 진단 실험으로 모임을 시작했다. 우리가 사용한 진단기법은 조직문화에서 서로 대립되는 가치에 대해 조사하는 것을 포함하고 있었다. (여기에 대해 보다 상세한 설명을 원한다면 'Cameron and Quinn, 1997'을 참조하기 바란다.)

최고경영팀은 라인조직과 스태프 조직을 대표하는 열다섯 명의 임원으로 구성되어 있었다. 우리는 문화분석 프로세스를 시작하면서, 우선 팀을 다섯 명씩 세 개의 분임조로 나누었다. 각 개인이 개인 분석표를 작성한 후에 그 결과를 가지고 분임토의를 하고 각 조별로 도출된 토의결과를 가지고 다시 전체가 모여 이를 발표하고 토론하도록 했다. 그 결과로 얻어진 종합 집계표가 '그림_조직문화 진단 결과'이다.

그림 _ 조직문화 진단 결과

씨족주의 문화(Clan Culture) : 이것은 유연성, 사람에 대한 배려, 고객에 대한 민감한 반응과 함께 내부의 정비에 초점을 둔 조직이다.
구성원들끼리 많은 것을 서로 나누는 친근감이 강한 직장으로, 가족이 확대된 것과 비슷한 분위기를 갖는다. 리더나 상사는 스승이나 부모로 여겨진다. 조직은 충성심과 전통에 의해 뭉쳐져 있다. 구성원들의 책임의식이 대단히 높다. 조직은 인적자원 개발에 의한 장기적인 이익을 강조하고, 직원의 단결과 사기를 중시한다. 성공은 고객에 대한 민감한 반응 정도와 사람에 대한 배려정도로 정의된다. 조직은 팀워크, 참여의식, 그리고 컨센서스(consensus)에 높은 가치를 부여한다.

상황대응 문화(Adhocracy Culture) : 이것은 높은 유연성과 개성을 가지고 대외적 위치정립(external positioning)에 초점을 둔 조직이다.
역동성, 기업가정신, 그리고 창의성이 풍부한 직장으로, 조직원들은 기꺼이 위험을 감수한다. 리더는 변혁가이고 위험감수자이다. 조직을 응집시키는 것은 실험과 혁신이다. 언제나 최첨단에 서는 것이 강조된다. 변화를 준비하고 새로운 도전과 응전이 중요하다. 조직의 장기적 관심사는 성장과 새로운 자원의 획득에 있다. 성공은 자기만의 독특함을 창출하는 것, 새로운 제품이나 서비스를 창출하는 것을 의미한다. 제품이든 서비스이든 해당분야에서 리더가 되는 것이 중요하다. 조직은 개인의 진취적 자세와 자유를 장려한다.

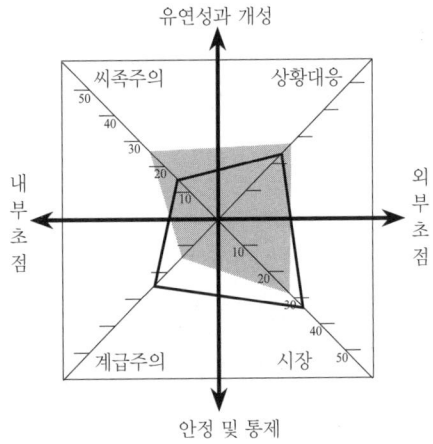

계급주의 문화(Hierarchy Culture) : 이것은 안정 및 통제와 더불어 내부의 정비에 초점을 둔 조직이다.
형식을 중요시하고 구조화된 직장으로, 절차와 규정이 사람들을 지배한다. 리더는 훌륭한 조정자이며 효율성을 중시하는 조직자(organizer)로 평가받는다. 조직이 일사불란하게 돌아가는 것이 중요하다. 조직을 응집시키는 것은 형식적인 규정이나 방침이다. 조직의 장기적 관심사는 효율, 일사불란과 함께 안정과 실적이다. 성공은 납기준수, 매끄러운 일정계획, 그리고 비용절감으로 정의된다. 인사관리의 요체는 필요노동력의 예측과 충분한 인력의 확보이다.

시장 문화(Market Culture) : 이것은 안정과 통제의 요구와 함께 대외적 위치정립에 초점을 둔 조직이다.
결과지향적인 조직으로 업무의 완수가 주된 관심사이냐, 구성원들은 경쟁적이고 목표지향적이다. 리더는 엄격하고 강력한 추진자이고, 연출가이며, 경쟁자이다. 조직을 응집시키는 것은 승리에 대한 집념이다. 조직원들의 관심사는 명성과 성공이다. 경쟁과 측정 가능한 목표나 대상의 정복이 장기적 관점에서 강조된다. 성공은 시장점유율과 시장진입으로 정의된다. 경쟁력 있는 가격정책이나 시장의 주도권 확보가 중요하다. 조직은 대단히 강력한 경쟁력을 강조한다.

종합집계표의 의미 해석

참가자들은 팀의 조직문화 분석표를 만드는 것은 쉬우면서도 흥미 있는 작업이었다고 말했다. 결과로 얻은 종합 집계표는 회사가 지금 어디에 와 있는지, 그리고 앞으로 어디로 가야 하는지에 대한 토론을 위해 좋은 자료가 되었다. 토론을 마친 후에 참가자들은 다시 분임조로 나뉘어 각 사분면(quadrant)이 주는 의미가 무엇인지 면밀히 토론했다. 분임토의는 다음의 질문들을 중심으로 진행되었다. 각 사분면에서 각 항목들을 증가시키고, 감소시키고, 혹은 유지하는 것이 의미하는 것은 무엇이고, 의미하지 않는 것은 무엇인가? 그리고 그중에서 중요한 항목들을 정리했는데, 그 결과가 '표_바람직한 변화의 의미'에 제시되어 있다.

실제 행동을 들여다보기

참가자들은 자신들이 작성한 목록들에 대해 만족해했다. 그 결과 그들은 편안함과 자신감을 느끼고 있다고 했다. 나는 이 진단과정이 그들이 평소 자신의 업무를 인식하는 패턴과 일맥상통하는 바가 있다고 설명하고, 이제 다루기 편한 주제에서 조금씩 벗어나 좀 더 어려운 주제로 들어가야 한다는 즉, 그들 자신의 실제 행동에 초점이 맞춰질 것이라는 것을 설명해주었다.

참가자들에게 '벌어들일 수 있을 만큼 벌어들이기(Win As Much As You Can)'라고 불리는 유명한 모의게임을 설명해주고, 실제로 게임을 실시했다. 참가자 각자가 가상의 은행에 20달러씩을 출자하도록 했다. 실제로 현금을 걸게 되자 참가자들의 흥미가 더욱 증가되는 듯했다. 게임은 만약 모든 그룹이 서로 협조하면 결국 모든 그룹이 동등한 비율로 돈을 벌게 된다는 하나의 대전제를 기초로 한다. 그렇게 되면 결국 은행은

표 _ 바람직한 변화의 의미

씨족주의 문화	상황대응 문화
• 증가가 의미하는 것은 　직원들의 욕구 충족 　팀워크와 참여의 장려 　팀 플레이어의 지지 　감수성의 진작 　사기의 진작 　신뢰의 진작 　구성원에 대한 배려 　자발적인 관리	• 증가가 의미하는 것은 　비즈니스에 역동감을 불어넣는 것 　위험을 감수하는 조직문화의 창출 　창조적 대안의 장려 　변화는 예외가 아니라 조직의 규칙이 되는 것 　유연성과 적응력의 증가 　새로운 아이디어의 시도 　미래지향적인 조직 　보다 과감한 프로그램의 변화
• 그러나 주의해야 할 것은 　기강의 해이와 지나친 온정주의 　권력과 통제권을 잡으려는 파벌의 발생 　커다란 "사랑의 축제" 　오직 내부로만 맞춰진 초점 　게으름 　목표의 망각 　목표 달성보다 서로에 대한 보호 　책임이 없는 자유	• 그러나 주의해야 할 것은 　자신이 원하는 대로만 하는 것 　비즈니스를 마구잡이로 운영하는 것 　고객의 요구 무시 　이기주의 　완전한 자유 　목표의 상실 　정직의 상실 　모든 분야에서의 꼴찌 　불필요한 위험의 감수
계급주의 문화	**시장주의 문화**
• 감소가 의미하는 것은 　불필요한 규칙과 절차의 폐지 　불필요한 보고서의 폐지 　규칙과 체계의 단순화 　관료주의적인 서류업무의 감소 　조직의 지시사항들의 감소 　미시적 경영관리(micromanagement)의 폐지 　불필요한 구속의 폐지	• 감소가 의미하는 것은 　실적집계를 조금 덜 하는 것 　승리에 대한 책임감의 유지 　숫자에 대한 집착의 포기 　핵심 목표에 초점을 맞추는 것 　다른 사람에게 동기부여하는 것 　인간적 필요 뿐 아니라 시장에 대해서도 고려 　돈을 버는 것을 중요시 하는 것
• 그러나 주의해야 할 것은 　합리적인 체제의 상실 　주객의 전도 　규칙의 부재 　사람들의 방종 　구조의 파괴 　생산 일정계획의 부재 　옥석의 구분없이 함께 버리는 것 　기회의 악용	• 그러나 주의해야 할 것은 　상생의 무시 　이기고자 하는 의지와 용기의 상실 　목표의 상실 　고객의 무관심 　이익의 상실 　결과에 대한 소홀함

파산하게 되고 각 그룹들이 돈을 모두 나눠 갖게 된다. 그러나 이것을 위해서는 게임에서 요구되는 것이 팀워크인데, 실제 게임에서 보면 각 그룹들은 대개 상호경쟁적인 자세를 취하기 마련이다.

참가자들은 '벌어들일 수 있을 만큼 벌어들이기'라는 제목을 보고 자기팀이 다른 팀보다 많이 벌어들여야 한다는 것으로 해석했다. 물론 게임규칙상 팀간의 경쟁은 가능하지만 한 팀이 다른 팀들보다 많이 벌기 위해서는 견제와 속임수가 동원되어야 한다. 이렇게 팀 사이에서 경합이 벌어지면 어느 한 팀이 다른 팀들보다는 많이 벌게 되지만 대부분의 돈은 결국 은행의 차지가 되고 만다. 게임이 시작되자 각 팀들은 상대를 제압하기 위해 속임수를 쓰기 시작했다. 내가 지켜본 대부분의 게임들의 결과와 마찬가지로 이번에도 한 팀이 다른 팀들을 성공적으로 속이고 '가장 많은' 돈을 차지했다.

승리한 팀의 사람들이 패자들 앞에서 돈을 흔들어대며 환호하기 시작했다. 으레 그렇듯이 패한 팀들은 심각해졌고 도덕적으로 잘못된 것이라며 화를 내기 시작했다. 승리자들은 당황하기도 하고 멋쩍어하기도 했다. 그러나 그들은 이내 게임이 원래 경쟁을 요구하는 것이었고 승리하는 것이 중요하다고 강조했다. 격분한 다른 팀들은 '원칙을 따라 살라'고 응수했다.

이 게임은 참가자들 사이에 대립을 유발했고, 그것은 결과적으로 참가자들에게 신뢰와 협동이 얼마나 어려운 일인지를 생각해보는 계기를 유도했다. 계속되는 토론은 참가자들을 지치게 했다. 나는 참가자들을 밖으로 내보내 배구를 하게 했다. 사실 이런 휴식을 갖는다는 것은 그들의 평소 업무에 있어서는 생각하기 힘든 일이다. 그들은 보통 이틀의 일정으로 회의가 있을 때면, 그 장소가 세계 어느 곳이든 상관없이 아침 7시에 일과를 시작해서 저녁 10시30분에야 마친다. 다음날도 똑같은 과정을 반복하고 나서 집으로 향한다. 그들은 자신의 자연스러운 에너지 흐름이나, 활력수준, 혹은 피곤함 등에는 거의 신경을 쓰지 않았다.

다음날 아침, 참가자들에게 모의게임에 대한 의견을 물었다. 대부분의 사람들은 신뢰가 일단 깨지면 그것을 다시 회복하는 것은 대단히 어렵다고 말했다. 나는 다시 '벌어들일 수 있는 만큼 벌어들이기'의 진정한 의미가 무엇이라고 생각하는지 물었다. 이런 저런 답변이 있었지만 나는 만족스럽지 못하다고 말하고 계속 같은 질문을 되풀이했다. 참가자들은 서서히 자신들이 서로 협조했었더라면 돈을 팀들이 골고루 나눠 갖고 은행은 파산했을 것이라는 점을 인식하기 시작했다. 그러나 그들은 여전히 대단히 중요한 한 가지 사실을 놓치고 있었다.

나는 그들에게 돈 이외에 무엇을 얻을 수 있었겠느냐고 물었다. 한참 후에야 한 사람이 '신뢰'라고 말했다. 그에게 좀 더 자세한 설명을 부탁했다. 그는 "물론 돈도 모두 차지할 수 있었겠지만 그 외에 우리들 자신에 대한 신뢰와 긍지를 가질 수 있었을 것이다. 그것은 우리에게 지금까지 한 번도 경험해보지 못한 새로운 차원에서 일을 수행할 수 있는 능력을 주었을 것이다. 나는 신뢰가 돈보다 더 중요한 자산이 될 수 있다고 생각한다. 신뢰는 수단이고 이익은 그 결과이다. 우리는 황금알에 눈이 어두워 거위를 죽이는 어리석음을 저지른 것이다."라고 말했다.

그것은 중요한 통찰이었다. 참가자들은 지금까지 조직을 그런 식으로 생각해본 적은 결코 없었다고 말했다. 그들은 협력과 팀워크에 대한 깊이 있는 토론을 시작했으며 곧 신뢰의 진정한 가치에 눈을 뜨기 시작했다.

나는 다음 단계로 참가자들에게 과거에 공동작업을 통해 높은 성과를 올렸던 경험을 작성하도록 했다. 각자가 작성한 목록을 가지고 분임토의를 실시한 다음 특히 성과가 높았던 팀의 특성을 찾아냈다. 각 분임조의 토의 결과는 하나의 차트에 합쳐졌다.

여기까지 진행하고 나서 나는 지금까지의 과정은 단지 몸을 푸는 단계에 불과했음을 밝히고, 이제부터 본격적으로 실질적인 문제로 들어갈 것이며 지금부터는 과정을 제대로 따라가지 못하는 참석자들도 나올 수 있다고 말했다. 이어서 나는 그들에게 높은 성과를 보였던 팀들이 지닌 특성과 그 팀들이 원했던 것들을 설명하고, 참가자들이 정말로 높은 성과를 내는 팀이 되기를 원한다면 각자가 근원적 변화를 감행해야 한다는 사실을 강조했다.

참가자들에게 14장의 작은 카드를 나눠 주고 모임에 참가한 모든 사람의 이름을 한 장에 한 사람씩 적으라고 했다. 그리고 이름 아래에는 그 사람에게서 느껴지는 매력과 장점을 쓰고, 카드 뒷면에는 다음의 질문에 대한 답변을 쓰도록 했다. '우리가 지금의 상태를 벗어나 높은 성과를 내는 팀이 되려면, 현재 이 카드에 있는 사람의 행동이 어떻게 변해야 하는가?' 결과적으로 모든 참가자들은 다른 사람이 자신에 대해 인정하는 점과 변화하기를 기대하는 점을 적은 14장의 카드를 받게 되는 것이다.

각 그룹에게는 총 1시간 30분의 작업시간이 주어졌다. 카드가 당사자에게 건네졌고 이어서 참가자들은 45분 동안 자신들의 카드를 읽고, 분석하고, 그리고 배운 점과 변화를 위해 자신들이 무엇을 할 것인가에 대한 답변을 준비했다.

나는 그 참가자들의 리더에게 남들보다 먼저 발표를 할 책임이 있으며 먼저 모범을 보여줄 필요가 있음을 지적했다. 만약 그가 변화의 고통을 회피하려 한다면 다른 사람들에게 그와 똑같은 행동을 할 수 있는 자유를 주는 것임을 설명했다. 결국 그 리더는 자리에서 일어났다. 그리고 그의 카드에 적힌 내용을 얘기하기 시작했다. 그는 다른 참가자들이 그에게 무엇을 요구하고 있는지를 밝히고, 앞으로 자기를 변화시킬 것이며 그 성과를 측정하여 계속 변화해가겠다는 고통스런 약속을 다짐했다. 이어서 참가자들 모두가 돌아가며 발표를 했다. 그것은 엄숙한 자기반성의 시간이었다. 몇몇 사람들은 눈물을 글썽이기까지 했다.

발표시간이 끝날 무렵에는 참가자들은 대부분 감정적으로 많이 지쳤기 때문에 그들에게 다시 배구경기를 하도록 시간을 주었다. 그런데 뜻밖의 일이 발생했다. 그들의 경기수준이 전날보다 훨씬 높은 수준을 보여준 것이었다. 다음날 아침 나는 전날 관찰한 것을 얘기하고 어떻게 경기력이 높아졌는지를 물었다. 그들은 잠시 생각하더니 서로 간에 신뢰가 높아졌기 때문이라고 했다. 그들은 이제 자기 자신과 팀원들에 대한 보다 큰 자신감과 신뢰를 갖게 되었다. 그들은 이런 요인들이 자기들의 성취 능력을 증가시켰다고 느끼고 있었다.

프로그램의 마지막 단계로 우리는 조직문화를 변화시키고자 하는 본래의 과제로 돌아갔다. 참가자들은 이제 바꾸어야 할 특정의 프로그램과 업무절차가 무엇인지 빠르게 찾아내었고 변화에 대한 컨센서스가 쉽게 이루어졌다.

2주가 지난 후에 나는 참가자 중의 한 사람을 우연히 만났다. 그는 프로그램 참가 경험을 이렇게 회고했다. "나의 사회생활을 통틀어서 그렇게 강력한 자기계발과 변화의 경험은 처음 겪었다. 최근 우리 최고경영팀의 몇 사람이 워싱턴에서 돌아오는 길에 회사 전용기에 탑승했었는데, 모두 자신이 예전과 다르다는 것, 우리 사이의 관계가 분명히 날라졌다는 것을 분명히 느끼고 있었다."

성역에 도전하기

이상 소개한 팀 만들기 학습은 참가자들의 변화 능력의 향상을 촉진시켰고, 이후 여러 번의 모임을 통해 그 학습은 계속 이어졌다. 참가자들은 자기들의 학습이 계속해서 진전되길 원했고 드디어 그들의 진정한 이슈에 당면하게 되었다. 다만 문제는 그들이 무엇을 어떻게 해야 할지를 아직은 모르고 있다는 점이었다.

다른 모든 집단과 마찬가지로 이 최고경영팀도 크리스 아지리스(Chris Argyris, 1980, p51)가 말하는 이른바 '불가론의 이슈(undiscussible issues)'라는 문제를 가지고 있었다. 불가론의 이슈란 어느 집단에 있어서 대단히 중요한 것임에도 집단 내에서 감히 거론하기에는 너무나 두려운 이슈를 말한다. 최고경영팀은 자기들의 그러한 불가론의 이슈를 '신성한 소(sacred cows)'라고 불렀다. 그들은 자신들이 여러 마리의 신성한 소들에 의해 가로막혀 있다고 믿고 있었고, 그들은 진정으로 그것들과의 정면 대결을 원했다.

첫 번째 후속 모임에서 나는 참가자들에게 불가론의 이슈와 관련된 실제의 경험을 말해보라고 했다. 그런 다음 불가론의 이슈에는 어떤 것들이 있고, 그 결과가 무엇인지를 분석하도록 했다. 다음의 네 가지 질문과 대답들은 그것을 종합 정리한 것이다.

1. 불가론의 이슈는 왜 존재하는가?

불가론의 이슈가 발생하는 이유로 역사적인 배경을 드는 경우가 있다. 처음 그 문제가 표면에 드러났을 때 조직원들의 감정이 격해지면서 개인적인 인신공격이 난무했을 수가 있다. 결국 조직은 그 문제를 생산적으로 해결할 방법이 없다고 느끼고 결국 문제를 그냥 덮어버리게 된다.

문제가 표면에 전혀 드러나지 않는 경우도 있다. 조직의 한두 사람 혹은 보다 많은 사람들이 다음과 같은 암묵적인 메시지를 보낼 수도 있다. "이것은 절대로 드러나서는 안 되는 사안이야. 만약 드러난다면, 내가 심하게 다치거나 아니면 걷잡을 수 없을 만큼 화가 날 테니까."

때로는 이슈가 조직문화 외부로부터의 심각한 위협일 수도 있다. 그 이슈를 논하는 것은 말로 다할 수 없는 고통이라고 생각될 수 있다. 오직 회피만이 절대적으로 필요하다. 따라서 조직은 암묵적으로 그 이슈를 절대 논하지 않기로 동의한다. 그 이슈를 감히 제기한다면 그는 이미 조직원이기를 포기한 것이다.

이러한 상황들 속에서 사람들은 감추려 하지만 그러나 실제로는 엄연히 존재하고 있는 그 이슈의 해결을 회피하려는 자신들의 행위를 정당화시켜 버린다. 이슈를 드러내는 것보다는 차라리 이슈를 껴안고 그런대로 지내는 것이 그나마 덜 고통스럽다는 논리를 내세운다. 거기에는 어차피 성공적인 해결방안이란 없다고 하면서 말이다.

2. 불가론의 이슈의 대가는 무엇인가?

불가론의 이슈가 나타나면, 사람들은 끊임없이 변하고 있는 외부의 현실과 조직의 내적 사고방식 사이의 조율이 사라지기 시작함을 느낀다.

조직의 이곳저곳에서 파벌이 생기고, 이것이 조직원들의 행동양식에 영향을 미친다. 커뮤니케이션에도 분열적 양상이 나타나 이성적 메시지와 감성적 메시지가 조화를 잃게 된다. 의사교환이 매우 지성적이지만 감정의 뒷받침이 결여되어 있다. 사람들은 열성을 내보이지 않는다. 그들의 대화는 공허하다. 교환된 정보의 가치는 그대로 버려진다. 조직 내 각종 프로세스가 점점 비효율적으로 된다. 시간이 낭비된다. 정보는 교환되지만 응집력에 의한 성과는 전혀 나타나지 않는다. 부가가치가 전혀 생성되지 않는다.

신뢰는 떨어지고 의사결정에 필요한 비용은 올라간다. 오직 가장 쉽고, 모든 사람들이 동의하는 결정만이 이루어진다.

혁신은 거의 이루어지지 않게 된다. 사람들이 자꾸 위축된다. 조직은 더욱 더 작은 파벌들로 갈라지고, 이면에서 이루어지는 정치적 행위들은 늘어간다. 이제 신뢰와 존경은 사라지기 시작한다. 사람들은 이런 저런 식으로 분류되어지고, 특정의 사람들에게는 부정적인 표식이 붙게 된다. 아전인수식의 상황인식이 확산된다. 위험한 악순환이 시작된다.

개인들은 무슨 일이 일어나고 있는지 설명하기는 어렵지만 자기들이 점점 힘을 잃고 무기력해지고 있다는 것은 분명히 느낀다. 조직은 개인들로서는 선택의 여지가 없는 위험한 상황으로 개인들을 몰고 가면서도, 그 사실을 부정하는 위협적인 상황으로 치닫는다.

조직이란, 직면한 외부의 도전에 적극적으로 대응하여 성공적으로 이겨낼 때 가장 큰 에너지를 얻는 법이다. 성공은 내부와 외부의 현실을 얼마나 창조적으로 조화시키느냐에 달려있다. 조직 내에 불가론의 이슈들이 많아지면 성공은 불가능하다.

3. 사람들은 왜 불가론의 이슈를 회피하는가?

그것을 논의하는 것이 조직의 신뢰와 단결을 위협할 것이다.

조직원들은 만약 자신들이 그렇게 극한 대립을 내재하고 있는 이슈를 드러내어 그것을 해결하지 못할 경우에는 조직으로서 효율적으로 활동할 수 없게 될 것이란 사실을 두려워한다. 그런 잠재적 이슈를 논의하는 것은 자기의 자부심과 신뢰성, 그리고 직장의 안전성을 위협하는 것으로 생각되곤 한다.

그런 논의는 두려움, 불안감, 스트레스, 긴장감, 당혹감, 그리고 고통을 촉진시킬 뿐이다.

4. 불가론의 이슈에 대해 조직은 어떤 행동을 보여야 하는가?

뛰어난 중재인의 도움을 받고, 그의 중재기술을 모방하려고 노력한다. 그 기술을 충분히 내재화하려고 노력하고 오랜 시간을 갖고 실천한다. 조직 내 불가론의 이슈에 어떤 것들이 있는지 조직원들의 의견을 수집한다. 이를 정리하고 중요도에 따라 순위를 매긴다. 일단 이슈들이 밝혀지면 각각의 이슈별로 조직을 재정비한다. 논의에 참여해야 할 사람이 누구인지를 사정한다.

진척상황을 봐가면서 실천항목을 수립한다. 문제해결의 능력과 신뢰를 세우기 위해서는 우선 쉬운 이슈부터 접근한다. 일단 하나의 이슈에 대해 논의가 시작되면 결론이 날 때까지 그것에 매달린다. 효율적인 조직은 엄격하고 동시에 지지적인 자세를 가지고 있다. 조직은 이슈를 대하는 데 있어서는 철저하지만 조직원 개개인에 대해서는 깊은 배려와 걱정을 해준다. 조직원들은 협력을 촉진시키기 위해서는 서로에게 도움이 되는 커뮤니케이션을 만들어나가는 것이 필요하다.

사람들은 자기가 언제나 똑같은 위치로 남아있을 수는 없다는 사실을 인식해야 한다. 변화, 손실, 그리고 고통이 필요하다. 사람들은 조직의 목적과 건전성에 믿음을 가지고 있을 때 비로소 조직을 위해 자신을 기꺼이 희생하기 마련이다. 그들은 종종 자신들이 대단히 활력에 넘치고 성공적인 조직의 일부가 될 수만 있다면 어느 정도의 개인적 손실은 감당하곤 한다. 그들은 조직의 중심인물들이 세심하고 공정하며 정직하다는 믿음을 필요로 한다.

불가론의 이슈에 대항하는 모든 시도는 새로운 경험임을 인식해야 한다. 조직은 이슈를 해결해나가면서 배워야 한다. 그 과정에는 실패와 고통이 수반될 수도 있다. 조직은 변화를 만들어 내는 과정에서 단기적 실패가 나타날 수도 있음을 이해해야 한다. 실패했을 때는 반성의 시간이 필요하다. 그러나 아직 해결되지 않은 그 이슈로 다시 돌아가야만 한다.

개인의 공헌도를 평가할 때는 그가 조직의 성공을 위해 필요한 행동을 했는지 여부를 기준으로 삼아야 한다. 조직에 대한 충성심이 결여된 단지 기술적인 능력은 이기주의로 흐를 뿐이다. 그것은 결국 탁월함이 아니다. 그러나 기술적 능력의 부족으로 조직에 효율적인 기여를 하지 못하는 경우도 있음을 또한 고려해야 한다.

개인들은 종종 정직함 때문에 오히려 손해를 입는, 그래서 정직성을 상실하는 경험을 할 수 있다. 이 경우 조직은 그 사람이 정직을 회복할 수 있도록 도와야 한다. 조직과 조직원의 비밀은 조심스럽게 다루어져야 하고 존중되어야 한다.

팀의 탄생

이렇게 작성된 내용들은 최고경영팀이 앞으로 나아가는 데 필요한 이정표가 되었다. 참가자들은 자기들 팀 내에 실재하는 '불가론의 이슈'의 목록을 만들었다. 모두 열 개의 이슈가 지적되었다. 각 항목에 우선순위를 매긴 후 우리는 하나씩 풀어나가기 시작했다. 여러 번의 모임을 가졌다. 그때마다 많은 긴장감과 불편한 순간들도 있었지만 우리는 계속 전진했다. 과정이 끝날 때까지 그들은 최고 수준의 능력을 유지해 나갔다.

최고경영팀은 아직 완벽하지는 않지만 그러나 이제 계속해서 성장할 수 있는 팀이 되었다. 그들은 이제 계속해서 새로운 이슈들에 정면으로 부딪쳐 그것을 해결해나갈 것이다. 나는 첫 모임을 가졌을 때만 해도 그들이 지금과 같은 단계에 이를 것이라고는 생각하지 못했다. 지금의 수준에 도달하기까지 최고경영팀의 구성원들은 어려운 난관들을 거쳐야 했고, 어려운 결정들을 내려야만 했다. 그들 모두는 거의 모든 경영층들이 지불하기를 꺼리는 비싼 대가를 치렀다. 조직 차원에서의 근원적 변화는 개인차원의 근원적 변화를 요구한다. 조직의 변화는 우리가 개인의 변화라는 아픔을 받아들이지 않으면 일어날 수 없다. 참가자들은 이런 아픔을 받아들였고, 이제는 과거보다 훨씬 나은 능력을 갖게 되었고, 성장한 것이다.

반성과 토론

🍃 변화를 향한 개인적 단계

1. 불가론의 이슈(undiscussable issue)란 무엇인가?

2. 자신과 관련된 조직에 어떤 불가론의 이슈가 있는지 설명하라.

3. '질문 2'에서 제시된 불가론의 이슈들은 자신에게 어떤 영향을 미치는가?

4. 그 같은 영향력에 변화를 주기위해서는 어떤 조치가 필요한가?

🍃 변화를 향한 조직적 단계

1. 본문에 소개된 문화분석 과정을 다시 한 번 읽어보라. 이 같은 분석 과정을 자신이 속한 조직에 적용할 수 있는가?

2. 자신이 속한 조직에, 본문에 소개된 카드를 이용한 방법을 어떻게 적용시킬 수 있는가?

3. 자신이 속한 팀에 존재하는 불가론의 이슈의 예를 들어보라.

4. 자신이 속한 팀에 존재하는 불가론의 이슈가 무엇인지를 규명하고 이를 해결하면서 팀의 문제해결 능력을 개선시킬 수 있는 전략을 만들어보라.

21. 내부로부터의 비전

　대기업의 중간관리자들을 만났을 때, 가장 자주 듣게 되는 불만은 "우리 회사의 비전이 무엇인지 모르겠다."는 말이다. 나는 그때마다 그들 회사의 비전, 임무, 그리고 가치관이 적혀있는 작은 플라스틱 카드를 꺼내 읽어보라고 한다. 그러면 그들은 대개 고개를 흔들며 말하곤 한다. "그게 아닙니다."
　이 대화는 무엇을 말하고 있는 것일까? 그들의 답변은 무언가 중요한 것을 시사하고 있다. 그것은 무엇인가?
　오늘날 많은 사람들이 비전에 대한 얘기들을 하고 있다. 많은 대기업들이 비전을 말하고 있지만 실제로 비전을 갖고 있는 기업은 찾아보기 힘들다. 이번 장에서는 비전의 개념과, 그것이 높은 성과를 내는 조직을 만드는 것과 어떤 관련이 있는지 살펴보겠다.

불확실성과 비전에 대한 갈망

1990년대 초 미국에서 대통령 선거운동이 한참 벌어지고 있었을 때 데이비드 듀크(David Duke)라는 사람이 후보로 등록한 적이 있었다. KKK단(Ku Klux Klan, 미국 남부의 백인 우월주의 단체) 멤버였던 과거 전력 때문에 그의 후보 등록은 논란을 일으켰다. 나는 그의 후보 등록에 깊은 우려를 가지고 있었다. 그의 배경뿐만이 아니라 그를 추종하는 무리들이 제법 많았기 때문이었다.

나는 어렸을 때 2차 세계대전을 배경으로 한 영화를 많이 보았다. 나치즘이 초래한 폐해를 보면서 그것은 다만 1930년대 당시 독일의 혼란이 만들어낸 부산물일 뿐이라고 생각하면서 마음을 달랬었다. 그것은 역사의 한 마당에서 일어났던 하나의 사건이었을 뿐 다시는 일어날 수 없을 것이라고 생각했다. 그러나 데이비드 듀크의 출마는 그것이 다시 일어날 수도 있음을 보여주는 것이었다.

왜 세상에는 그러한 현상의 가능성이 항상 잠재하는 것일까? 이 질문에 대한 대답은 사실 놀라운 것이 아니다. 혼란의 시기에는 사람들의 불확실성이 커지고, 사람들은 삶의 의미와 방향을 갈망하게 된다. 사람들은 뚜렷한 비전을 가지고 확실한 메시지를 보여줄 누군가를 찾게 된다. 이러한 사실은 중간관리자들이 자기 회사의 비전을 모르겠다고 말할 때에 그것이 주는 메시지가 무엇인지 이해하는 데에 도움이 될 것이다.

조직 내 불확실성

얼마 전까지만 해도 대기업에서 일한다는 것은 평생직장을 갖고 있다는 것을 의미했다. 그러나 이제 그것은 더 이상 사실이 아니다. 오늘날처럼 극단적인 변화를 겪는 시대에서, 기업들은 과거 어느 때보다 훨씬 큰 도전과 불확실성 앞에 직면해 있다. 기업의 구성원들은 자신들이 고립되고 분리되어 있으며 위험에 처해 있다는 느낌을 떨치지 못한다. 그들은 분명한 비전을 갈망한다. 그러나 그들이 실제로 부딪치고 있는 것은 끊임 없는 변화와 차별화이다.

직원들이 회사의 비전을 알고 싶어함에 따라 CEO들에게 비전을 제시하라는 압력은 점점 커지고 있다. CEO들은 며칠간 합숙하며 비전 만들기(vision-finding) 워크숍을 벌이기도 한다. 그들은 며칠간에 걸친 토의와 협의를 거쳐 비전 문구를 완성한다. 그리고 이것을 플라스틱 카드에 새겨 직원들에게 배포한다. 전 직원은 이러한 노력을 지지한다는 표시로 그 카드를 항상 소중하게 간직하고 다닐 것을 요구받는다.

물론 이런 방법은 나름대로의 가치가 있다. 『포천』이 선정한 미국 100대 기업 중 하나인 어느 기업의 CEO 은퇴식에 참석한 적이 있었다. 그 CEO는 은퇴식 도중 임기 중에 달성한 가장 중요한 업적이 무엇이냐는 질문을 받았다. 자신의 호주머니에서 플라스틱 카드를 꺼낸 그는 무엇보다도 회사의 비전 카드를 만들어 직원들에게 공유하도록 했던 일이 최대의 업적이라고 생각한다고 했다. 청중들이 반신반의하면서 대답하기 힘든 까다로운 질문들을 던졌지만 그는 자신의 입장을 그대로 고수했고 그것은 나름대로 납득이 가는 일이었다.

비전 슬로건을 작성하고 그것을 플라스틱 카드로 만들어 배포하는 일은 물론 가치 있는 작업이다. 그러나 그 작업이 애초에 필요로 했던 요구를 만족시키는 경우는 드물다. 사실 많은 CEO들이 비전을 만들고 이를 공유시키는 것에 대해 어려움을 느끼고 있다. 설득력과 흥미를 지닌, 그리고 열정적인 어떤 것을 찾아내는 일은 쉬운 일이 아니다. 그러므로 그들이 공들여 만든 대부분의 비전에는 생명력이 없기 마련이다. 무엇보다도 안 좋은 것은, 그들이 최종적으로 작성한 그 비전 문구가

CEO 혹은 최고경영팀의 실제 행동양식과 일치하지 않는 경우가 많다는 사실이다.

누가 그 비전을 위해 기꺼이 목숨을 걸 것인가?

비전과 실제행동 사이의 괴리는 좀 더 고려해볼 가치가 있는 중요한 문제이다. 어느 대기업을 방문했을 때의 일이다. 그 회사의 CEO들로 구성된 특별팀(task force team)은 석 달 동안 비전 수립의 지시를 수행하고 있었다. 나는 그 비전 수립팀을 만났고, 그들이 작성하여 거의 완성 단계에 있던 비전 문안을 읽어보았다.

그 자료내용에 대해 활발한 토론을 벌이고 나서 나는 질문을 던졌다. "누가 이 비전을 위해 기꺼이 목숨을 걸겠습니까?" 아무도 대답을 하지 못했다. 나의 질문에 그들은 놀라움과 곤혹스러운 표정이 역력했다. 왜 그런 반응을 보였을까? 그 팀은 정치적 이해관계로 분열되어 있었기 때문에 그들은 서로의 이해관계를 건드리지 않도록, 비전 문안을 누구도 이의를 제기할 수 없는 추상적이고 일반적인 것으로 채웠던 것이다. 한 개인이 만들었든 아니면 팀이 만들었든, 모든 사람이 수긍하고 공유할 수 있는 비전은 고통 없이는 나오지 않는 법이다.

그런 적당한 노력을 통해 만들어진 문구들은 공허한 단어들의 나열에 지나지 않는다. 거기에는 진정한 비전이 없기 때문에 아무런 영감도 주지 못한다. 동기를 부여할 수 없는 문구들을 통해 직원들이 자신의 행동을 바꿀 것이라고 기대할 수는 없다. 어떤 말이 의미가 없을 때, 그 말을 쓰려고 하는 사람은 없는 법이다.

비전의 수립은 대단히 어렵고 고통스런 작업이다. 왜냐하면 그것은 피상적인 분석이 아니라 훨씬 많은 그 이상의 것을 요구하기 때문이다. 그것은 또한 조직 내 존재하는 도덕적 성실성의 부족이란 문제에 부딪치지 않으면 안 되는 일이기 때문이다. 그런 모든 것을 극복할 능력을 갖춘 사람은 거의 없다. 대부분의 비전 문안들이 공허한 것도, 대부분의 사람들이 그들의 조직에 비전이 없다고 느끼는 것도 다 이런 이유 때문이다. 직원들이 진정한 비전에의 갈망을 호소할 때, 그런 비전을 제공할 수 없어 자신의 무능력에 부족함을 느끼고 있는 CEO들은 자꾸만 초조해질 수밖에 없는 것이다.

그들에게 그 말을 그만 하라고 해!

많은 경영자들이 비전을 어떻게 수립해야 할지 모르고 있다. 반면에 회사에 비전이 없다는 말을 반복해서 들어야 하는 것에 대해서는 무척 당혹해 하고 있다. 결과적으로 자신들로서는 해결할 수 없는 그 요구들을 더 이상 언급하지 않았으면 하고 바라게 된다. 결국 그들은 그 문제를 더 이상 논하지 말라는 메시지를 암묵적으로 보내는 것이다.

상황에 따라서는 보다 노골적인 메시지를 전달하는 경우도 있다. 내가 알고 있는 어느 경영자의 예가 바로 그런 경우이다. 그는 중간 관리자들로부터 회사의 비전을 알 수 없다는 불평을 끊임없이 듣고 있었다. 어쩔 수 없이 그는 임원진들을 소집했고, 그들은 비전을 새긴 그 플라스틱 카드를 만들었다. 그러나 안타깝게도 일주일도 안돼서, 이전과 똑같은 메시지가 다시 돌기 시작했다. "우리 회사의 비전을 모르겠어." 결국 좌절을 느낀 그 경영자는 부사장에게 이런 지시를 내릴 수밖에 없었다. "그들에게 이제 그런 말을 그만 하라고 말하시오."

내가 이 이야기를 들려주면 사람들은 대개 웃고 만다. 내가 이것을 반복해서 들려주는 것은 그 경영자를 흉보기 위해서가 아니라 경영자의 감정을 전달해주고 싶어서이다. 나 또한 다른 사람들에게 비전을 제시하려고 시도했던 경험이 있다. 그것은 실망스런 경험이었다. 현재의 문제들을 해결하는 일에 초점을 맞추는 것도 어려운 일이지만, 미래를 설계하고 거기에 맞춰 만들어 가는 일은 훨씬 어려운 일이다. 효과적인 업무분석가 그리고 과업의 달인이 되는 것은 어려운 일이지만, 비전을 수립하고 동기를 부여하는 리더가 되는 것에 비하면 차라리 쉬운 일이다.

그러나 변혁적 리더들은 두 가지 모두를 할 수 있다. 그들은 미래를 설계하고 만들어가면서 동시에 현재의 문제를 풀어나간다. 그것이 바로 그들에게 설득력을 부여하는 것이다. 유용한 비전은 사람들에게 영감을 불어넣어 새로운 차원에 이르도록 한다.

빵과 소금을 찾아서

조직 내 비전을 갈망하는 얘기를 듣게 되면, 나는 으레 그 회사의 리더들과 그것에 대해 토론을 하곤 한다. 실망과 좌절에 빠져있는 그들은 으레 회사의 공식적인 비전 문건을 내보이면서 왜 이것이 전혀 소용이 없는지 묻곤 한다. 그럴 때면 나는 그 문건에는 빵과 소금이 들어있지 않다고 대답한다. 그리고서 그들에게 영화 「간디(Gandhi)」이야기를 들려주곤 한다.

아프리카에서 보냈던 젊은 시절, 모한다스 간디는 그곳의 수많은 형태의 차별대우들에 대항했었다. 그곳에서 일을 끝낸 그는 다시 고향인 인도로 돌아왔는데, 많은 사람들이 그에게 정치에 참여할 것을 권유했다. 그러나 그는 그것을 마다했고, 대신 자신의 나라를 돌아보는 긴 여행을 시작했다. 전국 외곽을 돌면서 그는 수많은 마을과 농장을 방문했다. 그 여행은 힘든 여정이었지만 그는 그것을 견디었고, 그 속에서 농부들의 고통스런 삶의 이야기를 듣고 그들의 환경을 관찰할 수 있었다.

여행을 끝낸 얼마 후, 정치집회가 열렸다. 인도의 유명한 많은 정치인들이 참석했고, 그들은 인도의 자치와 영국세력의 추방을 요구하는 감동적인 연설들을 했다. 청중들은 크게 동조했고 힘찬 지지를 보냈다. 그리고 이제 무명의 간디에게 연설 기회가 주어졌다. 그러나 그가 소개되었을 때, 사람들은 자리에서 일어나 집회장 안을 어수선하게 돌아다니기 시작했다.

간디는 낮은 음성으로 '진정한' 인도에 대해 연설하기 시작했다. 그는 주장했다. "지금 인도에 진정 중요한 것은 자치가 아니다. 인도의 국민들이 정말로 걱정하는 것은 누가 나라를 다스리느냐가 아니다. 그들이 걱정하는 것은 빵과 소금에 관한 것이다. 만약 정치인들이 빵과 소금에 대해 정말로 이해하지 못한다면, 여러분들은 단지 영국인 독재자를 인도인 독재자로 바꾸게 될 뿐이다."

간디의 연설이 계속되면서 사람들이 서서히 자리를 잡고 경청하기 시작했다. 왜 그랬을까? 그것은 그들이 무언가 다르고 대단히 중요한 이야기를 듣고 있었기 때문이다. 자기의 조국을 여행하면서 인도의 본질을 체득한 그 작고 겸손한 사람. 지금 그는 자기가 본 인도를 사람들이 느끼고 이해할 수 있는 말로 조용히 전달하고 있는 것이었다. 근본적, 근원적 변화라는 말의 본질 속에는 바로 간디의 연설이 주는 메시지가 담겨 있다.

근본적이라는 뜻의 래디컬(radical)은 뿌리(root)를 뜻하는 라틴어에서 파생된 단어이다. 예를 들면, 수학에서 우리는 제곱근을 나타낼 때 근호(radical sign ;)를 사용한다. 근본적인 변화(radical change)를 이루기 위해서는 뿌리, 원점, 또는 원형으로 돌아가야 한다. 사람의 마음을 움직일 수 있는 비전은 핵심 이슈를 깊이 반성한 사람이나 조직의 영감을 반영하고 있기 마련이다. 간디가 제시한 비전은 그런 영감을 담고 있었다. 그것은 현실과 가치관 모두에 뿌리를 두고 있었다. 그것이 청중들의 열정을 불러일으켰던 것이다.

　비전을 제시하는 리더는 조직의 핵심을 파고들어 빵과 소금에 해당하는 이슈들을 찾아낸다. 대부분의 경영자들은 그것을 하지 못한다. 그리하여 그들은 현실을 풀어가면서 미래를 설계하고 만들어가는, 그 둘 사이를 조율하는 데 대단히 큰 어려움을 겪고 있는 것이다.

　조직 내에서는 종종 아래에서 위로 올라가는 여러 단계의 여과과정을 거치기 때문에, 경영자들이 빵과 소금에 해당하는 이슈들을 찾아내는 것이 어렵다. 경영자가 받는 대부분의 메시지들은 최종적으로 여과되고 잘 다듬어진 것들이다. 계급조직 속에서, 우리는 종종 정말로 우리의 아래 조직에서 무엇이 벌어지고 있는지 알지 못한다. 또한 우리는 때로 대중들에게 둘러싸이는 것을 불편해 한다. '역겨운(slimy)' 자동차 딜러들과의 모임에 참석하는 것은 정말 견디기 힘들다던 어느 자동차 회사의 임원에 대한 기억이 난다. 그런 거만함과 속물근성은 거의 모든 대기업에 존재하고 있다.

　차단되고 고립된 사람들은 다른 사람에게 동기를 부여할 수 없다. 그런 사람들이 비전을 제시했을 때, 그 메시지는 덧없고 감흥도 없는 공허한 메아리가 될 것이다. 그런 사람들의 행동은 그들의 말과 일치하지 않고 그들의 메시지는 실제로는 빈껍데기일 뿐이다. 비전이 제시되었지만 아무런 변화도 일어나지 않는다. 그 비전은 곧 쇠퇴하고 소멸된다.

비전을 찾은 CEO

　오늘날의 세계에서 경영자에게 빵과 소금의 이슈를 찾아낼 것을 기대하는 것이 현실적인가? 물론 그것은 현실적일 뿐만 아니라 필수적이라고 할 수 있다. 그러므로 그러한 사례를 살펴보는 것은 우리에게 도움이 될 것이다.

나와도 친숙한, 오랜 기간 동안 건실한 재정을 유지했던 어느 대기업이 있었다. 그런데 갑자기 세상이 변했고, 그 회사는 극도로 어려운 재정난에 직면하게 되었다. 그러자 과거에 회사의 성공을 이끌었던 모든 것들이 이제 의문의 대상이 되어 버렸다. 회사는 위기의 한 복판에 있었고, 사람들은 절망에 빠졌다. 직원들은 새로 취임한 CEO로부터 새로운 비전을 바라고 있었다. 그러나 그 CEO는 많은 노력을 했지만, 결국 새로운 비전을 제시하지 못했다.

상황이 더 악화되자, 회사의 임원진은 신속하게 외부인사의 자문을 받는 것이 필요하다고 결정했다. 나를 포함해서 여러 명의 저명한 교수들이 자문 프로그램 설계에 참여하게 되었다. 우리는 일주일간의 모임을 네 차례에 걸쳐 진행하기로 계획을 잡았다. 각 모임은 매번 100명의 임원들이 참여하여 최종적으로 400명의 임원들이 참여하는 것으로 계획을 잡았다.

우리가 제일 먼저 해야 할 일은 그 회사가 진짜 이슈들과 부딪쳐서 그것을 해결해 왔는지를 확인하는 일이었다. 그러나 그 회사는 지금까지 어떤 종류의 공공연한 마찰이 없었다. 이것은 우리의 조정작업을 어렵게 만들었다.

프로그램 일정은 회사의 재정과 전략에 대한 개요를 파악하는 것부터 시작하기로 계획을 잡았다. 그리고서 나는 그 회사가 직면한 다른 문제들을 분석하고 판정하는 일을 맡기로 했다. 나는 내가 맡은 분야를 준비하면서, 그 회사의 문화를 보다 자세히 이해하기 위해 모임에 참석할 몇 명의 사람들과 인터뷰를 계획했다.

인터뷰를 끝내고 나는 그 인터뷰 속에서 영감을 얻을 수 있었고 그것을 보고서로 정리했다. 다음은 그 문서의 일부분들이다.

조직 내면의 목소리

인생을 살면서, 우리는 가끔 삶의 의미를 상실한 듯한 느낌을 맛보곤 한다. 그런 순간에는 우리들 내면의 가치관과 우리의 외적 업무 사이의 조율감이 더 이상 존재하질 않는다. 우리는 열심히 또 열심히 일하지만 그런 노력으로부터 얻는 만족감은 점점 더 줄어드는 자신을 발견한다. 과거에 가졌던 활력, 책임감, 그리고 진취성은 사라지고 우리는 매일 매일을 힘겹게 살아낸다. 많은 내면의 성찰과 반성 끝에 우리는 새로운 초점, 새로운 비전이 필요하다는 사실을 깨닫기 시작하지만, 그것을 끄집어내기란 쉽지가 않다. 이를 설명하기 위한 일화로서 다음의 이야기를 보도록 하자.

나에게는 한때 삶의 큰 혼란을 겪었던 젊은 친구가 있다. 그녀는 몇 가지의 핵심적인 과업의 완수에만 집중적으로 매달리는 성격의 소유자였다. 그녀의 그러한 성향은 종종 그녀를 어렵게 만드는 원인이 되곤 했다. 그녀는 자주 가족들 및 회사 상사 모두와 부딪치고 있는 자신을 발견했다. 이 같은 충돌이 자꾸만 커지고 잦아지면서 그녀는 견딜 수 없이 화가 났으며 그런 상태가 지속되었다. 그녀의 생산성은 줄어들었고, 그녀는 자신의 능력이 점점 줄어드는 것을 느꼈다.

어느 날 그녀는 출근하는 대신에 인근의 산으로 등산을 갔다. 오랜 시간을 오른 끝에 드디어 정상에 도착했다. 지친 그녀는 땅에 주저앉아 휴식을 취하고 있었다. 그녀는 문득 그곳에 자기 혼자만 있는 것이 아니라는 것을 깨달았다. 가까운 곳에 세 사람이 행글라이딩을 준비하고 있었다. 그들은 한 사람씩 차례로 벼랑에서 뛰어내리더니 바람 속으로 들어갔다. 그녀는 그들이 서서히 계곡 아래로 내려가는 것을 지켜보았다. 그들이 땅에 내렸을 때, 그녀는 그들을 거의 볼 수 없었다.

그녀는 이 광경을 지켜보면서 그녀의 미래에 커다란 영향을 미치게 될 중요한 자기반성을 하게 되었다. 그녀는 그녀의 잦은 마찰에 대해, 그리고 인생에서 그것이 얼마나 하찮은 것인지를 생각했다. 또 자기의 관점을 잃어버렸던 것은 아닌지 생각했다. 그녀는 자기가 빚고 있는 마찰들이 다른 사람들보다 오히려 자신 자신에게 더 많은 피해를 준다고 생각하게 됐다. 이런 통찰은 대단한 힘을 발휘했고, 그녀는 이제 그녀의 문제를 다른 시각에서 접근하겠다고 결심했다. 그녀는 새로운 모습, 홀가분한 기분으로 집으로 돌아왔다. 그녀는 그날 이후 보다 성숙해졌고, 그녀의 삶은 완전히 바뀌었다.

이 이야기에서 흥미로운 것은 내 친구가 겪은 변화의 원천이 내면적인 것이었다는 점이다. 비록 광활한 대자연의 파노라마가 그녀를 자극했지만, 그녀의 딜레마에 대한 진정한 해결방안은 이미 그녀의 마음속에 자리 잡고 있었던 것이다. 그녀의 내면의 목소리(inner voice)가 그녀에게 말하고 있었다. '당신은 지금 생산적으로 일을 하지 못하고 있어. 자신의 행동이 자기 자신을 갉아 먹고 있어.' 내면의 목소리는 그녀를 과업지향의 논리로부터 벗어나도록 이끌었다. 그 목소리가 그녀를 산으로 인도했고, 그곳에서 그녀는 내면의 목소리를 분명하게 들을 수 있었다. 광활한 대자연의 파노라마를 보았고, 그녀는 자기를 둘러싸고 있는 환경을 보다 큰 시각으로 보기 시작했다. 그녀는 지금까지 부정해왔던 현실을 처음으로 직시하게 되었고 자신의 방법이 잘못되었다는 것을 깨달았다. 그녀는 자신의 삶을 변화시키지 않으면 발전도 생존도 어렵다는 사실을 깨달았다. 내면의 가치관과 외부 현실 사이의 조율을 조정해야 한다는 사실을 깨달은 것이다.

조직 내면의 목소리를 들어야 한다

조직 또한 내면의 목소리를 갖고 있다. 개인의 내면의 목소리와 마찬가지로, 조직의 내면의 목소리도 우리에게 조직 내부의 가치관과 외부 현실 사이의 끊임없는 재조율을 요구한다. 그러한 재조율은 대개 근원적 변화를 함축하고 있기 때문에, 현재의 불안정한 조직문화에서 그러한 내면의 목소리는 흔히 적대시된다. 그런 불안정한 조직문화는 스스로를 보호하려는 성향이 있기 때문에, 내면의 목소리를 침묵하게 만들려고 노력한다. 그것은 실제로 상당한 효과를 발휘하여 모든 사람들이 개인적으로 알고 있는 조직의 문제점이 집단적으로 표출되는 것을 막는다.

조직 내면의 목소리와는 달리, 개인의 목소리는 언제나 개인의 이익을 대변한다. 반대로 조직의 내면의 목소리는 조직의 성공을 바란다. 조직의 목소리는 진실에 경의를 표하지만 권력에 경의를 표하진 않는다. 조직의 목소리는 고통스런 현실을 드러내려 한다. 그것은 전체적인 이익을 추구하면서, 특정 개인이 선호하는 것에 굴복하여 희생과 변화가 필요하다는 진실을 왜곡시키지 않는다. 따라서 조직 내면의 목소리는 때때로 권한을 가지고 있는 사람에게 위협이 되기도 한다.

흥미롭게도 내면의 목소리는 조직이 가진 가장 강력한 힘의 원천이다. 내면의 목소리는 조직의 내적 가치관과 외부 현실을 재조율시키고, 조직의 자원들을 원활하게 흐르도록 만든다. 내면의 목소리는 조직의 도덕적 핵심이 무엇인지 찾아준다. 개인들의 노력이 내면의 목소리로부터 분리될 때, 사람들은 활력을 잃기 시작한다. 사람들은 에너지를 잃고, 책임감이 소멸되기 시작한다.

조직 내면의 목소리를 찾아내는 것이 모든 이들이 동조하는 비전을 수립하는 열쇠이다. 이것을 위해서는 개인이든 조직이든 과업지향의 논리를 깨뜨려야만 한다. 내면의 목소리를 듣기 위해선 준비와 반성 그리고 용기가 필요하다. 내면의 목소리는 사람들이 그것을 들으려는 용기와 변화에 대한 책임감을 갖게 될 때 그들에게 방향을 제시해준다.

다음 섹션에서 나오는 문서는 이 회사의 내면의 목소리를 분명히 나타내보기 위해 작성된 것이다. 이 문서는 아까 얘기한 인터뷰를 토대로 만들어진 것으로 많은 사람들의 가슴과 마음속에 담겨져 있던 메시지들을 통합한 것이다. 거기에는 그 조직의 내면의 목소리가 담겨져 있다. 나는 외부의 제삼자 입장에서, 그들이 말하는 조직의 내면의 목소리를 귀 기울여 경청했다. 여러 인터뷰 결과들 속에 공통적으로 흐르고 있는 테마들을 살펴봄으로써 나는 이 회사의 하부구조를 드러낼 수 있었다. 그 속에 흐르고 있는 것은 어느 개인의 목소리가 아니라 각 개인들의 어두운 그림자 밑에 존재하는 공동의 목소리이다. 그것은 조직의 내면의 목소리를 나타낸 것이다.

조직 내면의 목소리와의 인터뷰

원래의 문서에는 8가지의 Q&A를 담고 있었다. 각각의 답변은 회사가 직면한 중요 이슈들과 이에 대한 구체적인 사례를 설명하도록 되어 있었다. 각각의 답변에는 심각한 이슈들이 많이 포함되어 있었는데, 앞에서 언급했던 '불가론의 이슈'들이었다. 그러한 각각의 이슈는 또한 조직이 갖고 있는 약점이나 혹은 조직이 필요로 하는 것들을 표현하고 있었다. 그 내용을 다음과 같이 요약했다.

- 우리 회사는 충성심과 아직 사용되지 않은 인간의 잠재력이란 것으로 특징지을 수 있다.
- 급격하게 진화하고 있는 세상에서 보다 큰 생존력을 지니고 그리하여 살아남기 위해서는 조직은 근원적 변화를 감행해야만 한다.

- 회사는 지금 직원들이 무의식적으로 합의한 침묵과, 이슈에 정면으로 부딪쳐 그것을 해결할 조정안을 세우지 못해 침체에 빠졌다.
- '군중심리'가 널리 퍼져 있고, 건설적인 대립을 위한 모델이 없다.
- 특정의 주요 인물들이 조직의 이익보다는 개인의 이익과 이기를 앞세우고 있는데도 조직은 여전히 그들에게 힘을 주고 있다.
- 모든 사람들이 이미 분명히 드러난 이슈들을 여전히 감추어져 있다고 믿고 싶어 한다. 개개인들은 모두가 이미 알고 있는 것을 짐짓 아무도 모르는 것처럼 시치미 뗌으로써 자기들의 체면을 지키려 한다. 그리고 그것은 아무도 조직의 내면의 목소리에 귀 기울이지 않는 한 계속된다.
- 응집된 리더십을 지닌 팀이 없다.
- 회사는 분명하고, 믿을 수 있고, 그리고 동기를 부여할 수 있는 비전을 제시하지 못하고 있다.

보고서의 요약과 의미

마지막으로 인터뷰 결과보고서의 전체 요약문을 보도록 하자.

내면의 목소리가 말문을 열었다. 목소리는 조직의 전진을 방해하는 여덟 개의 중요한 이슈들을 밝히고 있었다. 놀랍게도, 내면의 목소리는 조직의 고위층들에 대해 솔직하게 말하면서도 그 이슈들에 대한 책임을 그들에게 넘기지는 않았다. 내면의 목소리는 현명하고 성숙했다. 그 목소리는 시스템을 시스템 그 자체로 볼 뿐이었다. 그 목소리는 근원적 변화에 대한 책임이 고위층뿐 아니라 모든 직원들에게 있음을 인식하고 있었다. 그 목소리는 모든 개인들을 CEO로 본 것이다. 문제는 계급주의 문화가 이런 진실을 받아들이려 하지 않는다는 것이고, 두려운 개인들은 진실의 외면을 합리화시키고 책임을 고위층에 떠넘긴다는 것이다.

언제나 그렇듯이 내면의 목소리는 솔직하게 말을 한다. 지금 이 시점에서 우리 모임의 이 모든 작업들이 갖는 의미는 무엇인가? 우리는 그 회사의 전략과 재정 상태를 분석했고, 그 조직의 내면의 목소리도 들었다. 이제 우리에게 요구되는 것은 무엇인가?

지금 이 순간 우리는 이제 우리가 과감하게 새로운 조직문화를 창조할 것인가 말 것인가를 결정해야 한다. 지금 이 순간은 아주 특별한, 어떤 회사들도 경험하지 못한 중요한 순간이다. 대부분의 회사들은 이런 단계에 이를 만큼 건강하지 못하다. 그들은 회복되기에는 너무도 심한 병을 앓고 있다.

우리는 지금 이 순간부터 며칠 안에, 진실(truth)이 권위에 맞서 말을 할 수 있는 회사를 만들어낼 것인가 말 것인가를 결정해야 한다. 또한 건설적인 대립이 일어날 수 있도록 만들 것인지를 결정해야 한다. 만약 공개적으로 이런 질문을 받는다면, 누구나 사회의 통념대로 '할 것이다'라고 답할 것이다. 우리는 진실을 듣고 말하고 싶어 한다. 그러나 우리의 보디랭귀지(body language)와 행동은 오히려 자기의 희생과 변화를 요구하는 목소리를 듣고 싶지 않다는 메시지를 외치고 있다. 더 나아가 고위층과 함께 어리석은 위험을 무릅쓰지 않겠다고 외치고 있다. 조직의 상부를 보게 되면 우리는 이것을 완벽하게 이해하게 된다. 우리는 고위층의 눈썹이 올라가는 것, 몸의 자세를 바꾸는 것, 혹은 어떤 신호를 통해 우리가 고위층의 심기를 불편하게 했다는 것을 감지하는 데에 달인들이 되어있다.

눈을 돌려 조직의 하부를 들여다보면, 이제 우리들의 모습에서 그러한 행동을 볼 수 없다. 우리는 부하직원들에게 문은 언제나 열려 있다고 말을 한다. 우리는 그들에게 여러분들은 임파워되어야 한다고 말한다. 간혹 그들은 우리의 말을 진짜로 받아들이고 스스로 판단해서 일을 처리한다. 어느 순간 그들은 책임감을 가진 어른이 된다. 그들의 독립적인 행동은 우리를 불편하게 하고, 이제 우리는 우리의 솔직한 감정을 그들에게 암묵적으로 전달한다. 그들은 놀라서 대답한다. "아, 그것이 당신이 말한 임파워먼트의 의미였군요. 이제 이해하겠습니다. 더 이상 걱정하지 마십시오."

이제 우리는 CEO가 내려주길 바라는 그 결정을 우리 스스로 내려야만 한다. 우리는 우리의 상사가 우리들과 정서적으로 교감되어주기를 바라고, 우리의 삶 속에 카리스마를 심어주길 바란다. 우리는 또 상사가 우리 마음속에 있는 애매함을 없애주고, 또한 약속의 땅으로 안전하게 우리를 인도해주기를 원한다. 그러나 우리는 자기 자신에게 다음과 같은 질문을 던져야 한다.

나 자신, 스스로도 그렇게 할 수 있는가? 상사로서의 나는 부하직원의 말을 경청할 용기가 있는가? 부하직원이 나에게, 당면하고 있는 어려움에 대하여 당신은 어떠한 기여를 하고 있는가라는 질문을 던질 수 있도록 허락할 용기가 있는가? 내 자신이 조직의 점진적 죽음을 선택한 것은 아닌지 스스로에게 물어볼 용기가 있는가? 떠나야 할 시기가 되었을 때 나는 그것을 인정할 것인가? 부하로서의 나는 CEO가 될 만한 용기를 지니고 있는가? 만약 필요하다면 상사의 심기를 불편하게 하면서까지 회사나 조직전체를 위해 앞에 나설 각오는 되어 있는가? 회사의 이익을 위해 정말로 위험을 감수할 수 있겠는가?

이것들은 회사의 미래를 결정할 수도 있는 진정한 질문들이다. 이 질문들에 대한 답은 다음번 모임에서 작성될 것이다. 오늘은 조직이라는 산을 등산하게 될 것이다. 우리는 정상에서 펼쳐지는 장관을 바라보면서, 우리의 과거를 점검하고 우리 자신의 현재 모습을 살펴볼 것이다. 주말쯤에는 내부의 목소리가 알고 있는 것처럼, 우리도 회사가 그동안 어떤 모습을 가지고 있었고, 현재의 모습은 어디에 와있고, 그리고 앞으로는 어디로 나아가야 하는지를 알게 될 것이다.

자문회의 계획

나는 이 보고서의 원본을 CEO에게 건네면서, 이것을 프로그램의 시작부분에 소개하면 좋을 것 같다고 설명을 했다. 나는 또 다음과 같은 계획을 제안했다. "그 보고서 내용을 짤막하게 요약 소개한 다음 그것을 참가자들에게 배포한다. 참가자들에게 보고서의 가장 중요한 다섯 가지 내용을 말해보라고 질문한다. 참가자들을 여러 분임조로 나누어 각 분임별로 다섯 가지 내용을 토론시킨다. 분임조 별로 작성된 결과 목록을 통합해 전체적으로 중요한 문제가 무엇인지를 정리한다. 이런 진행방식은 조직 내에서 언급이 힘들었던 문제점을 솔직하게 논의할 수 있는 기회를 줄 것이다. 또 이후 진행될 일주간의 회의동안 논의될 주제도 더불어 제공해줄 것이다."

나는 이런 계획을 제안하면서도 그 CEO가 이를 받아들일 가능성은 별로 없을 것이라고 생각했다. 그러나 그는 몇 가지 사실과 다른 내용을 수정한 다음 그 계획을 승인했다. 내가 이전에 경험했던 이와 유사한 상황에서, 대부분의 CEO들이 진정한 문제가 거론되는 것을 꺼려했던 것에 비하면 그것은 상당히 고무적인 것이었다.

비전 찾기

나의 보고서는 솔직한 대화를 풀어나가려는 우리의 근본취지에 적합했다. CEO는 첫째 주의 모임에 참석했다. 우리는 그에게 행여 다른 사람의 발언 중에 사실과 다른 부분이 있더라도 되도록이면 언급을 삼가고 빠짐없이 들어줄 것을 요청했다. 지금 단계에서는 참가자들이 일단 안심하고 발언을 할 수 있도록 하는 일이 중요했기 때문이다. 또 CEO 자신도 참을성을 가지고 들어야 할 필요가 있었다.

첫째 주 내내 열성적이고 건설적인 아이디어와 의견들이 교환되었다. 동료 교수들은 참가자들이 솔직하게 발언을 하도록 동기를 부여하고 격려했다. 처음 며칠 동안은 거의 모든 문제들이 CEO의 책임으로 돌려졌다. 그러나 차츰 회의의 분위기가 변하기 시작했다. 참가자들은 자신을 돌아보기 시작했고 조직의 '불가론의 이슈'에 대한 자기 자신의 책임에 대해서도 느끼기 시작했다. 프로그램이 거의 끝나갈 무렵에 우리는 남아있는 여러 개의 이슈들을 토의했다. 그리고서 나는 보고서의 마지막 단락을 사람들에게 다시 읽어주었다.

> 이것들은 회사의 미래를 결정할 수도 있는 진정한 질문들이다. 이 질문들에 대한 답은 다음번 모임에서 작성될 것이다. 오늘은 조직이라는 산을 등산하게 될 것이다. 우리는 정상에서 펼쳐지는 장관을 바라보면서, 우리의 과거를 점검하고 우리 자신의 현재 모습을 살펴볼 것이다. 주말쯤에는 내부의 목소리가 알고 있는 것처럼, 우리도 회사가 그동안 어떤 모습을 가지고 있었고, 현재의 모습은 어디에 와있고, 그리고 앞으로는 어디로 나아가야 하는지를 알게 될 것이다.

프로그램이 시작된 주초에는, 임원들은 CEO에게 조직을 단결시킬 거대하고 통합된 비전을 제시해달라고 요구했었다. 그것은 다시 말하면, CEO가 그들에게 무엇을 해야 하는지 정확히 지시해달라는 말이었다. 나는 한 가지 사실을 강조했다. "여러분은 이제 비전이 무엇인지 알고 있다. 아무도 그것을 말로 표현하지는 않았지만 여러분의 내면에는 그것이 이미 존재하고 있다. 여러분은 자신이 필요로 하는 정보와 수단들을 모두 가지고 있다."

나는 참가자들에게 회사의 내면의 목소리에 대한 보고서를 다시 작성해달라고 요청했다. 그들은 회사 내면의 목소리가 이제 그들 개개인에게 무엇을 말하고 있는지 정의내릴 필요가 있었다. 그들은 자기 부서의 비전과 전략에 대해 생각해보고, 그 결과를 가지고 분임토의를 했다. 이런 연습을 통해 그들은 많은 것을 알고 깨달을 수 있었다. 대부분의 참가자들은 이제 자기 자신과 조직을 위한 방향감각을 정말로 갖게 되었음을 발견했다.

마지막 순서로 CEO의 연설이 있었다. 그날 그는 주어진 시간을 넘기면서까지 아주 솔직하고 열정적으로 연설을 했다. 연설이 끝나자 기립박수가 터졌다. 어떤 사람이 그에게 다가가 그를 끌어안았는데, 아마 다른 참가자들도 그런 충동을 똑같이 느끼고 있었을 것이다. CEO가 회의장을 떠나자 어느 임원이 흥분한 듯 말을 했다. "난 저 사람을 위해서라면 벽을 뚫고라도 가겠어. 이제 집으로 돌아가지만, 이제 나는 내가 해야 할 일이 무엇인지 정확히 알고 있어."

CEO는 얼마 후 흥미로운 결정을 내렸다. 자기의 일정을 전부 취소시키고 나머지 세 번의 프로그램에 모두 참여하기로 한 것이다. 그가 왜 이런 특별한 행동을 했을까? 그것은 그가 이제 조직의 중심에 가까워지고 있었기 때문이다. 흥미롭게도 그는 세 번째로 열린 모임에서 그의 '비전'을 발표했다. 그는 이제 회사가 해야 할 일이 무엇인지 알고 있었다. 그 새로운 비전은 대단히 특별했고, 한편으로는 회사 내 많은 집단들의 커다란 희생을 요구하는 것이었다. 참가자들은 열정과 의무감을 느끼면서 그 비전을 환영했다. CEO는 비로소 빵과 소금을 발견했던 것이다.

그 후 몇 달에 걸쳐 회사의 많은 계층에서 근원적 변화가 나타났다. 그 과정에는 엄청난 진전도 있었지만 정치적 마찰도 있었다. 고위층을 포함하여 많은 사람들이 고통을 겪었다. 그러나 그들은 천천히 '불가론의 이슈'들을 풀어나갔고 그 회사는 앞으로 나아가기 시작했다.

빵과 소금의 비전

　많은 사람들이 내게 묻는다. "비전은 어디서 오는 것이고, 어떻게 공유될 수 있는가?" 한편 어떤 사람들은 이런 질문을 한다. "그것은 하의상달의 프로세스인가 아니면 상의하달의 프로세스인가?" 이런 질문을 던지는 사람들은 대개 실제로는 두 가지 관점 중 하나를 이미 마음에 두고 있다. 질문을 했지만 마음속으로는 어떤 것이 정답이라는 확신을 갖고 있는 것이다. 비전이 위에서부터 아래로 전달되어야 한다고 믿는 사람들은 리더가 비전을 수립해서 이를 적용시켜 나가야 한다고 생각한다. 그 반대의 관점을 가진 사람들은 직원들에게 주인의식이 생길 수 있도록 하는 귀납적 발견의 과정이 있어야 한다고 생각한다.

　앞에서 소개했던 빵과 소금의 비전 찾기에 대한 사례에서는 이러한 두 프로세스가 동시에 벌어지는 순환적 과정이 일어났었다. 하의상달 프로세스로서 직원들은 CEO가 비전을 수립하는 데 필요한 정보를 제공했고, CEO는 상의하달의 프로세스로서 자신이 수립한 비전을 아래로 전파시켰다. 그런데 이 경우 CEO가 수립한 비전은 물론 그 자신이 수립했지만, 그 뿌리는 직원들의 솔직한 의견들이었다. CEO는 직원들과의 아주 중요한 대화에 참여했고, 조직 시스템의 핵심을 찾아냈기 때문에, 직원들은 그의 비전을 거부감 없이 받아들일 수 있었다.

　이런 순환적 과정은 CEO가 아주 강한 의지의 소유자일 경우에도 일어날 수 있다. 그러한 사람으로서의 대표적인 예는「패튼 장군(Patton)」이라는 영화에서 찾을 수 있다. 패튼 장군은 지독히 완고한 리더인 듯하지만, 그는 언제나 부하들과 대화를 나눈다. 그의 강압적이고 오만한 성격의 이면을 본다는 것은 쉬운 일이 아니다. 그러나 그가 교묘하게 정보를 입수하고 있다는 것은 알 수 있다. 무슨 얘기인가. 심지어 패튼 장군조차도 부하들로부터 무엇인가를 배우려 했다는 것이다. 권위적인 성격을 가진 그도 분명히 빵과 소금의 이슈를 찾아내는 능력을 갖고 있었다.

대화의 힘

존슨&존슨(Johnson&Johnson)사가 겪었던 변화 프로세스가 하버드 대학교 경영대학원(Harvad Business School)에서 사례 연구(case study)와 비디오로 만들어졌다. J&J에는 크레도(Credo ; 신조)라고 불리는 것이 있었다. 그것은 회사의 가치관과 경영원칙들을 적어놓은 문서로서 그것은 여러 해 동안 사용되어 왔다. J&J는 전 세계에 많은 지사와 자회사를 가지고 있는 글로벌 조직이다. 각국의 자회사에 따라 크레도에 대한 직원들의 반응은 천차만별이었다. 어떤 나라의 자회사에서는 중요하게 여겨지고 있는가 하면 어떤 곳에서는 이를 무시하거나 심지어는 한 번도 들어본 적이 없는 경우도 있었다.

J&J의 CEO는 크레도를 완전하게 살리던가 아니면 완전히 없애기로 결심했다. 그는 전 세계의 자회사와 지사를 돌아보면서 이 문제에 대한 회의를 가졌다. 회의는 퇴근시간 이후에 열렸지만 많은 사람들이 참석했고, 참가자들은 자신의 의견을 솔직하게 말했다. 그는 토론결과를 토대로 크레도를 다시 만들었다. 당시 많은 사람들은 그런 그의 노력에 대해 반신반의했다.

얼마 지나지 않아 J&J은 그 유명한 타이레놀(Tylenol) 사건에 휘말리게 되었다. 누군가가 유통 중인 몇 개의 타이레놀 병에 치명적인 독약을 넣었던 것이다. 사태가 발생하자 분석가들은 타이레놀은 이제 시장에서 영원히 사라질 것이라고 주장했다.

CEO는 나중에 이 사건을 회고하면서, 그러한 위기 상황에서는 수많은 결정들이 전 세계의 모든 지사에서 동시에 이루어져야만 했다고 했다. 사실 그런 위기를 관리할 수 있는 방법은 없다. 그는 단지 회사의 가치관 시스템을 믿고 모든 사람들이 옳은 결정을 내리기를 바라는 수밖에 없었다. 그런데 놀랍게도 그의 기대가 실현된 것이었다. 그는 내게 이 이야기를 들려주면서, 사건 발생 직전에 전 세계 자회사와 지사를 돌면서 벌였던 토론이 직원들의 마음속에 회사의 가치관을 분명하게 인식시키는 기회가 되었다는 것을 강조했다. 그는 이제 회사 내의 모든 계층에서 공통된 마음가짐을 갖게 되었다는 말을 덧붙였다. 그가 전 세계 조직을 돌며 벌였던 노력과 예기치 못했던 사건이 함께 작용하여 모두가 공유할 수 있는 비전을 창조해낸 것이다.

J&J의 크레도와 비슷한 비전 문서를 갖고 있는 또 다른 기업이 있었다. 그러나 그 기업은 그 문서의 효과를 거의 보지 못하고 있었다. 그런 가운데 직원 한 사람이 그 문제를 해결할 수 있는 획기적인 방안을 제시했다. 대회를 개최하자는 것이었다. 그의 아이디어에 따라 회사의 모든 직원들에게 어린이용 나무 블록이 한 개씩 주어졌다. 각각의 블록은 같은 부서 내 다른 직원들의 블록과 합쳐질 경우 비전 문구의 일부분이 드러나게 되어있었다. 그 사원이 제안한 방법은 블록을 통해 회사의 비전을 좀 더 창의적으로 표현하는 대회를 개최하는 것이었다.

대회에는 많은 경품이 걸려 있었고, 많은 직원들이 참가했다. 참가자들은 대단히 뛰어난 창의력을 보여주었다. 많은 팀들이 비전 문서에 있는 가치관을 나타내는 다양하고 아름다운 작품들을 조립했다. 예를 들어 어떤 팀은 인종의 다양함에 초점을 맞췄다. 그 팀은 블록들을 다시 톱밥으로 만들어, 이것을 반죽해서 회사 내 다양한 얼굴들의 마스크(mask)를 만들었다. 그리고 그것들을 붙여서 하나의 조형물로 형상화하고 나서 색을 칠했다. 또 다른 팀은 부서 간 협조에 초점을 두고 블록을 이용해 아름다운 다리를 만들기도 했다.

성대한 기념식이 열리고 수상자들이 발표되었다. 그것은 기발한 행사였고 그 회사의 문화에서 크게 벗어난 것이었다. 회사는 그 행사를 통해 회사의 문화적 환경을 보다 넓히는 수확을 했고, 회사의 비전에 생명을 불어넣을 수 있었다. 생명력을 얻은 비전은 직원들의 행동을 안내하는 이정표가 되었다.

훈련과 비전

거의 생명력을 잃은 낡은 비전을 갖고 있는 회사가 있었다. 그러나 이 회사는 위의 회사처럼 창조적이지는 못하지만 지속적인 훈련이라는 접근 즉, 엄격한 정책을 통해 그 죽어있는 비전에 생명을 불어넣을 수 있었다. 회사 내 모든 회의의 시작과 끝에는 반드시 비전 문서를 검토하는 시간을 가졌다. 그러나 이런 회사의 정책은 환영받지 못했다. 모든 사람들이 계속되는 그 정책에 짜증을 냈다. 그러나 CEO의 의지는 강력했고, 그 정책은 계속되었다. 그러자 변화가 생겼다. 끊임없이 계속되는 토론과 비전 검토가 결국 그 죽은 비전에 생명을 불어넣었고 조직 내 행동변화를 만들어낸 것이다.

또 다른 사례를 보자. 카리스마도 전혀 없고 수줍음도 많이 타는 내성적인 성격의 소유자가 어느 기업을 인수했다. 그에게서는 전통적인 변혁적 리더십의 특징이라고 할 수 있는 어떤 것도 찾아볼 수 없었다. 그러나 그는 회사의 운용은 엄격한 재무관리를 바탕으로 한다는 신념을 가지고 있었다. 그는 취임 초기 직원들로부터 관심을 끌지는 못했지만 대단히 분명한 정책을 세웠다. 그는 자신의 정책실행에 분명한 입장을 보였고 이를 따르지 않는 사항은 결재를 하지 않았다. 그것은 심각한 마찰을 일으켰지만 한편 사람들의 주목을 조금씩 끌기 시작했다. 그는 상의하달의 프로세스를 통해 새로운 방향을 제시했던 것이다. 새로운 방향의 제시는 아래 직원들에게 가능성의 느낌을 제공했고, 직원들은 서서히 그 새로운 방향에 부합할 수 있는 창의적인 제안들을 올리기 시작했다. 그리고 근원적 변화가 일어났다.

아무도 지금 말한 이 경영자를, 비전을 제시하는 리더라고 말하지는 않을 것이다. 그 자신도 비전이란 단어 자체를 부담스럽게 느낀다. 그러나 나는 그를 비전을 제시하고 변혁을 추구하는 사람이라고 생각한다. 그의 비전 제시 프로세스는 상의하달 프로세스와 하의상달 프로세스 모두를 적용하고 있다. 상의하달 프로세스는 명백하게 드러난다. 하의상달 프로세스는 잘 보이지 않는다. 그러나 그는 분명히 직원들의 반발이나 마찰을 통해 끊임없이 배우고 있었다. 그 속에서 그는 패튼 장군처럼 조직이 필요로 하는 핵심을 찾아내고 있었다. 직원들의 반발이나 마찰은 그에게도 불편한 것이었다. 그러나 그는 그것을 견디어 냈다. 사실 그의 비전 제시는 시스템 자체에 변화를 주지 않는 상태에서 진행해야 했다는 점에서 다른 어떤 방법보다도 힘든 것이었다.

반성과 토론

🍃 변화를 향한 개인적 단계

1. 대부분의 기업에는 명시된 비전이 있음에도 사원들은 비전이 존재하지 않는다고 말한다. 이때 사원들이 의미하는 바는 무엇인가?
2. 사람들은 누구나 그가 속한 조직(예를 들면, 가정, 회사, 학교)에서 리더십을 발휘할 것으로 기대 받고 있다. 자신이 현재 리더십을 발휘해야 하는 역할(예를 들면 부모, 관리자나 경영자, 선생님) 3가지를 나열하라.
3. '질문 2'에 대한 답변에 나타난 각각의 역할에서 자신이 리더십을 발휘하고 있는지를 설명하라.
4. 각각의 역할에서 자신이 다르게 행동해야 할 목록을 작성하라.

🍃 변화를 향한 조직적 단계

1. 각각의 주장에 대한 자신의 의견을 나타내보라.

    사실 많은 CEO들이 비전을 만들고 이를 공유시키는 것에 대해 어려움을 느끼고 있다. 설득력과 흥미를 지닌, 그리고 열정적인 어떤 것을 찾아내는 일은 쉬운 일이 아니다. 그러므로 그들이 공들여 만든 대부분의 비전에는 생명력이 없기 마련이다.

    그 자료내용에 대해 활발한 토론을 벌이고 나서 나는 질문을 던졌다. '누가 이 비전을 위해 기꺼이 목숨을 걸겠습니까?' 아무도 대답을 하지 못했다. 나의 질문에 그들은 놀라움과 곤혹스러운 표정이 역력했다. 왜 그런 반응을 보였을까? 그 팀은 정치적 이해관계로 분열되어 있었기 때문에 그들은 서로의 이해관계를 건드리지 않도록, 비전 문안을 누구도 이의를 제기할 수 없는 추상적이고 일반적인 것으로 채웠던 것이다. 한 개인이 만들었든 아니면 팀이 만들었든, 모든 사람이 수긍하고 공유할 수 있는 비전은 고통 없이는 나오지 않는 법이다. 그런 적당한 노력을 통해 만들어진 문구들은 공허한 단어들의 나열에 지나지 않는다.

    많은 경영자들이 비전을 어떻게 수립해야 할지 모르고 있다. 반면에 회사에 비전이 없다는 말을 반복해서 들어야 하는 것에 대해서는 무척 당혹해 하고 있다. 결과적으로 자신들로서는 해결할 수 없는 그 요구들을 더 이상 언급하지 않았으면 하고 바라게 된다. 결국 그들은 그 문제를 더 이상 논하지 말라는 메시지를 암묵적으로 보내는 것이다. 상황에 따라서는 보다 노골적인 메시지를 전달하는 경우도 있다. 내가 알고 있는 어느 경영자의 예가 바로 그런 경우이다. 그는 중간 관리자들로부터 회사의 비전을 알 수 없다는 불평을 끊임없이 듣고 있었다. 어쩔 수 없이 그는 임원진들을 소집했고, 그들은 비전을 새긴 그 플라스틱 카드를 만들었다. 그러나 안타깝게도 일주일도 안 되서, 이전과 똑같은 메시지가 다시 돌기 시작했다. '우리 회사의 비전을 모르겠어.' 결국 좌절을 느낀 그 경영자는 부사장에게 이런 지시를 내릴 수밖에 없었다. "그들에게 이제 그런 말을 그만 하라고 말하시오."

간디의 연설이 계속되면서 사람들이 서서히 자리를 잡고 경청하기 시작했다. 왜 그랬을까? 그것은 그들이 무언가 다르고 대단히 중요한 이야기를 듣고 있었기 때문이다. 자기의 조국을 여행하면서 인도의 본질을 체득한 그 작고 겸손한 사람. 지금 그는 자기가 본 인도를 사람들이 느끼고 이해할 수 있는 말로 조용히 전달하고 있는 것이었다. 근본적, 근원적 변화라는 말의 본질 속에는 바로 간디의 연설이 주는 메시지가 담겨 있다. 근본적이라는 뜻의 래디컬(radical)은 뿌리(root)를 뜻하는 라틴어에서 파생된 단어이다. 예를 들면, 수학에서 우리는 제곱근을 나타낼 때 근호(radical sign ;)를 사용한다. 근본적인 변화(radical change)를 이루기 위해서는 뿌리, 원점, 또는 원형으로 돌아가야 한다. 사람의 마음을 움직일 수 있는 비전은 핵심 이슈를 깊이 반성한 사람이나 조직의 영감을 반영하고 있기 마련이다. 간디가 제시한 비전은 그런 영감을 담고 있었다. 그것은 현실과 가치관 모두에 뿌리를 두고 있었다. 그것이 청중들의 열정을 불러일으켰던 것이다.

2. 본문의 '비전을 찾는 CEO' 부문을 다시 읽고 올바른 비전 설정을 위해 중요하다고 생각하는 다섯 가지 통찰력을 기술하라.

3. '빵과 소금의 비전' 부문을 다시 읽고 자신이 속한 조직에서 비전설정을 위해 유용하게 이용되고 있는 통찰력 세 가지를 기술하라.

22. 한 사람의 힘

　두려움을 극복하고 변화의 도전에 맞서는 것은 고달픈 과정일 수 있다. 비전을 지키기 위해서는 기존의 통상적인 방식에서 과감히 벗어나야 한다. 끝없이 놓여있는 장애물들을 헤쳐나가야 하고, 목표를 향해 자신감과 용기를 가지고 나아가야 한다. 자기 자신에게는 변화를 이끌어낼 수 있는 힘과 능력이 있다는 사실을 받아들여야 한다.
　나는 오랜 경험을 통해 우리 내부의 세계를 변화시킴으로써 외부의 세계를 바꿀 수 있다는 강력한 신념을 갖게 되었다. 그러나 이것은 물론 일반론이 아니다. 일반론은 이렇게 말한다. 성공적인 변화는 위에서 아래로, 또 밖에서 안으로 진행되는 것이다. 가령 어떤 기업이 변화를 원한다면, 그것은 CEO로부터 시작되어야 한다. 많은 사람들이 이런 일반론을 지지하고 있고, 내가 아는 많은 동료 교수들과 경영자들도 이를 선호한다. 나도 일반론이 유효한 이론이라는 사실을 너무 잘 알고 있다. 그러나 나는 일반론과 반대되는 것처럼 보이는 이론 즉, 조직이나 세상은 아래에서부터도 변화를 이끌어낼 수 있다는 것을 믿는다. 한 사람의 힘으로도 변화는 가능하다. 이에 대한 예로 존 울먼(John Woolman) 이야기를 보자.

존 울먼은 1700년대에 살았던 미국의 퀘이커(Quaker) 교도이다. 그가 쓴 일기는 특히 많은 인기를 얻고 있다. 그의 일기는 대단한 문학적 가치를 인정받고 있으며 지금도 영문학 시간에 다루어진다. 그의 업적 중에서 두드러지는 또 다른 것은 그가 이루어낸 근원적 변화와 관련된 것이다. 18세기에 퀘이커 교도들은 대부분 부자였으며 노예도 많이 소유하고 있었다. 울먼은 그의 일생을 퀘이커 교도 사회에서 노예제도를 없애는 데 바쳤다.

울먼은 그러한 노력을 추진하는 데 있어서 온화한 설득 방법을 택했다. 그는 20여 년 동안 동부해안을 따라 집중되어 있는 퀘이커 교도들을 찾아다녔다. 그는 노예를 소유하고 있는 사람들을 비난하지도 않았으며 그들을 화나게 만들지도 않았다. 그는 단지 다음과 같은 질문을 던졌다. "도덕적인 사람이 되는 것은 무엇을 뜻합니까? 노예를 소유하는 것은 무슨 의미입니까? 자녀에게 노예를 유산으로 물려준다는 것은 무엇을 뜻합니까?" 자신의 비전을 실천하기 위해, 그는 곳곳을 방문했고 사람들을 교화시켰다.

남북전쟁(Civil War)이 일어나기 1세기 전인 1770년경, 퀘이커 교도들 중에서 노예를 소유한 사람이 완전히 사라졌다. 퀘이커교는 노예제도를 비난하고 거부한 첫 번째 종교이다. 로버트 그린리프(Robert Greenleaf, 1991)는 이에 대한 이야기를 쓰면서 다음과 같이 말했다.

만일 그 당시 존 울먼이라는 사람이 50명 아니 단 5명만이라도 있었더라면 어땠을까? 그리하여 전국을 돌아다니면서 비판적이지 않은 온화한 말들로 잘못된 것은 개개인 스스로의 자발적 행동에 의해 고쳐져야 한다고 사람들을 설득했더라면 그 결과는 어떠했을까 자문해본다. 아마도 60만 명의 사상자를 내고 남부를 불모지로 만든 전쟁을 피할 수 있었을 것이며, 전쟁의 결과로 100년이 지난 지금도 끝나지 않고 있는 많은 사회적 문제들도 막을 수 있었을 것이다. 역사가들은 남북전쟁 직전인 1850년대에 사회의 긴장이 조금만 완화되었더라도 끔찍한 전쟁은 피할 수 있었을 것이라고 말한다. 단 몇 명의 존 울먼이 더 있었다면 상황은 크게 달라졌을 것이다.(p29)

울먼은 노예제도를 혐오했고 반드시 없어져야 할 악습이라고 생각했다. 그는 자신이 퀘이커교 형제들의 마음을 바꾸어 놓으리라 결심했다. 그리고 그의 비전, 용기, 그리고 끈기는 그가 속해 있는 전체 교회를 변화시켰다.

우리는 스스로에게 어떤 것이 옳은 것인가 물어보는 경우가 있다. 그런 경우에 우리는 우리의 내부의 목소리를 듣고 그것을 따라야 한다. 설사 그것이 시스템에 도전하는 것이고, 전통에서 벗어난 절차와 기술을 따르는 것이라 해도 말이다. 한 사람의 힘이 조직의 근원적 변화를 이끌어낼 수 있다. 그러나 근원적 변화에는 엄청난 대가가 따른다. 변화를 추구한다는 것은 위험을 감수하겠다는 것이다. 우리가 그 위험을 감수할 때, 비로소 우리는 스스로 임파워된다. 이제 우리의 내적 자아와 외부 세계와의 조율이 보다 부드럽고 유연해지기 시작한다. 내면의 힘은 더욱 커지고 그에 따라 자신감이 자라나기 시작한다. 우리는 이제 새로운 목표를 향해 힘차게 전진하기 시작한다. 우리는 더욱 힘을 얻게 되고, 변화를 이끌어낼 수 있다는 사실을 서서히 인식하게 된다. 우리는 비로소 한 사람의 힘이 시스템을 변화시킬 수 있다는 말을 이해하기 시작한다.

반성과 토론

🍃 변화를 향한 개인적 단계

1. 우리는 흔히 낙담하거나 의욕을 읽게 됐을 때, 다른 사람이 나타나 외부환경을 바꾸어 주길 은근히 바란다. 최근 이와 비슷한 느낌을 받았던 자신의 경험을 설명하라.
2. 변화의 방법 중에서 하의상달 방식이나 내부우선 변화 방식이 상의하달식이나 외부우선 방식에 비해 인기가 없는 이유는 무엇인가?
3. '질문 2'에서 제시된 차이에도 변화를 위한 방법 모두는 효과를 가지고 있다. 왜 그런가?
4. 존 울먼의 이야기에서 느낀 점을 설명하라.
5. 자신의 주변 환경 중에서 존 울먼이 한 것처럼 이슈화해야 할 문제가 있다면?

🍃 변화를 향한 조직적 단계

1. 자신이 속한 조직에서 다른 사람이 나타나 문제를 해결해주기를 원하는 소조직이 있다면? 왜 그 소조직은 다른 사람의 도움을 기다리는지 설명하라.
2. 하의상달 방식을 통해 조직의 변화를 추구하는 사람이 자신의 주위에 있는가? 그 사람이 자신의 방식을 수행하는 과정에서 배운 것이 있다면?
3. 자신이 속한 조직에 존 울먼이 있었다면 어떤 식의 문제점들을 들추어냈을 것으로 생각하는가?
4. 존 울년이 현재 존재하고 있어 문제 3에서 제시된 것들을 들추어냈다면 조직과 그 구성원들은 어떻게 반응했겠는가?
5. 오늘날의 조직에서는 왜 존 울먼과 같은 사람이 드물다고 생각하는가?

23. 다수의 힘

 한 번은 외부환경 변화에 민감하게 대응하지 못함으로써 점점 경쟁력을 상실하고 있던 기업을 위해 컨설팅을 해준 적이 있다. 경영진은 자기들의 회사가 근원적 변화가 아니면 점진적 죽음이라는 딜레마에 직면했음을 깨닫고 무엇이든 조치를 취해야겠다고 결정을 내렸다. 그들은 직원들에게 권한을 위임하는 것을 포함한 조직의 임파워먼트 향상 작업을 그들의 사업계획(business plan)에서 가장 중요한 과업으로 설정했다. 그런데 일 년이 지난 후 성과를 검토해본 결과 그들은 놀랍게도 그동안 직원의 임파워먼트 향상을 위해 취해진 일들이 아무 것도 없었다는 것을 확인할 수 있었다. 크게 실망한 경영진은 나에게 자기들의 상황을 분석해달라고 의뢰했던 것이다.
 나는 먼저 12명의 임원들을 대상으로 인터뷰를 했다. 나는 그들에게 임파워먼트의 개념이 무엇인지, 사람들을 어떻게 임파워시킬 수 있는지 물어보았다. 임원들은 여기에 대해 컨센서스를 갖지 못하고, 뚜렷한 견해차를 드러냈다. 그들의 의견은 두 개의 집단으로 나뉘어졌다.

첫 번째 집단은 임파워먼트를 권한위임(delegation)과 책임소재(accountability)에 관한 것이라고 믿고 있었다. "임파워먼트는 상의하달식 프로세스라고 할 수 있다. CEO는 먼저 명확한 비전을 세운 다음 그에 따른 세부 계획과 과업을 경영진에게 전달해야 한다. 결정된 정책은 가장 낮은 직급까지 전파되고 CEO는 직원들이 자신의 업무를 달성할 수 있도록 각종 정보와 자료를 제공해주어야 한다. 직원들은 회사가 요구하는 대로 절차상의 변화와 업무 프로세스의 개선을 이끌어낼 것이고, 이것은 업무 전반을 명확하고 간단하게 만들 것이다. 이제 직원들은 긍정적인 차원에서 규칙에 대해 의문을 표시하거나 잘못을 지적할 수 있게 되면서 임파워되는 것이다."

또 다른 집단은 임파워먼트를 모험정신과 성장, 그리고 변화에 관한 것이라고 믿고 있었다. "임파워먼트는 사람들을 신뢰하고 사람들의 불완전함을 너그럽게 보아주는 것을 의미한다. 경직된 현재의 규칙은 종종 옳은 일을 하는데 오히려 방해가 된다. 임파워된 사람들은 절차에 따라 승인을 받아서 일을 처리하는 것이 아니라 재량에 따라 일을 처리한다. 그리고 그런 만큼 당연히 실수를 범할 수도 있다. 임파워먼트는 직원들을 단순한 종업원에서 벗어나 그들을 기업가(entrepreneur)이며 모험가(risk taker)로 이끈다. 그 결과 직원들은 주인의식(ownership)과 책임의식(commitment)을 갖게 될 것이다. 그들은 서로 간에 창조적인 대립과 도전을 통해서 서로의 차이를 좁혀가고 조직의 시너지를 창출하게 될 것이다. 이런 종류의 의사소통과 책임의식은 자기 일과 자기 삶이 서로 곁도는 것을 일치되도록 조율하여 자기 일과 자기 삶의 동일시(identification)라는 결과를 가져다 줄 것이다."

임파워먼트에 대한 이런 두 가지 견해는 대단히 큰 차이를 갖고 있다. 나는 경영진들에게 인터뷰 결과와 특히 이러한 견해 차이를 설명해 주었다. 경영진들 사이에 무거운 침묵이 흘렀다. 첫 번째 견해를 지지하는 사람이 두 번째 의견에 대해 "조직 안에 대포들이 여기저기 굴러다니는 것을 방치할 수는 없지 않겠습니까?"라며 우려를 표명했다. 그러자 두 번째 의견을 지지하는 사람이 바로 응수했다. "여기서 굴러다니는 대포를 본 것이 언제 얘기던가요?"

두 사람의 대화를 통해 나는 그들이 추진했던 조직 내 임파워먼트 향상 작업이 제대로 이루어지지 않은 원인을 확실하게 알 수 있었다. 임원들 모두 임파워먼트의 필요성에는 동의했지만 임파워먼트에 대한

표 _ 임파워먼트에 대한 기계적 어프로치

- 위에서부터 시작
- 명확한 비전, 계획, 및 과업을 개발
- 결정권한을 적절한 직급으로 위임
- 필요한 정보와 자료를 제공
- 프로세스 개선을 위한 독려

기계적 어프로치를 요약하자면 임파워먼트는 명확성, 권한위임, 통제, 책임소재에 관한 것이라고 할 수 있다.

표 _ 임파워먼트에 대한 유기체적 어프로치

- 조직원들의 필요에서부터 시작
- 언급하기 힘든 문제를 의도적으로 노출
- 모험정신을 자신의 도덕적 가치로 만듦
- 작은 성공들을 통해 신뢰를 축적
- 진취적 정신을 독려
- 팀워크 형성

유기체적 어프로치를 요약하면 임파워먼트는 위험, 성장, 믿음, 팀워크 등에 관한 것이라고 할 수 있다.

개념과 그것을 풀어가는 프로세스에 있어서는 크게 대립된 견해를 가지고 있었던 것이다. 나는 첫 번째 견해를 기계적 어프로치(mechanical approach), 두 번째 견해를 유기체적 어프로치(organic approach)로 이름을 붙였다. '표_임파워먼트에 대한 기계적 어프로치'와 '표_임마워먼트에 대한 유기체적 어프로치'를 보면 잘 알 수 있다.

다양하고 복잡한 개념, 임파워먼트

임파워먼트는 흔하게 쓰이는 말이다. 또 누구나 임파워먼트를 긍정적으로 생각하고 있다. 그러나 종종 이것의 개념을 정의하고자 할 때, 이것을 회사 내에서 실제로 수행하고자 할 때 많은 문제들이 발생한다. 앞의 예처럼 서로 다른 견해가 첨예하게 충돌한다. 임파워먼트에 대한 본인의 근본적인 입장이 무엇인지 알고 싶으면 '표_임파워먼트:연습'에 나타난 두 가지 입장에 모두 답해보기 바란다.

사람들은 대개 '표_임파워먼트:연습'의 두 가지 입장에 대해 서로 다른 답변을 한다. 그러한 차이는 무엇을 말하는 것일까? 일반적으로 권한위임에 대해 긍정적인 생각들을 갖고 있지만, 막상 자기의 부하직원이 보다 임파워되는 것에 대해서는 마음이 편치 않은 자기모순을 말하고 있다 하겠다. 모든 사람들이 자기들의 상사에 의해 보다 임파워될 수 있기를 바라지만 막상 자기의 부하직원을 임파워시키는 생각은 꺼린다. 다시 말하자면, 우리들 대부분이 상사한테는 유기체적 어프로치를 기대하면서도 자기 부하직원들은 기계적 어프로치를 받아들이기를 바라는 모순을 보이는 것이다. 우리의 내면에 자리 잡고 있는 이런 선천적 편견을 극복하지 못하는 한 우리는 두 어프로치 사이에 존재하는 대단히 중요한 상호관계성을 이해하지 못할 것이다.

표 _ 임파워먼트 : 연습

Part A.
당신이 생각하기에 각각의 사례에 등장하고 있는 각각의 인물들이 어느 정도로 임파워되었다고 생각하는지, 1(아주 작게)부터 7(아주 크게)까지의 점수로 평가하시오.

- 사례 1 : 한 중간관리자가 원거리에 떨어져 있는 사업장들을 네트워크로 연계하는 새로운 시스템을 생각해냈다. 이 시스템은 현재의 중앙집권적 시스템을 위협하는 것이었다. 면밀하게 검토해본 결과 새로운 시스템으로 바꿀 경우, 비용절감과 품질 향상, 보다 효율적인 조정과 협조가 가능한 것으로 드러났다. 그는 시스템을 바꾸는 것이 옳다고 확신했다. 그러나 그의 제안은 조직의 상부에서도 하부에서도 환영을 받지 못했다. 그럼에도 그는 시간을 두고 천천히 사람들을 설득시키기로 결심했다.

- 사례 2 : 새로 부임한 중간관리자가 처음으로 부서회의에 참석했다. 부서장이 한 가지 제안을 내놓았다. 그녀는 과거에 다른 부서에서 그와 유사한 제안을 이미 경험했던 터라 그 제안의 결점을 너무도 잘 알고 있었다. 그녀는 부서장에게 그 제안의 결점을 과감하고 솔직하게, 그러나 건설적인 평가를 덧붙여서 지적했다.

- 사례 3 : 종종 폭군처럼 행동하는 것으로 알려진 한 CEO가 어떤 특정 기능의 활동범위를 확대시켜야겠다고 결심했다. 그리고 어느 중간관리자가 이 제안의 효과에 대한 분석업무를 맡게 되었다. 그런데 면밀히 분석한 결과, 그 기능은 오히려 폐지되어야 한다는 결론이 도출되었다. 그의 직속 상사는 그에게 재분석해서 보고서를 제출하라고 지시했다. 많은 고민 끝에 그는 처음의 결론대로 폐지를 요구하는 보고서를 제출했다. 그의 상급자들은 그에게 직접 CEO에게 보고하라는 결정을 내렸다. 그는 그렇게 하기로 동의했다.

- 사례 4 : 몇 년 전에 본사로부터 신제품을 개발해내라는 지시를 받은 공장장이 있다. 분석을 하고 보니 그 프로젝트를 성사시키는 유일한 방법은 평생고용을 약속하는 것으로 결론이 났다. 이런 파격적인 제안은 본사, 혹은 직속 상사로부터 거절당할 것이 분명했다. 그러나 공장장은 직원들에게 평생고용을 약속하고 일을 착수했다.

Part B.
이제 위의 각 사례에 나오는 주인공들이 당신의 직속 부하직원이라 가정하시오. 당신이 이 부하직원과 함께 일한다고 했을 때 당신의 마음이 편안한 정도를 1(아주 불편함)부터 7(아주 편함)까지의 점수로 평가하시오.

임파워먼트에 대한 세 가지 교훈

몇 해 전에 지금은 남가주 대학(University of Southern California)의 교수인 그레첸 스프레이처(Gretchen Spreitzer)는 임파워먼트에 대한 광범위한 연구를 했다.(Spreitzer, 1995, 1996) 그녀의 연구는 세 개의 질문에 초점을 두었다. 임파워먼트의 차원(dimension)은 무엇인가? 사람들이 임파워되었음을 느낀다면 그것이 사람들의 무엇을 달라지게 하는가? 조직 내 임파워먼트를 촉진시킬 수 있는 방법은 무엇인가?

임파워먼트의 차원

스프레이처 교수는 『포천』이 선정한 미국 500대 기업들에서 일하는 400여명의 관리자들을 대상으로 실시한 설문조사를 분석하여, 그들이 경험적으로 느끼고 있는 임파워먼트에 대한 정의를 다음의 네 가지 차원으로 분류, 정의할 수 있었다.

1. **일의 의미에 대한 느낌** : 일은 중요한 의미를 가지는 것으로 간주된다. 자신들이 하는 일에 대해 큰 애정을 갖고 있다.
2. **수행능력에 대한 느낌** : 자신의 업무 수행능력에 대한 자신감을 갖고 있다. 이를 통해 업무를 충분히 완수할 수 있다는 것을 알고 있다.
3. **독자적 결정에 대한 느낌** : 업무를 수행하기 위한 방법을 스스로 선택한다. 시시콜콜 간섭받지 아니한다.
4. **영향력에 대한 느낌** : 자신이 부서 내에서 영향력을 갖고 있으며 사람들이 자기의 생각에 귀 기울인다고 생각한다.

임파워먼트는 이런 네 가지 차원으로 정의된다. 그렇다면 임파워먼트는 과연 정말로 가치가 있는 것인가? 임파워된 사람은 그렇지 못한 사람과 다르게 업무를 수행하는가?

임파워먼트의 효과

스프레이처 교수는 임파워된 사람이 그렇지 못한 사람보다 자기 자신을 더 혁신적이라고 생각하는 것을 발견했다. 또 임파워된 사람은 혁신성에 있어서 부하직원과 상사, 모두로부터 높은 점수를 받고 있는 것도 알아냈다.

임파워된 사람들은 조직에서 상부에 대한 자신들의 영향력이 증가되었다고 말하고 있다. 그들은 자신들의 관리능력이 임파워되기 이전보다 나아졌다고 말했다. 부하직원이나 상사들도 임파워된 사람의 전반적인 관리능력이 이전보다 개선된 것으로 평가했다. 또한 실제행동에서도 보다 크게 임파워된 사람들이 그렇지 못한 사람들보다 2차원적 혹은 획기적 변화(second-order or quantum change)를 더 크게 추구하는 것으로 나타났다.

만약 조직이 혁신적이고, 효율적이며, 조직에 영향을 미칠 수 있는 사람을 원한다면 임파워먼트는 그런 목적을 달성할 수 있는 중요한 방법임에 틀림없다. 그러나 실제로 조직의 임파워먼트를 키우는 것은 쉬운 일은 아니다. 여기서 앞에서 얘기했던 임파워시키는 방식에 대한 두 가지 대립된 견해 사례를 다시 살펴보기로 하자. 과연 두 가지 견해 중에서 어떤 것이 옳은 것인가? 이 질문에 대한 답은 조직이 어떤 특징을 갖고 있고 또 어떤 환경에 처해있는가에 달려 있다.

임파워먼트의 지렛대

스프레이처 교수의 연구는 임파워먼트를 실현하기 위해 조직이 갖추어야 하는 네 가지 조건을 다음과 같이 설명하고 있다.

1. **명확한 비전과 도전** : 임파워된 사람들은 조직에 대한 CEO의 비전과 조직의 전략 방향을 충분히 이해하고 있고, 필요로 하는 전략 정보도 쉽게 접할 수 있다고 느낀다. 그들은 조직이 어디로 가야하는지

를 아는 사람들이다.
2. **개방성과 팀워크** : 임파워된 사람들은 자신들의 부서가 참여의식, 개방성, 융통성, 관심, 창조적인 문제해결, 견고한 팀워크를 갖추고 있다고 말한다. 그것들이 문제를 해결한다고 말한다.
3. **규율과 통제** : 임파워된 사람들은 자신들의 부서에는 목표, 위계질서, 업무에 대한 책임소재 등이 명확히 정의되어 있다고 말한다.
4. **지원과 보호** : 임파워된 사람들은 자신들이 부하직원, 동료, 상사, 그 밖의 다른 사람들로부터 지지를 받고 있다고 믿는다. 이를 기반으로 확고하고 안정된 인간관계도 유지하고 있다고 생각한다.

물론 이 네 가지 조건에는 모순이 있다. 1, 2, 4항은 유기체적 관점인데 반해 3항의 권위, 업무, 목표 등이 뚜렷이 제시된 규율과 통제의 조건은 기계적 어프로치를 반영하고 있다. 그렇다면 이들 두 어프로치 중 어느 것이 옳은 것일까?

이에 대한 답은 유기체적 어프로치와 기계적 어프로치 둘 다 필수적이고, 임파워먼트를 실현하기 위한 구조를 만드는데 둘 다 고려되어야만 한다는 것이다. 임파워먼트가 쉽게 이루어질 수 있는 환경을 만들기 위해서는 장기적이고 헌신적인 노력이 필요하다. 뿐만 아니라 전략적 조율, 기대의 명확화, 갈등의 해소, 적극적인 참여라는 네 가지의 역동적인 조직 활동이 조화로워야 한다. 이러한 노력은 오직 임파워된 리더만이 할 수 있는 것들이다.

마지막 열쇠

앞에서 언급한 조직이 갖추어야 할 네 가지 조건은 임파워먼트가 실현될 수 있는 환경을 조성할 뿐이지 임파워먼트 자체를 실현시키는 것은 아니다. 임파워먼트가 실현될 수 있는 환경 속에서 사람들은 보다 더 적극적으로 모험을 추구하고, 성공을 경험함으로써 임파워된 자신을 느끼게 된다. 그러나 우리가 사람들을 직접 임파워시키는 것은 아니다. 임파워먼트는 단순히 우리의 권한을 위임하는 것이 아니다. 우리는 단지 사람들이 스스로 임파워될 수 있도록 적절한 환경을 만들 수 있을 뿐이다. 이런 내용을 전제로 나는 종종 조직의 모든 계층의 사람들에게 다음 네 가지 질문에 대해 답해보라는 요청을 하곤 한다.

1. 과업과 그것이 지닌 의미를 적절히 조율시키는 지각능력을 어떻게 키울 수 있을까?
2. 자신의 영향력과 힘을 어떻게 키울 수 있을까?
3. 업무달성에 대한 자신감과 수행능력을 어떻게 높일 수 있을까?
4. 자신의 결단력과 합리적 선택능력을 어떻게 높일 수 있을까?

이런 질문에 답하는 것은 물론 쉽지 않을 것이다. 이 질문들은 우리의 임파워먼트를 실현하기 위한 책임을 다른 사람이 아닌 바로 자기 자신으로 이전시킨다. 우리 모두는 보다 크게 임파워되길 바란다. 그러나 실제로 임파워될 기회가 주어졌을 때는 극소수의 사람들만이 이를 기꺼이 받아들이려 한다. 궁극적으로 우리는 자신이 진정으로 원하고 감당할 수 있을 만큼의 힘을 갖게 되는 것이다.

반성과 토론

🍃 **변화를 향한 개인적 단계**

'마지막 열쇠'에 제시된 본문의 네 가지 질문에 대한 각자의 답변을 써보라.

🍃 **변화를 향한 조직적 단계**

다음 각각의 질문에 대한 각자의 답변을 써보라

조직원들이 위험을 회피하지 않는 행동을 할 경우 조직뿐만 아니라 조직원들 자체도 성장할 수 있고 활력을 얻을 수 있으며 조직과 구성원 사이의 긴밀한 관계가 성립된다. 이처럼 자신의 주변 환경에 활력을 불어넣는 일을 위해 내가 할 수 있는 일은?

1. 끊임없이 전략을 수정한다.
2. 자신이 기대하는 것들을 계속해서 드러낸다.
3. 조직의 결정사항에 끊임없이 이의를 제기한다.
4. 조직의 일에 적극적으로 참여한다.

참고문헌

Argyris, C. *Increasing Leadership Effectiveness.* New York: Wiley, 1976.

Argyris, C. *Inner Contradictions of Rigorous Research.* New York: Academic Press, 1980.

Cameron, K. S., and Quinn, R. E. *Diagnosing and Changing Organizational Culture.* San Francisco : Jossey-Bass, 1997.

Campbell, J. *The Hero with a Thousand Faces.* New York: Bollingen Foundation, 1949.

Gordon, A. "The Day at the Beach." Reader's Digest, 1960, 76, 79-83.

Greenleaf, R. K. *Servant Leadership*: A Journey into the Nature of Legitimate Power and Greatness. Mahwah, N. J. : Paulist Press, 1991.

Hart, S.,and Quinn, R. E. "Roles Executives Play: CEOs, Behavioral Complexity, and Firm Performance." *Human Relations*, 1993, 46.

Kofman, F., and Senge, P. M. "The Heart of Learning Organizations." *Organizational Dynamics*, 1993, XX, 5-21.

McWhinney, W., and Batista, J. "How Remythologizing Can Revitalize Organizations." *Organizational Dynamics*, 1998, 17, 46-58

Peck, S. *The Road Less Traveled: A New Psychology of Love, Tranditional Values, and Spritual Growth*. New York: Simon & Schuster, 1978.

Penick, H. *Harvey Penick? Little Red Book*. New York: Simon & Schuster, 1992.

Pirsig, R. M. *Zen and the Art of Motorcycle Maintenance*. New York: Morrow, 1974.

Quinn, R. E. *Beyond Rational Management: Mastering the Paradoxes and Competing Demands of High Performance*. San Francisco: Jossey-Bass, 1988.

Quinn, R. E. Faerman, S. R., Thompson, M.P., and McGrath, M. R. *Becoming a Master Manager: A Competency-Based Framework.*(2nd ed.) New Youk: Wiley, 1996.

Russell, B., and Branch, T. *Second Wind: The Memoir of an Opinionated Man*. New York: Random House, 1979.

Schlesinger, L. A., Eccles, R. G.,and Gabarro, J. J. *Management Behavior in Organizations: Texts, Cases, and Readings*. New York: McGraw-Hill, 1983.

Spreitzer, G. "Psychological Empowerment in the Workplace: Dimensions, Measurement, and Validation." *Academy of Management Journal*, 1995, 38(5), 1442-1465.

Spreitzer, G. "Social Structural Antecedents of Workplace Empowerment." *Academy of Management Journal*, 1996, 39(2).

Spreitzer, G., and Quinn, R. E. "Empowering Middle Managers to Be Transformational Leaders." *Journal of Applied Behavioral Science*, Sept. 1996.

Torbert, W. R. *Managing the Corporate Dream: Restrucring for Long-Term Success*. Homewood, III.: Dow Jones-Irwin, 1987.